Elisabeth Blum

ATMOSPHÄRE

HYPOTHESEN ZUM PROZESS DER RÄUMLICHEN WAHRNEHMUNG

Design2context ZHdK   Lars Müller Publishers

ATMOSPHÄRE INHALT

INHALT

	VORWORT	004
	EINLEITUNG Fragmente einer Sprache des Raumes	008
XVI–XXI		
1	**VOM ORT AN SICH ZUM ORT FÜR SICH**	023, 028
	SHORT CUTS Die Fabrik als Kampfgelände	029
	Ein Zimmer für sich herrichten · City Sleeper	030
	Architektur als Sehmaschine · Bewegliche Szenarien	031
	Imitation einer Geste · Eine Situation für uns herrichten	032
XXXVI–XLIX		
	ESSAY Wie ein Kameraschwenk!	050
2	**WISSENSARCHIVE IM DIALOG**	055, 060
	SHORT CUTS Vom Ekstatischwerden der Dinge · Bilder zwischen	
	Strasse und Zimmer	060
	Ipanema: Gebaute Symptome der Angst	062
	Ich erwarte von meiner Malerei ...	063
	Entwirklichte Städte	064
	Bridge the Gap!	065
	Discours	067
LXVIII–LXXXI		
	ESSAYS Das hat Calvino gewusst!	082
	Der Gang der verlorenen Schritte	088
3	**AUSLÖSENDE MOMENTE**	091, 096
	SHORT CUTS Spuren lesen, Spuren legen	096
	Homeless Vehicle · Präsenz	098
	Grenzverschiebungen	099
CII–CXIII		
	ESSAYS Inhomogene Stellen im Raum (1): Franz Kafka, kommentiert	114
	Inhomogene Stellen im Raum (2):	
	Steinerne Konzentrate. Ein Klosterumgang	116
4	**ASSOZIATIVE BRÜCKEN, TRANSPORTE**	121, 126
	SHORT CUTS Le poème de l'angle droit	128
	Make it visible	130
	Women are heroes	131

CXXXIII–CXLVII		
ESSAYS	Alltagswirklichkeit, spinozistisch	148
	Hiroshima, mon amour	150

5 RE-LEKTÜREN — 157, 162

SHORT CUTS	Musée précaire in den Laboratoires d'Aubervilliers	162
	Mythische Zonierungen	164
	Der Kampf um Lesarten von Territorien	166

CLXVIII–CLXXIX

ESSAYS	Cadavre exquis. Ein Haus wie eine Spielanleitung	180
	Le Monument vivant de Biron	182
	Trauma/Void	184

6 PROVOKATION DES FLÜCHTIGEN — 189, 194

SHORT CUTS	Machine à émouvoir	194
	Aufstände, Demonstrationen, Prozessionen	196
	Alien Staff: A Storytelling Equipment	197
	Wiedergeholte Spuren · Weekend	198
	In Sekunden eine Welt eröffnen	199

CCI–CCXIII

ESSAYS	Mehr Wirklichkeit! In den Falten der alltäglichen	214
	Geschwindigkeit verschwunden	
	Knirschender Untergrund	217

7 PREKÄRE ERFAHRUNGEN — 219, 224

SHORT CUTS	Prekär	225
	Blow up	226
	Heterotopien	228
	Bilder, die sich mit Realitäten vermischen	229
	„Was, Wo?" · Diesseitige Schneckenstadt	230

CCXXXII–CCXLIII

ESSAY	Inhomogene Stellen im Raum (3): Imprägnierte Territorien	244

BIBLIOGRAPHIE	251
BILDNACHWEIS	254
IMPRESSUM	256

VORWORT

Wer den Film *Hôtel du Nord* von Marcel Carné gesehen hat, wird sich mit dem Titel des hier vorgelegten Buches an den bekannten Dialog zwischen Arletty und Louis Jouvet erinnern: „Atmosphère, atmosphère… est-ce que j'ai une gueule d'atmosphère?" Die Wahrnehmung des Buches wird sich damit ändern, sich mit anderen Erwartungen verbinden. Bereits beim Durchblättern könnte plötzlich Arlettys erstaunliche Stimme hörbar werden. Auch beim Lesen wird dieses Bild wie ein Wahrnehmungsfilter wirken – oder die unverlierbare Präsenz eines Ohrwurms annehmen. Elisabeth Blum spricht von der „Benennung als Verzauberung" und davon, wie diese ‚verzaubernde Benennung' die Wahrnehmung von all dem prägt, was ist.

LA NUIT AMÉRICAINE Aber ist ein solcher Transfer möglich? Lassen sich Elisabeth Blums sieben Thesen zur Atmosphäre einfach in das Format eines Buches übertragen? Ist ein Buch ein „Platz im doppelten Sinne"? Um mit Valentin Groebner zu sprechen, eine „kontrollierte Wüste" oder „diese Leere, die man für sich hat und ironischerweise mit anderen Leuten teilt"? Ich behaupte: ja, auch wenn es sich um eine multiplizierte Örtlichkeit handelt, die man anders teilt als den öffentlichen Raum. Darum dieser Versuch, den Text und die Bilder von Elisabeth Blum in Gestalt eines Buches in Atmosphäre zu setzen. Das von Katarina Lang und Imke Plinta erarbeitete Layout des Buches ist genau das, was man als Gestalter eigentlich immer macht: einen Gehalt in eine visuelle Gestalt bringen, damit die spezifische Atmosphäre gelingt. Hier aber befinden wir uns in einer Art *Nuit américaine*, diesem Film von François Truffaut, der seine eigene Herstellung erzählt. Eine nicht einfache Wiederherstellung der Verzauberung, die belegt, dass wir uns mit diesem Thema im Zentrum der Auseinandersetzung mit der Tätigkeit des Gestalters befinden. Und damit im Bereich des oft nicht Formulierten.

SERIE B BIS Z Szenenwechsel: Die Verfolgung, die in eine unterirdische Parkanlage führt, gehört zu den Klassikern in der Geschichte des Films. Sie steht für das Genre der b-pictures, oft wiederholt in den einschlägigen populistischen Fernsehsendern, so dass die verschiedenen Varianten bereits ein Archiv in unseren Köpfen bilden. Diese lallenden Bilder prägen die Wahrnehmung unserer Umgebung so intensiv, dass die Realität umgestaltet werden muss, um nicht so auszusehen wie diese Fiktionen. Nicht nur in Parkanlagen vermischen sich konstruierte Bilder mit möglichen und real Erlebtem. Elisabeth Blum zeigt, dass sich ein Ort „mit Bildern im Kopf herrichten" lässt.

Bilder im Kopf beeinflussen auch die Anforderungen an die Gestaltung oder Umgestaltung unserer Umgebung. Reale und fiktive Bilder gehen ineinander über. Unterschiedliche atmosphärische Wahrnehmungen können sich als

Desorientierung zeigen, ja als manifeste Furcht. Die Forschung des Instituts zum Thema „Desorientierung/Orientierung"[1], zu der Elisabeth Blum selbst beigetragen hat, zeigt den Ketteneffekt zwischen Desorientierung und Angst. Die F[...] über das Thema Atmosphäre vertieft diese Analyse der Verschiebung d[...] nehmung.

Spätestens hier fragt sich, ob die Bilder im Sinne des Gestalters die gleichen sind wie die des Betrachters. Bearbeitet ein Gestalter sein Projekt mit seinen eigenen Bildern oder den Bildern, die er bei anderen zu finden denkt? Haben wir alle die gleichen Bilder im Kopf? Welche Bilder sind kollektiv, welche individuell? Unsere Gesellschaft ist offensichtlich bestrebt, die Wahrnehmung zu beherrschen. Insbesondere, dass wir als Konsumenten möglichst die gleichen Wahrnehmungen haben, die gleichen Gefühle, die gleichen Bedürfnisse. Die Bestätigung dafür findet sie, wenn wir auf dieselbe Atmosphäre gleich reagieren, wenn die ‚Kollektion' unserer ‚individuellen' Ausstattung möglichst identisch ist. Selbst wenn das nicht ganz gelingen sollte, scheint ein ausreichender Erfolgsgrad doch so lohnend, dass Milliarden investiert werden, damit wir weltweit den gleichen runden Ball anjubeln, die gleiche Sprache sprechen, das gleiche Netz benutzen, die gleichen Filme sehen, die gleichen Informationen im gleichen Moment empfangen und gleich wieder vergessen, und besonders, dass wir gleich reisen, uns gleich unterhalten und gleich konsumieren. Zum Glück gibt es neben Hollywood-, Bollywood- und Pro7-Produktionen noch immer Autorenfilme. Filme, die nur wenige gesehen haben und die es doch schaffen, dass wir einen Ort nicht alle auf dieselbe Weise lesen, seine Atmosphäre nicht auf die gleiche Weise wahrnehmen. Gestalter haben immer die Wahl zwischen zwei radikal verschiedenen Positionen: entweder zu versuchen, die Bilder und Gefühle der anderen strategisch in ihr Projekt zu integrieren und damit oft genug die Ideologien des Marketings und der herrschenden Trends zu bedienen, das heißt diesen kollektiv konstruierten kleinsten Nenner zu bestätigen und damit zu verstärken – oder die Verantwortung einer autonomen Autorenposition einzunehmen, auf die Kontexte des Ortes, der Wahrnehmung, der Zeit, der Interessen und der Adressierten zu reagieren. In beiden Fällen gestalten sie aber nicht nur die Atmosphäre der von ihnen entworfenen Situation, sondern auch die Bilder, die von der jeweiligen Atmosphäre ausgehend als Erfahrung weiterleben werden.

LA GRANDE BOUFFE Die im Institut Design2context unter anderem von Julie Royer entwickelte Forschung über die Differenz von Branding und Corporate Design untersucht als Fallbeispiel die Atmosphäre von Restaurants. Einerseits

---

[1] Orientierung/Desorientierung, Bd. 1 (2008) und 2 (2010), hg. von Design2context, Ruedi Baur, Stefanie-Vera Kockot, Clemens Bellut und Andrea Gleiniger, Baden (Lars Müller Publishers)

von solchen, die im Sinne des Branding vollständig geplant, an völlig verschiedenen Orten funktionieren, andererseits von solchen, die die Wirklichkeit eines Kochs, eines Ortes, einer lokalen Esstradition zum Bezugspunkt nehmen, um eine Atmosphäre und eine glaubwürdige Repräsentation zu entwickeln. Das Bewusstsein für die Gegensätzlichkeit beider Haltungen unterscheidet sich je nach Alter, Land und kulinarischer Erfahrung. Aber das Erstaunliche ist, dass manchem die geplante, mit anderen Worten dekontextualisierte Atmosphäre glaubwürdiger erscheint als die eines Kochs, der eine andere Art der Repäsentation verkörpert. Diese beängstigende Analyse lässt sich auch mit Elisabeth Blums Beobachtung verstehen, dass „transportierte Referenzmaterialien Ausgangsorte überraschend neu oder anders profilieren".

LETZTE SZENE Andere Brücken zum vorliegenden Buch lassen sich mit Forschungen des Instituts Design2context schlagen. Dazu gehört die Frage der –hergestellten–Authentizität, die Elisabeth Blum skeptisch betrachtet. Ähnlich Imanuel Schipper, der in seiner Forschungsarbeit die theatralische, auf Fiktionen beruhenden Konstruktion von Pseudorealitäten untersucht. Das Programm „Civic City" seinerseits erforscht, unter welchen Bedingungen *civisme*, der Bürgersinn im öffentlichen Raum, aktiv werden kann. Atmosphäre spielt auch hier eine Rolle im Sinne einer Gestaltung des Ortes, die ‚Condifferenz' zulässt oder autoritär ihre Ordnung diktiert. Auch die Forschung von Katarina Lang soll hier erwähnt werden, in der es, unter der Bedingung schier unendlicher digitaler Varianten, um begründbare Entscheidungen bei der Wahl der Schrift geht, mittelbar also um so etwas wie typographische Atmosphäre. Bei der dem Thema Faszination der Unschärfe geltenden Forschung von Annette Rempp befindet man sich schon innerhalb des Phänomens Atmosphäre.

Es zeigt sich, dass Elisabeth Blums Thema „Atmosphäre" mitten im Zentrum der Kultur des Designs angesiedelt ist. Ihr vom Schweizerischen Nawtionalfonds snf unterstütztes Forschungsprojekt „StadtLabor Luzern" (http://blog.zhdk.ch/stadtlaborluzern/) und die daraus gewonnenen Hypothesen zur räumlichen Wahrnehmung haben zu relevanten Ergebnissen geführt, die in der Theorie und Praxis der Gestaltung vielseitig anwendbar sind. So erscheint ihr Buch folgerichtig als Band 2 der bei Lars Müller Publishers verlegten Forschungsreihe 2/2 des Instituts Design2context, in welcher die Resultate der Forschungen des Instituts veröffentlicht werden.

Ruedi Baur, Institut Design2context, ZHdK Zürich

/2 Bd. 1: Dynamische Erscheinungsbilder im kulturellen und öffentlichen Kontext, hg. von Ulrike Felsing, Design2context, Baden (Lars Müller Publishers) 2010

FRAGMENTE
EINER SPRACHE DES RAUMES

Mit seinen szenischen Darstellungen erinnert dieses Buch nicht zufällig an Roland Barthes' *Fragmente einer Sprache der Liebe*[1]. Und das hat einen einfachen Grund. Wie ein Diskurs über die Liebe eine Unmöglichkeit ist – handelt es sich doch hierbei um nichts weniger als um ein unübersehbares und uneinsehbares chaotisches Universum –, so auch ein Diskurs über Räume, über Körper und Subjekte in Räumen. Barthes' Einsicht in die Unmöglichkeit, diesen Diskurs in irgendeiner Weise logisch stringent ordnen zu können, verdankt sich der listige Bau seines Buches. In 80 beliebigen Figuren blitzen Szenen eines potentiell unendlichen Universums auf.

Barthes' Figuren sind in Sprachszenen festgehalten, deren sich ein (liebendes) Subjekt im Raum bedient, „das wartet, sich beeilt, sich ausruht, sich einläßt, sich umsieht, sich niederläßt, sich ausläßt, sich ängstigt, versteckt, eifersüchtig ist usw.". Barthes entwickelt eine Art „Topik der Liebesbeziehung", vom belanglosen Zwischenfall – dem Ausbleiben eines Telefonanrufs – bis zur verzückten Hingerissenheit. Da die Figuren im Kopf der Liebenden „ohne jede Ordnung" auftauchen, geschöpft aus einem „Vorrat", je nach den „Lüsten des Imaginären" aufeinandertreffen, wiederkehren, ordnet Barthes sie so, dass sich ein Sinnzusammenhang nicht herstellen lässt: *alphabetisch*. Eine Art „Enzyklopädie der affektiven Kultur" von Liebenden.

Im vorliegenden Buch sind die einzelnen Szenen zwar nicht alphabetisch geordnet, doch auch sie sind, unter unendlich vielen möglichen, herausgegriffene ‚Figuren', die der Kapitelfolge provisorisch zugeordnet sind. Aufschlussreich ist, dass Barthes seine Figuren, obwohl es sich um Sprachszenen handelt, räumlich deutet. Der Begriff *Dis-cursus* – ursprünglich die Bewegung des Hin- und Herlaufens, Kommens und Gehens, des ‚Schritte'-Unternehmens, der ‚Verwicklungen' – zeige die Liebenden „im Bann der Figuren", wie sie in ihren Köpfen hin und her gehen, innehalten, einen neuen Anlauf nehmen, gegen sich selbst intrigieren. Die Figuren zeigten die in Bewegung Geratenen nicht nur im rhetorischen, sondern eher in einem „gymnastischen", „choreographischen" Sinn sich „mit einem etwas närrischen Sport abmühend".

Wie bei Barthes haben die einzelnen Figuren auch in unseren räumlichen Untersuchungen *etwas Entscheidendes* zu leisten. Auch sie haben dann den Status einer Figur gewonnen, wenn sich, wie Barthes festhält, an ihnen etwas Gelesenes, Gehörtes, Erlebtes *wiedererkennen* lässt. Dann erst ist die einzelne Figur etwas Reales, das aufscheint, etwas „Erinnerbares". Eine Figur ist dann zustande gekommen,

[1] Editions du Seuil, Paris 1977, dt. Fragmente einer Sprache der Liebe, Frankfurt a. M. (Suhrkamp) 1984, zit. Stellen S. 15–20

wenn wenigstens einer sagen kann: *„Wie wahr das ist! Diese Sprachszene kenne ich doch."* Was es dazu braucht? Barthes nennt nur Unscharfes. Es sei nicht mehr und nicht weniger vonnöten als das Liebesgefühl. Übersetzt auf das hier untersuchte Thema: das Raumgefühl.

Wie die Barthessche Sammlung von ‚Liebesfiguren' ergibt auch die Sammlung von Raumfiguren kein Versprechen für einen eineindeutigen Umgang mit Raum, kein objektiv verlässliches Instrument.

Wie bei Barthes gibt es auch für die Beziehungen zwischen Subjekten und räumlichen Konstellationen einen bestimmten ‚Vorrat' an Figuren: reale, mythologische, politische, literarische, poetische usw. Wie das Barthessche Subjekt im Diskurs über die Sprache der Liebe ist das Subjekt auch in seinen Erfahrungen mit räumlichen Konstellationen allein gelassen. In der Fachliteratur ist das Subjekt erfahrungsarm. Seine Raumwahrnehmung ist mit objektfixierten Begriffen verstellt. Die mit kunstwissenschaftlichen, architekturgeschichtlichen und anderen Begriffen arbeitende Beobachtung und Beschreibung von Räumen schliesst aus, was nicht auf die jeweiligen Begriffe und Muster zugeschnitten ist. Wer die Erfahrung des Ambivalenten, mehrfach Kodierten, Überdeterminierten macht, des zwischen Disziplinen Oszillierenden, Doppelbödigen, Bodenlosen, des Imaginären, Rätselhaften, Unheimlichen, Angsteinflössenden, der „räumlichen Empathie", der Erstarrung, ist nicht einfach ein „symptombehaftetes Subjekt", sondern registriert und reflektiert Dimensionen des Räumlichen, die in konventionellen Raum-Diskursen sprachlos bleiben: Diskontinuitäten und Inhomogenitäten des Raumes. Es geht um andere Formen der Vermessung, um Fragen des Verhaltens und des Handelns in Räumen. Um den Raum im Kontext künstlerischer, sozialer und politischer Beziehungen.

WENN WIR SPINOZISTEN WÄREN ...

VERMESSUNGSPRAKTIKEN, PERSPEKTIVENWECHSEL Unter den wenigen, die einen entschieden anderen Blick auf die Vermessung von Wirklichkeiten einnehmen, sei Gilles Deleuze mit seinem Aufsatz „Spinoza und wir"[2] genannt, dessen Perspektive, hätte sie denn eine Chance, die Dimensionen unseres alltäglichen Lebens revolutionieren, ja auf den Kopf stellen würde. Deleuze zeigt, dass und wie ‚Spinozisten' andere Schnitte durch die Realität legen. Mit Spinoza fragt Deleuze, was für einen anderen Massstab als das metrische Vermessungssystem wir anlegen könnten, um Körper zu erfassen und zu beurteilen – wobei Körper vieles meine: ein Tier, einen Klangkörper, eine Seele, eine Idee, einen Text, einen sozialen

---

[2] Gilles Deleuze, Spinoza und wir, in: Aisthesis. Wahrnehmung heute oder Perspektiven einer anderen Ästhetik, hg. von Karlheinz Barck, Peter Gente, Heidi Paris und Stefan Richter, Leipzig (Reclam) 1990; vgl. auch S. 148f, 150ff in diesem Buch

Körper, einen Menschen usw. Ein Körper definiere sich, so eine der verblüffenden Antworten, durch eine zweifache Potenz: *die Potenz zu affizieren und affiziert zu werden*. Eine ungewöhnliche Art und Weise, die sichtbare, quantitative Wirklichkeit um unsichtbare Dimensionen zu erweitern. Die Bestandteile der Wirklichkeit, so wie wir sie zu sehen gewohnt sind, werden durch die Operationen dieser unsichtbaren Vermessung unaufhörlich „entstellt". Körper verformen sich, werden vergrössert, verkleinert. Was zum Vorschein kommt, sind ihre Empfänglichkeit für Wirkungen und der Radius ihrer eigenen Wirkungskraft. Einen revolutionär anderen Blick auf die Verhältnisse gewinnt, wer sich all diese Körper in dieser Weise verdoppelt denkt.

Denn was ändert sich, wenn man die Aufmerksamkeit von quantitativ vermessenen Körpern und Räumen auf die hier vorgeschlagene Art der Betrachtung zu verschieben beginnt? Wenn man nicht mehr mit den uns bekannten Instrumenten denkt und wahrnimmt? Wenn Formen und Funktionen abgeschattet werden und statt dessen Wirkungsweisen in den Vordergrund treten? Wenn mit der Beobachtung dieser andersartigen, jedoch ebenso realen Umstände allmählich klar wird, dass der Gebrauch von Aufmerksamkeit, wie Deleuze sagt, eine Lebensweise ist? Gewaltige Grenzverschiebungen, Proportionsverschiebungen!

> *Unruhe kennzeichnet den Ort, an dem der innere Antrieb und der Kontakt mit der Umwelt zusammentreffen und eine Gärung in Gang setzen, sei es in Wirklichkeit oder in der Vorstellung.* John Dewey, Kunst als Erfahrung/3

ORT DER UNRUHE Auf die kürzestmögliche Formel gebracht, spielen sich die Geschehnisse bei aller räumlichen Wahrnehmung genau in jener Kontaktzone ab, die John Dewey als Ort der Unruhe bezeichnet hat. Doch warum Ort der Unruhe? Warum beschreibt Dewey die Begegnung zwischen dem innerem Antrieb eines Subjekts und dem Kontakt mit Räumen als Gärung? Für die vorliegenden Untersuchungen könnte Deweys Satz als eine Art experimenteller Antrieb gedient haben. Meine sieben Thesen bestätigen die drei wichtigsten Aussagen seines Satzes, die expliziten wie die ihm unterstellten impliziten: *Erstens* spielen bei jeder räumlichen Wahrnehmung äussere Wirklichkeit und Vorstellung unmittelbar zusammen. *Zweitens* spielt sich räumliche Wahrnehmung in einem (dialogischen) Prozess ab, der sowohl beeinflussbar wie unberechenbar ist. Folglich sind *drittens* für jede räumliche Wahrnehmung die Momente des Flüchtigen und des Prekären grundlegend – im Widerspruch zu den gängigen Vorstellungen über Räume, die stets in Kategorien des Statischen, Festen und Stabilen gedacht werden./4 Dass subjektive

/3 John Dewey, Kunst als Erfahrung, Frankfurt a.M. (Suhrkamp) 1988, S. 80 /4 Josef Albers hat bereits in den frühen sechziger Jahren „factual fact" (dinglich Vorhandenes) und „actual fact" (Wirkung) unterschieden

Erfahrungen je nach Art des Raumes, in dem man sich aufhält, je nach Ereignissen, Spuren und Inszenierungen, die einem Raum zugehören, sich drastisch ändern können, ist ja bekannt, doch ungenügend untersucht und beschrieben worden. So fragen wir, wie atmosphärische Wirkungen zustande kommen und wovon sie jeweils abhängen. Wir fragen danach, welche Beziehungen zwischen Wahrnehmen, Erfahren und Erleben an konkreten Orten, Objekten, Räumen sich aufdecken, wie sie sich anders denn als blosse Informationen zur Sprache bringen lassen. Stellt man die Fragen so, dann werden räumliche Wirklichkeiten nicht mehr als faktische Gegebenheiten objektiviert, sondern in – fallweise existentiellen – Figuren und Prozessen von Subjekt-Objekt-Beziehungen thematisiert.

MONTAGE „Le cinéma était l'art du montage."/5 In Anlehnung an Jean-Luc Godard liesse sich behaupten, dass auch die räumliche Wahrnehmung eine ‚Kunst der Montage' sei. Wer sich selbst oder andere im Umgang mit räumlichen Situationen genauer beobachtet, kann dem Prozess der Montage zusehen, einer *anderen* Form der Montage als im Schneideraum, mit anderem Ausgangsmaterial und anderem Ergebnis. Die räumliche Wahrnehmung ist ein höchst produktiver, unsichtbarer, beweglicher, rasend schnell oder beschaulich langsam vor sich gehender Prozess, der meist unkontrollierbar, auf jeden Fall jedoch – soweit man es bemerkt – überraschend und unvorhersehbar ist. Die Elemente, die zusammengeschnitten werden, sind – anders als beim Film – keine fertigen, abgedrehten Bilder. Sie stammen aus mehreren Welten: aus der realen dreidimensionalen räumlichen Situation wie aus assoziierten Bildern, Erinnerungen, Wissensformen. Das Verfahren der Montage bei der räumlichen Wahrnehmung ist kein planbarer Prozess, vielmehr ‚geschehen' diese Montagen. Werden im filmischen Schnitt fertiggestellte Bildsequenzen aneinandergesetzt, so wird in der räumlichen Wahrnehmung ‚ad hoc' montiert. Räumliche Wahrnehmung ist also Montage von Montagen. Auch in der räumlichen Wahrnehmung montieren wir Szene an Szene. Wie im Film erwarten wir die jeweils nächste Szene, die uns eine weitere Dimension des Räumlichen enthüllt. Wir suchen geradezu nach Auslösern für die nächste Szene, für das Erkennen weiterer Schichten räumlicher Wirklichkeit, selbst wenn wir nicht im voraus wissen, was und wie schnell wir etwas verknüpfen, wie vielfältig wir Dinge in Beziehung zueinander bringen, wohin uns diese Prozesse führen, wie weit weg von dem, was dinglich da ist. Den Prozess der Montage in der räumlichen Wahrnehmung nehmen wir nur ausschnittweise wahr. Unserer Aufmerksamkeit entgeht – wir wissen nicht wie viel – auf jeden Fall soviel, dass wir oft selbst überrascht sind, wenn uns einzelne Partikel der verfertigten Montagen bewusst werden und wir darüber staunen, dass wir uns gerade an dies oder jenes erinnert haben.

/5 Jean-Luc Godard par Jean-Luc Godard, tome 2: 1984–1998, Cahiers du cinéma (Paris) 1998, S. 246

Ein möglicher Grund dafür, warum wir selbst auf den ersten Blick irritierende filmische Montagen mit Leichtigkeit dechiffrieren: weil uns das Verfahren der Montage von unserer Wahrnehmung von Räumen her bekannt ist.

DIE ORIGINALITÄT DER RÄUMLICHEN WAHRNEHMUNG Die Originalität der räumlichen Wahrnehmung zeigt sich darin, dass sie uns mitten in einem höchst lebendigen räumlichen Spektakel wechselnder Einfälle, Einsichten und spontaner Veränderungen ansiedelt. Unsere Wahrnehmungen sind wie Blasen in einem Topf kochenden Wassers, sie entstehen, wir wissen nicht wann und wo und für wie lange, bewegen sich, platzen, machen anderen Platz.

Wir leben niemals ausserhalb von Räumen. Diese einfache Tatsache ist der Grund dafür, dass alles Alltägliche, Spektakuläre oder gar Dramatische unserer Existenz direkt auf räumliche Erfahrungen zurückgeht. Zu den Räumen zählen allerdings nicht nur deren drei Dimensionen, sondern auch alle jene ‚räumlichen' Phänomene, die sich unmittelbar mit den alltäglichen Wahrnehmungen des Raumes verbinden: die zugehörigen Räume der Vorstellungen, der Assoziationen, der Erfahrungen.

Räumliche Wahrnehmung ist ein Geschehen, das wir mitbewirken, dem wir fasziniert folgen, das uns mit einer Wirklichkeit vertraut macht, die wir bislang womöglich niemals so gesehen haben. Denn wer kann sagen, wie ein Ort sich uns zeigen wird, wie die Gesten eines Objekts, die Logik seines Baus für uns im nächsten Augenblick auffällig werden? Wer kann im voraus wissen, welche Beziehungen zwischen Wissen, Ort, Kontext sich formen, welche Geschichten zum Ort sich daraus ergeben? Welche Blicke sich uns beim Begehen eines Ortes eröffnen, welche Perspektiven, wovon ein Ort in diesem oder jenem Moment beherrscht ist, was daraus für den dialogischen Prozess folgt? Das alles ist bedingt durch das jeweils Perspektivische und seine ‚Ungerechtigkeit'. An diesem Geschehen wirken wir lediglich zusammen mit anderen Ingredienzen, die uns als eine dieser Ingredienzen mitverändern. Zum Spezifischen der räumlichen Wahrnehmung gehören also das Zusammenspiel des Dauerhaften des realen Raumes und die Flüchtigkeit der Montagen, die assoziativen Sprünge, für die alles Anlass sein kann, was tönt, erscheint, auffällt. Der stabile Raum, der sich, kaum dass wir ihn betreten, um unsichtbare Dimensionen zu vervielfachen und zu verändern beginnt, ist nur Gastgeber eines wilden, verwilderten Geschehens, ein wenig verwandt mit dem, was Godard über das Drehen sagt: „Il y a trop de choses en jeu [...], trop d'histoires, trop de lois, trop de rêves, trop de calculs, trop d'oublis."[6]

DER BEGRIFF ALS UNSCHARFE RÄUMLICHE KONSTRUKTION Den Gärungsprozess an der Kontaktzone zwischen Subjekt und Raum benennen wir mit dem *unscharfen* Begriff des Atmosphärischen. Eine Untersuchung, die von einem Allerweltsbegriff wie Atmosphäre ausgeht, darf diesen niemals in der Erwartung angehen, dass man ihn irgendwann würde definieren können. Schon eher gleicht er einer grossen unscharfen Wolke. Oder einer komplexen – räumlichen wie gedanklichen – Konstruktion, deren Dimensionen und Figuren sich nur über zahlreiche *scharfe Schnitte* erschliessen lassen. Denn ein Begriff benötigt „einen Spielraum für all das Konkrete, was seiner Klassifikation unterliegen soll", schreibt Hans Blumenberg in seiner *Theorie der Unbegrifflichkeit*[7]. Ein Begriff habe mit dem Fehlen einer abgeschlossenen Vorstellung des Gegenstandes zu tun, mit seiner Abwesenheit oder einer gewissen Gleichgültigkeit seiner Anwesenheit.[8] Theoretisch leiste ein Begriff nichts anderes, „als die Verfügbarkeit des Gegenstandes potentiell bereitzuhalten"[9]. Interessant ist das reziproke Verhältnis zwischen Begriffen und dem, was sie bezeichnen. Denn Begriffe beruhen nicht nur auf Gegenständen, Begriffe konstituieren auch Gegenstände.[10] Anders gesagt: Begriffe sind die „Schlüssel, durch die wir ‚Erscheinungen buchstabieren, um sie als Erfahrung lesen zu können', wie man mit Kant formulieren kann"[11]. Um also den Spielraum all des Konkreten, das zum Begriff des Atmosphärischen gehört, wenigstens ein wenig zu erhellen, haben wir uns im Vorfeld dieses Buches in einer örtlich streng begrenzten experimentellen Felduntersuchung an die Arbeit des ‚scharfe Schnitte-Legens' gemacht: Wir haben den komplexen Begriff Atmosphäre in möglichst viele, präzis entfaltete Argumente aufgespalten.[12] Mit Jean Baudrillard fragten wir, ob die Architektur noch jenseits ihrer eigenen Realität existiere, jenseits von Funktion, Programm, Konstruktion. Wir fragten danach, wie sich in der Dreiecksbeziehung zwischen Subjekt, Ort und Atmosphäre-Begriff die räumliche Erfahrung konstituiert. Es ging also – mit Kant argumentiert, dass Anschauungen ohne Begriffe blind seien – um die Beobachtung, wie ein Subjekt Begriff und Anschauung an einem konkreten Ort/Raum/Objekt aufeinander bezieht. Baudrillard spricht vom Terrain der Erfindung, des Nicht-Wissens, auch des Risikos. Denn es gehe nicht mehr nur um das, was sichtbar ist an einem Raum, sondern um die geistige Ausdehnung dessen, was man sieht. Architektur sei nicht das, was einen Raum fülle, sondern das, was Raum schöpft. Für das Auge und für den Intellekt sei das ein Raum der Verführung. Baudrillard spitzt radikal zu: Ein gelungener Bau sei einer, der jenseits seiner eigenen Realität existiere, der mit dem Nutzerpublikum eine Duellbeziehung erzeuge, eine Art Extrapolation eines neuen Raumes.[13]

---

[7] Hans Blumenberg, Theorie der Unbegrifflichkeit, Frankfurt a. M. (Suhrkamp) 2007, S. 12 [8] Vgl. ebda., S. 108 [9] Ebda., S. 28 [10] Ebda., S. 40 [11] Heinz Paetzold, Ernst Cassirer zur Einführung, Hamburg (Junius) 1993, S. 25 [12] http://blog.zhdk.ch/stadtlaborluzern/ [13] Vgl. im vorliegenden Buch S. LXXVII

SCHICHTEN DES ATMOSPHÄRISCHEN FREILEGEN Orte und Objekte lassen sich also unterschiedlichsten Zumutungen aussetzen: Herrscht Leere? Stille? Haben Interpretationen einen Ort besiegt? Oder standardisierte Geschwindigkeiten eines Ablaufs, so dass wir nur sehen können, was sich in dieser Geschwindigkeit sehen lässt?/14 Wie verändert Wissen oder Nicht-Wissen einen Ort für uns? Wie das nicht Sichtbare? Wie wirkt, was einst unter meinen Füssen geschah? Was unzugänglich ist? Wissen schafft Atmosphäre, Nicht-Wissen, wahres oder falsches Wissen auch. Geschichten zu einem Ort oder Objekt verändern Ort oder Objekt. Ihr Einfluss auf uns lässt sich beobachten. Geschichten zu einem Ort oder Objekt lassen sich vernichten oder wiederholen./15 Was ist, wenn Blendwerk verschwindet, das sich als flüchtige Produktion von Atmosphären oder als Produktion flüchtiger Atmosphären entpuppt? Eine kleine Theorie des Betrugs?

Inskriptionen, Anthropomorphismen, Rituale, Prozessionen, Choreographien, Inszenierungen aller Art sind Versuche, einen Ort permanent oder temporär für uns einzurichten. Schwellen im Raum machen darauf aufmerksam: Verzauberung des Augenblicks oder permanente Besetzung eines Territoriums./16 Rätselhaftes mit geheimem Wert erhöht die Aufmerksamkeit: Alltägliches Effizienzdenken wird umgekehrt. Manchmal steigt der Rang einer Situation mit ihrer Nicht-Decodierbarkeit. Es entsteht ein umwegreiches Spiel mit der Decodierung. Vielleicht wird es sogar verweigert, denn hinter dem Wort Code steckt das Versprechen, zu erkennen, was er verbirgt: Inhalt, Sinn.

Räume sind narrative Reiche. Sie können zoniert sein, also mit Regeln besetzt. Viele Erzählungen sind in ihnen verborgen. Der Unterhaltungswert der einem Raum zugehörigen Erzählung kann eine existentielle Dimension annehmen. Er kann im Schauder einer Zeitreise enden. Räume zu schaffen kann in einem Racheakt gegen sich selbst enden, wie im Falle jenes Architekten eines Gefängnisses, der aus Verzweiflung über seine Kooperation mit der bourbonischen Herrschaft in Sizilien Selbstmord begangen haben soll./17 Räume können mit einem Tabu belegt, Unorte oder Paradiese sein. In Räumen kann man selig bedrängt in der Menge aufgehoben sein, wie in einem Konzert von B. B. King. Orte und Räume lassen sich besetzen, von Ideen und Ereignissen imprägnieren. Fakten gehören zu ihnen genauso wie Vorstellungen, Phantasien. Vergangene wie imaginierte

/14 Bill Viola, vgl. im vorliegenden Band S. 214 ff /15 Jochen Gerz, vgl. im vorliegenden Band S. 182 f, sowie Daniel Libeskind, S. 184 ff /16 Vgl. im vorliegendem Buch S. 224 ff

zukünftige Ereignisse färben unsere Erfahrungen mit Räumen. Kommt verdrängtes Wissen an die Oberfläche, kann es zum Kampf um die Deutungshoheit kommen. Der intellektuellen oder gefühlsmässigen Konstruktion von Orten kann durchaus Gewalttätigkeit zugrunde liegen.

DER BAU DES BUCHES In der Struktur des vorliegenden Buches – sieben Thesen zur räumlichen Wahrnehmung mit Beweisstücken – spiegeln sich die dargelegten methodischen Ansätze wider. Wir haben das Unmögliche versucht. Wir haben den Prozess der räumlichen Wahrnehmung – ein für uns einheitlich wirkendes Geschehen – künstlich in sieben Schritte auseinanderdividiert mit dem Ziel, verborgene und somit unerkannte Vorgänge sichtbar zu machen. Die Thesen 6 und 7 – die Provokation des Flüchtigen und der Aspekt des Prekaren – sind für jede räumliche Erfahrung so grundlegend, dass sie in der Regel kaum gedacht oder auch nur wahrgenommen werden. In der Realität bedingen die hier getrennt beschriebenen Thesen einander. Legen wir Schnitte durch ein Wahrnehmungsgeschehen, sehen wir in jeder Schnittfigur die anderen gespiegelt. Beschreiben wir eine These, finden wir die anderen darin wieder: immer gibt es Schnittmengen.

Räumliche Wahrnehmung ist kein gerichteter Prozess, kein stetiger, kein kontrollierbarer Prozess. Die Rolle des Vorwissens, der Erfahrung, der momentanen Verfasstheit, der Assoziations- und Reaktionsfähigkeit auf Auslöser – auch wo diese von Gestaltern absichtsvoll eingesetzt sind – verändert sich situativ. Die Empfänglichkeit für Wirkungen ist wechselhaft und ungesichert. Anders als bei einem traditionellen naturwissenschaftlichen Experiment sind bei der räumlichen Wahrnehmung mindestens zwei Charakteristika meist nicht gegeben: Kausalität, Wiederholbarkeit.

Der Komplexität und der Schnelligkeit des Geschehens entsprechend haben wir zur Methode des Skizzierens gegriffen und die hier vorgelegten Untersuchungen auf den praktischen Gebrauch ausgelegt, auf das Wieder-Erkennen von Szenen. Wir sind von verschiedenen Praktiken der räumlichen Eroberung ausgegangen und haben nach Instrumenten gesucht, das dialogische Geschehen zwischen Subjekt und Raum so zu zeigen, dass Lust zur Selbst-Beobachtung aufkommt.

/17 Eine Legende besagt, dass der Architekt der Carceri giudiziarie, der im Volksmund „Grand Hotel Ucciardone" genannten Gefängnisfestung am Hafen von Palermo (1840), Emmanuele Palazzotto, „sich erst spät seiner Komplizität mit dem bourbonischen konterrevolutionären und anti-demokratischen Terrorsystem bewußt" geworden sei. Mit für ihn unumkehrbaren Folgen: Er beging Selbstmord. (Vgl. Peter Kammerer, Ekkehard Krippendorff, Reisebuch Italien, Bd. 1, Berlin (Rotbuch) ³1981, S. 210)

ARCHITEKTUR IN UNSEREN KÖPFEN
Der Großteil der existierenden Architektur
befindet sich in unseren Köpfen, in unseren
Überlegungen und in unserer kulturellen
Infrastruktur. Wir können, ohne Mauern
einzureißen, auf unsere mentale Struktur,
die andere Hälfte der Architektur,
einwirken, um Materielles zu verändern
oder neu zu schaffen.

Jochen Gerz http://www.farm.de/gerz/gerzDE/Biron.html

XVIII

AUF DEM UMWEG ÜBER METAPHERN Der Umgang mit Dingen, die man noch nicht ganz versteht, auch mit gebauter Realität, geschieht auf dem Umweg über Bilder und Metaphern, und das ist unvermeidlich. Was ist jeweils getroffen? Etwas Wichtiges? Ein marginaler Aspekt? Bilder, die an Objekten haften bleiben: So funktioniert Kommunikation über Artefakte. Wie bei dem berühmten Vogelnest in Peking.

Stanislaus von Moos im Videointerview http://blog.zhdk.ch/stadtlaborluzern/

ATMOSPHÄRE IST ETWAS FRAGILES Kein Zustand, der konstant wäre oder auch nur konstant sein könnte. Es ist nicht so, dass wir im Theater, weder auf den Proben noch für die Vorstellung, diese Fragilität in einem bestimmten Zustand halten wollten. Wäre das so, hätten wir keinerlei Spannung. Atmosphäre im Theater ist etwas, wo wir alle, Sänger, Dirigent, Regie, Bühnenbildner, Repetiteur, Techniker etwas in der Schwebe zu halten suchen, das jeden Moment explodieren könnte. Und dabei versuchen wir die Atmosphäre so heiss wie möglich und so kalt wie nötig zu halten.

Thea Brejzek im Videointerview http://blog.zhdk.ch/stadtlaborluzern/

1 VOM ORT AN SICH ZUM ORT FÜR SICH

In der Wahrnehmung und Erfahrung von Orten und architektonischen Objekten geht es nicht allein um objektive Tatbestände – nicht um ein An sich *–, sondern um deren Wirkungsweisen für das Subjekt – um das* Für sich.

Atmosphäre, das meint nicht allein die ‚hard facts'
gegebener Orte und architektonischer Objekte,
wie sie die Grundausstattung einer jeden Situation
bilden, sondern auch all jene vielfach flüchtigen
Konstellationen, die sich nur über eine Beziehung
zwischen Subjekt und Ort herstellen lassen.
An die ‚klassische' Unterscheidung *an sich / für sich*
lehnen wir uns nur insoweit an, als wir die unterschiedliche graduelle Auflösung von subjektiv und objektiv
in der jeweiligen Erfahrung eines Ortes oder eines
Objekts zeigen wollen. Uns interessiert, wie das wahr-
nehmende und intervenierende Subjekt eine Ausgangs-
lage *für sich* herrichtet (Thesen 2–5).

VOM ORT AN SICH
ZUM ORT FÜR SICH

Um Jean Baudrillards [1] in der Einleitung dieses Buches zitierte Frage, ob Architektur noch jenseits ihrer eigenen Realität existiere, jenseits von Funktion, Programm und Konstruktion, vorweg zu beantworten: Längst nicht alle Wirkungsweisen architektonischer Objekte und städtischer Räume gehören in die Welt des Sichtbaren. Zu jedem Ort gehören neben materiellen Tatsachen auch immaterielle Wissensformen: Vergangenes, Erinnertes, Mythen wie Mythologisierungen – Unsichtbares, das nur wirken kann, wenn wir etwas darüber wissen. Wissen wie Nicht-Wissen färben Erfahrungen und Ereignisse. Das zeigt uns bereits der Gebrauch eines Stadtreiseführers: Seine Texte entscheiden mit darüber, wie sich ein Ort für uns entfaltet, was von ihm zum Vorschein kommt, was unerwähnt bleibt. Ihnen zu folgen heisst spezifische Bewegungen auszuführen – im Kopf und mit den Füssen. Jeder Text und jede andere Form des Wissens zu einem Ort produziert besondere Einschätzungen und Erfahrungen, die sowohl uns selber als auch die Wirkungen eines Ortes auf uns verändern.

Die einem Ort oder Objekt zugehörigen Wissensformen entstammen ungezählten Schichten seiner Realität: historischen, ästhetischen, politischen, geographischen, geologischen, realen wie mythologischen, sichtbaren und unsichtbaren, erinnerten, vergessenen, verdrängten, tabuisierten. Wenn zwei Personen einander an ein und demselben Ort begegnen, können unterschiedliche Wissensformen miteinander in Konflikt geraten, einander ergänzen oder ausschliessen. So konstruiert sich die Atmosphäre eines bestimmten Ortes nicht nur aus dem Zusammenspiel zwischen dem, was einem Ort zugehört und dem, was hinzukommt. Sie besteht auch in den Wirkungen und Veränderungen, die dieses Zusammenspiel bei Subjekt und Ort bewirkt.

[1] Jean Baudrillard, Architektur: Wahrheit oder Radikalität? www.egs.edu/faculty/baudrillard/baudrillard-architektur-wahrheit-oder.html

1.01 Chatellerault, 13. Juli 2009

Die Formel *an sich/für sich* ist also eine Chiffre, die sich auf vielfache Weise aufschlüsseln lässt, sei es in realen oder in fiktiven Situationen, vom Massstab des Mikroräumlichen bis zu demjenigen der Architektur und der Stadt. *An sich/für sich* gilt für Wahrnehmungsprozesse wie für Interventionen. Ob wir der Zurichtung von Oberflächendetails eines menschlichen Körpers folgen oder eines gebauten Objekts, den Bewegungen einer Parkpromenade und ihren Perspektiven, ob wir die Kette der Indizien einer kriminalistischen Spur beobachten oder in einem Entwurfsprozess Eingriffe erfinden und überprüfen, immer entschlüsseln oder fabrizieren wir, bewusst oder unbewusst, Strategien dafür, wie eine Situation *für uns/für jemand* hergerichtet werden soll. Die Chiffre *an sich/für sich* steht also nicht nur für eine aktive entwerferische Beziehung zu einem Raum oder einem Objekt sondern ebenso für all jene Wirkungen, die wir in Räumen erfahren oder denen wir vielleicht sogar ausgeliefert sind, in der Welt des Realen oder des Imaginativen. Dazu einige Beispiele:

DIE FABRIK ALS KAMPFGELÄNDE Als am 13. Juli 2009 von einem Zulieferer der Autokonzerne Renault und PSA Peugeot Citroën entlassene Arbeiter in Chatellerault mit der Sprengung ihrer Fabrik drohten, um wenigstens eine Abfindung zu bekommen, änderte sich die Atmosphäre des Fabrikgeländes schlagartig. Mit auf dem Dach eines Stromhäuschens an der Fabrikhalle aufgestellten, miteinander verbundenen neun Gasflaschen bauten die Arbeiter dem realen Raum ein temporäres Aktionspotential ein, das diesen blitzartig zu einem politischen Kampfgelände umbaute. Mit dem Ausruf „Wir haben einen Zünder, das kann jederzeit in die Luft fliegen" wird das dramatische Potential der Zeitdimension dieser mobilen Installation offensichtlich.[2]

/2 http://www.welt.de/wirtschaft/article4110310/Wuetende-Arbeiter-drohen-mit-Fabrik-Sprengung.html

 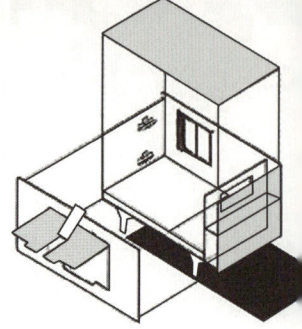

1.02 Jean-Pierre Melville, *Le Samouraï*    1.03 Krysztof Wodiczko, *City Sleeper*

EIN ZIMMER FÜR SICH HERRICHTEN In Jean-Pierre Melvilles Film *Le Samouraï* (1967) geht es unter anderen um die strategische Nutzung einer städtischen Vis-à-vis Situation: Zwei Kripoleute installieren in Jeffs (Alain Delon) Zimmer ein winziges Mikrophon hinter dem Vorhang. In seiner Abwesenheit richten sie das Zimmer buchstäblich *für sich* her: Um ihn abzuhören, haben sie sich auf der gegenüberliegenden Strassenseite vorübergehend eingemietet. Bei Jeffs Rückkehr gibt sein Kanarienvogel an und teilt ihm so mit, dass irgendetwas geschehen ist. Jeff sieht sich um, entdeckt das Mikrophon und schaltet es ab – und richtet damit sein Zimmer wieder *für sich* her.

CITY SLEEPER Als der kalifornische Architekt Donald Mac Donald bei seinem Umzug Ende der achtziger Jahre zwei Männer entdeckt, die auf seinem Parkplatz schlafen, ruft er erst einmal die Polizei. Nachdem die Obdachlosen trotz Wegweisung jedoch an denselben zurückkehren, setzt er sich mit ihnen zusammen, diskutiert mit ihnen über ihre Lage und beginnt daraufhin mit Entwürfen für eine urbane Minimalbehausung. Resultat ist der City Sleeper[/3], der Typ eines minimalen Zuhauses. Mac Donalds Erfindung sollte beweisen, dass sich auch für diejenigen, die auf der Strasse leben, räumliche Situationen schaffen lassen, die soviel an Privatheit gewähren, dass das, was im Verborgenen bleiben soll, auch im Verborgenen bleiben kann: ein mobiles Gerät, das je nach Bedarf in unterschiedlichen städtischen Kontexten temporär angesiedelt werden kann.

[/3] City Sleeper http://www.donaldmacdonaldarchitects.com/

1.04 Letzigrund-Stadion, Zürich   1.05 Bourbaki-Panorama, Luzern

ARCHITEKTUR ALS SEHMASCHINE Das Zürcher Letzigrund-Stadion der Architekten Bétrix & Consolascio zeigt, wie Stadtausschnitte filmisch *für uns* hergerichtet werden. Was das Bauwerk so aussergewöhnlich macht, ist seine Beziehung zum städtischen Kontext sowie die Tatsache, dass es als Sehmaschine *für uns* konzipiert ist. Über seine eigentliche Funktion hinaus ist das Gebäude so entworfen, dass wir, sobald wir uns auf den Weg des *travelling* begeben, nicht nur Stadt vorgeführt bekommen, sondern laufend selber Stadtbilder herstellen: ein öffentliches Gebäude, das uns verführt, urbane Situationen in ungewöhnlichen Kadrierungen anders zu sehen (vgl. S. 50ff).

BEWEGLICHE SZENARIEN Für die Situationisten war die Kategorie des *für sich* geradezu politisches wie künstlerisches Programm. Dafür entwickelten sie eigene Strategien des Analysierens und Handelns, des Veränderns von Situationen. Die Mitglieder der am 27. Juli 1957 gegründeten Situationistischen Internationale (SI)[4] operierten an der Schnittstelle von Stadt, Politik, Architektur und Kunst. Über die Erkundung einer Stadt durch zielloses Umherschweifen (dérive), mit den Praktiken des psychogeographischen Kartierens (Psychogeographie) und der Zweckentfremdung überkommener Strukturen (détournement) wollten sie nichts weniger als die permanente Revolution des Alltagslebens. Kunst würde so überflüssig gemacht und in alltägliche Praktiken überführt. Mit ihren Strategien wollten die Situationisten Zwänge durchbrechen, wo immer sie im Alltag auftreten, und so die Lebensbedingungen verändern, städtische Strukturen und gesellschaftliche Normen umgestalten. Sie waren

/4 Vgl. archplus. Zeitschrift für Architektur und Städtebau, Heft 183: Situativer Urbanismus, Mai 2007

1.06 Situationisten   1.07 Jean Seberg in *A bout de souffle*

interessiert an der Konstruktion veränderlicher urbaner Situationen und Milieus. Verfremdung, Störung, Radikalisierung, Zweckentfremdung – damit führten sie Verhaltensexperimente durch, um Handlungsspielräume zurückgewinnen und dafür geeignete Architekturen zu erfinden. Atmosphärische Einheit war das Quartier.

IMITATION EINER GESTE Eine Situation *für sich* herrichten kann auch etwas anscheinend Unbedeutendes sein. In Jean-Luc Godards Film *A bout de souffle* (1959) ist es eine kleine Geste der amerikanischen Studentin Patricia (Jean Seberg) – mit dem Daumen an der Unterlippe entlangfahren –, die sie unmittelbar mit Michel (Jean-Paul Belmondo), dem Helden des Films, verbindet, der damit seinerseits eine Geste zitiert, mit welcher Humphrey Bogart Filmgeschichte geschrieben hat. Mit dieser von einer zur nächsten Person ‚springenden' Geste hat Godard hier nicht nur dem film noir seine Reverenz erweisen wollen, sondern auch zwei ganz unterschiedliche Typen von Helden markiert. Anders als bei aufwendigen Formen des Schminkens wie etwa beim Theater, nach den Regeln eines Rituals oder den Vorschriften für Stammeszugehörigkeiten geht es hier um eine minimale Herrichtung mit grosser Wirkung.

EINE SITUATION FÜR UNS HERRICHTEN Eine Situation *für unseren* Gebrauch herrichten, kann also vieles heissen. Orte und Räume können flüchtig oder permanent verändert und besetzt werden, in realen Interventionen oder mit Eingriffen, die sich nur im

1.08 Le Corbusier, *Plan Voisin*

Kopf der Betrachter abspielen. Ein Eingriff mag einen Ort vorsichtig berühren, vergleichbar einer minimalinvasiven Operation in der Chirurgie, etwa wenn sich Touristen in ein gegebenes Bild setzen. /5 Eingriffe können aber auch auf eine Tabula rasa hinauslaufen, wie dies Le Corbusier mit seinem *Plan Voisin* vorgeschlagen hat, der Paris ins moderne Zeitalter katapultieren sollte.

Ein Ort lässt sich mit Bildern im Kopf herrichten. Bilder, sagt die Künstlerin Judith Albert/6, seien jene präzisen Zutaten, die das Setting für einen Videofilm entscheidend mitprägen und so die Welt – über das Kameraauge – zuspitzen. Eine Situation *für sich* herrichten heisst auch, sie einer Lektüre zu unterziehen, die von den Indizien abhängt, die man entdeckt und für die eigene Arbeit heranzieht. In der Imagination kann man auch Vergangenes hören oder Räume als Orte sozialer Selbstbespiegelung sehen, die einen im Blickfeld anderer erscheinen lassen. /7 Vorgehensweisen können schnell und leicht sein, wie die wenigen Linien einer Karikatur oder die Abstraktion eines komplexen Ortes, die Anhaltspunkte für ein architektonisches oder urbanistisches Projekt ergeben. /8 Massnahmen können bescheiden sein, Merkmale eines Ortes hervorheben oder herabmindern *(Son et lumière)*, einzelne Formen, Farben oder Temperaturen verändern. Sie können überraschenderweise auch nie Dagewesenes vollenden, ein Paradox, das die Rückseite des Luzerner Hotels Schweizerhof in einem Projekt von Diener & Diener charakterisiert.

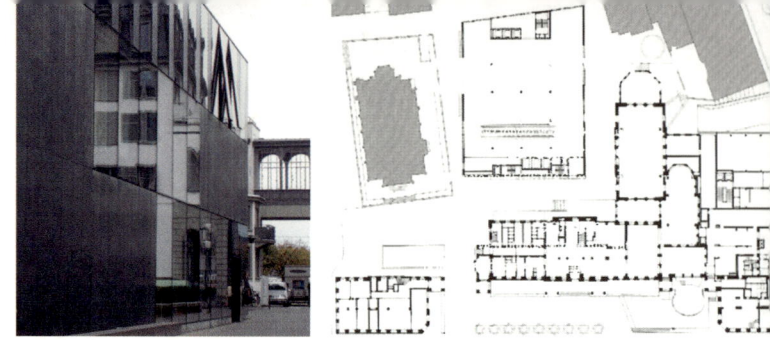

1.09 Diener&Diener, Migros-Kubus, Luzern

Atmosphären, sagt Roger Diener[9], seien stets von zweierlei Energie geprägt: der des gegebenen und des – durch ein städtebauliches Projekt – intendierten Ortes. Das Atmosphärische liege in der Spannung, wieviel von einer gegebenen Situation bewahrt und wieviel durch ein Projekt verstärkt, transformiert oder ignoriert werde. Jede Massnahme greift in die Geschichte eines Ortes ein. Sie kann Teile von ihr zum Verschwinden bringen, sie umschreiben oder einfach sichtbar werden lassen (vgl. S. 182 ff), sie kann gewalttätig, protzig, sogar grotesk sein. Sie kann Geborgenheit schaffen oder umgekehrt eine Situation in eine prekäre Lage bringen, wie etwa der Kölner U-Bahn-Bau, der das Gebäude des Stadtarchivs im März 2009 zum Einsturz brachte. Eingriffe können einen radikal neuen Akzent setzen, etwas Überwältigendes in eine urbane Struktur einfügen, wie etwa die Umgestaltung von Paris zur Zeit Napoleons III. (1853–1870) durch den Präfekten Georges-Eugène Haussmann[10], die neben sternförmigen Boulevards, Plätzen und klassizistischen Fassaden auch Sicherheit, Hygiene sowie die Kontrolle der Bewohner und des städtischen Geschehens gewährleisten sollte.

Orte können aber auch mit Namen und Charakterisierungen belegt und auf diese Weise hergerichtet werden: Benennung als Verzauberung! *Big Apple* für Manhattan oder *Heliópolis*[11] für eine der grössten Favelas in São Paulo. Hochgebirgstouren und Wüstenrouten, kleine intakte Städte und chaotische Megalopolen, abgelegene Weltgegenden und Unterwassergebiete, sie alle werden über ihre Zweit- und Drittnamen als Orte konstruiert, die uns in ihren Bann ziehen und uns veranlassen sollen, uns eines Tages auf den Weg zu machen.

[9] Roger Diener im Interview http://blog.zhdk.ch/stadtlaborluzern/ [10] Vgl. David Jordan, Die Neuerschaffung von Paris. Baron Haussmann und seine Stadt, Frankfurt (S. Fischer) 1996

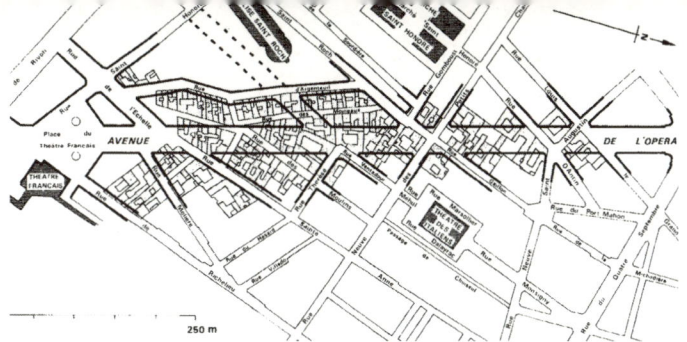

1.10 Georges-Eugène Haussmann, Umgestaltung von Paris

Eine Situation *für sich* herrichten heisst also, vorgefundene und hinzugefügte atmosphärische Bestandteile in eine – zufällige oder zu entwerfende – Beziehung zueinander zu bringen. Assoziationen sind bei diesen Versuchen unverzichtbar. Der Historiker Valentin Groebner [12] betrachtet Atmosphäre sogar als Co-Produktion, als mitaufgeführtes Bühnenstück. So kann das Herrichten dem Versuch einer Selbstinszenierung ähneln oder einer visuellen Überwältigung, der grosse Auftritt. Räume oder Objekte können wie aufdringliche oder zurückhaltende Appelle sein, etwas kühn Herausforderndes an sich haben: Animiere mich! unterstellt Groebner dem Panorama. Und das Herrichten kann auf unheimliche Wirkung angelegt sein, wie in Roman Polanskis Film *Ekel* (1965), wo Wände sich wie Gefühle gebärden, wo, wie Fred van der Kooij [13] sagt, die Neurose den Raum zu verändern beginnt.

[11] Vgl. Elisabeth Blum, Peter Neitzke (Hg.), FavelaMetropolis. Berichte und Projekte aus Rio de Janeiro und São Paulo, Basel/Boston/Berlin (Birkhäuser) 2004 http://www.birkhauser-architecture.com/ [Bauwelt Fundamente, Bd. 130] [12] Valentin Groebner im Interview zum Bourbaki-Panorama http://blog.zhdk.ch/stadtlaborluzern/ [13] Fred van der Kooij im Interview http://blog.zhdk.ch/stadtlaborluzern/

BILDER DES GLÜCKLICHEN RAUMES [...] wie werden verborgene Zimmer, verschwundene Zimmer zu Wohnungen für eine unvergeßliche Vergangenheit? Wo und wie findet die Ruhe ihre bevorzugten Situationen? Wie empfangen vorübergehende Zufluchtsorte und zufällige Schlupfwinkel manchmal von unseren intimen Träumereien Werte, die keinerlei objektive Grundlage besitzen?

Gaston Bachelard, Poetik des Raumes, Frankfurt a. M./Berlin/Wien (Ullstein) 1975, S. 30

XXXVII

FREISCHWEBEND? Atmosphären [sind] nicht freischwebend gedacht, sondern gerade umgekehrt als etwas, das von den Dingen, von Menschen oder deren Konstellationen ausgeht und geschaffen wird.

Gernot Böhme, Atmosphäre. Essays zur neuen Ästhetik, Frankfurt a. M. (Suhrkamp) 1995, S. 33

LÜCKE Wahrnehmen heißt unterschlagen, was am Bild uns nicht interessiert. Die Wahrnehmung ist immer weniger als das äußere Bild.

XXXIX
Gilles Deleuze, zitiert in: Jean-Luc Godard, Liebe Arbeit Kino.
Rette sich wer kann (Das Leben), Berlin (Merve) 1981, S. 124

PHÄNOMENOLOGIE Alle Erfahrung steht unter der Bedingung, Tatsache eines Bewußtseins zu sein. Phänomenologie geht demnach immer vom subjektiven Erleben aus, von den „Gegebenheitsweisen" der Erfahrungsgegenstände. [...] Husserl [betrachtet] die Welt der Erscheinungen, wie sie dem Menschen in der natürlichen Erfahrung noch vor ihrer begrifflichen Codierung gegeben sind. Damit werden die Gegenstände ihrer Festigkeit, ihres An-sich-seins beraubt und auf Erfahrungsprozesse zurückgeführt [...].

Ferdinand Fellmann, Phänomenologie zur Einführung, Hamburg (Junius) 2006, S. 12

AN SICH/FÜR UNS Im Kontext der schon von Aristoteles angeführten zwei Anwesenheitsformen eines Erkenntnisgegenstandes ‚an sich' und ‚für uns' muss es phänomengerechter erscheinen, sich in einem aisthetischen Unterfangen an die Anschauungsordnung (‚für uns') zu halten, anstatt im Rahmen einer Seinsordnung (‚an sich') die Vernetzung und Stetigkeit subjektiven Erlebens auszublenden.

XLI
Andreas Rau, Versuche zur aisthetischen Atmosphäre, in:
Rainer Goetz und Stefan Graupner (Hg.), Atmosphäre(n), München (kopaed verlagsgmbh) o. J., S. 138

ENTWERFEN ist immer durch zwei Energien geprägt: die Qualität eines Ortes zu bewahren, gar zu stabilisieren und einen Ort zu etwas Neuem werden zu lassen, ihn zu transformieren, zu transzendieren. Sonst müsste man ja gar nicht entwerfen. In diesem Spannungsfeld liegt die Bedeutung des Atmosphärischen.

Roger Diener im Videointerview http://blog.zhdk.ch/stadtlaborluzern/

XLIII

XLIV

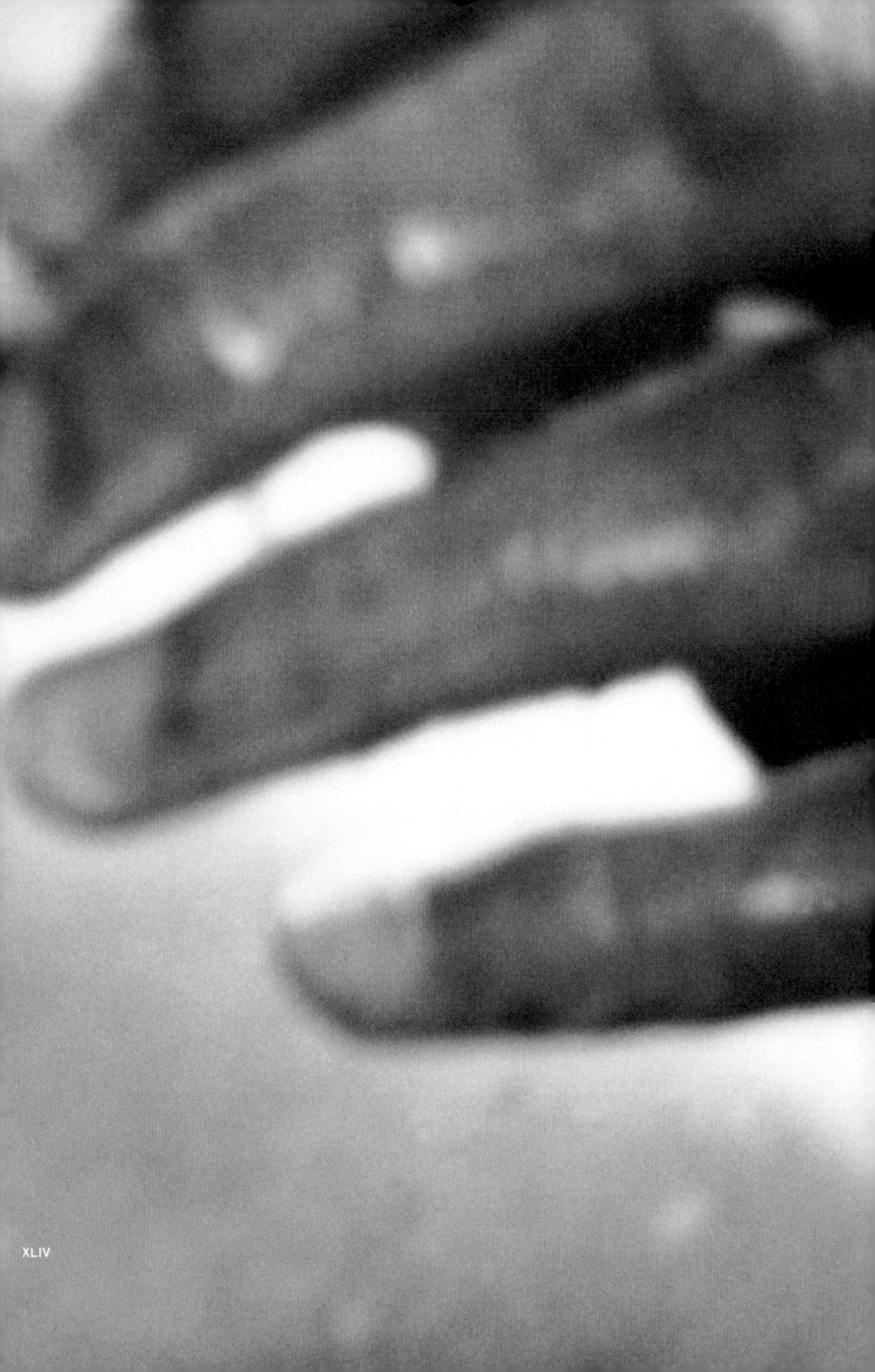

XLV

SZENOGRAPHIE... Atmosphäre ist nicht kommerzialisierbar, ausser in stillgestellten Formen. Der magische Augenblick ist nicht wiederholbar. Jede Inszenierung kann gar nicht anders denn als Inszenierung daherkommen. Alle diese Szenographien beruhen im Grunde auf der Figur des Zuschauers, der das zum ersten Mal sehen wird. Szenographie, also die industrielle Produktion von Überraschung, stösst auf harte Grenzen.

Valentin Groebner im Videointerview http://blog.zhdk.ch/stadtlaborluzern/

EINE WELT, EINE AUSRICHTUNG Künstlich inszenierte Atmosphären totalitär geführter Marken: eine Welt, eine Haltung, ein Machtanspruch. Konzeptuell und perfekt inszeniert, aber, im Unterschied zu Atmosphären gewachsener Orte, desintegrativ.

THE FIGHT FOR THE CITY: David Harvey's lecture in New York City's public space, October 04, 2008: This City of New York has been transformed under the Bloomberg Administration into a developpers' paradise. Manhattan has been turned into one of the most affluent gated communities in the world. Not by putting gates around it but by simply raising the rents in there, property prices to the point where it seems very very hard for ordinary people to live here. [...] you have a financial Katrina which is hitting low income neighbourhoods, African American neighbourhoods, hitting particularly badly upon single headed households, women in particular.
What we should do is to take that money into those neigbourhoods and ask municipalities step by step to revitalize those neighbourhoods [...] and actually revitalize the urban infrastructure. We have a lot of struggles with urban infrastructures right now.

Now at this particular moment it's really very interesting because the other aspect [...] is that municipalities are beginning themselves to experience a fiscal crisis because property taxes are falling, the finances are falling. So actually municipalities are given to cut back even in this city which has been less hit up to this point. And cities like Cleveland and Detroit are laying off people, reducing services. And this is exactly what happened in the seventies. That is you use your power to go after those people who are least privileged, have the least possibility in order to preserve the class power of the very affluent. [...] If we gonna think about this as an urban crisis then are there ways in which we can start to think about the urban as a site of revolutionary movement?

XLIX
David Harvey http://www.youtube.com/watch?v=bCgpRV9ROC

WIE EIN KAMERASCHWENK!

1.11 Letzigrund-Stadion, Zürich

Das Zürcher Letzigrund ist vermutlich das weltweit einzige Stadion, das sich neben dem Fussball einer zweiten Funktion verschrieben hat: dem Dialog mit architektonischen Objekten und städtischen Räumen entlang einer geschwungenen *promenade architecturale,* die Le Corbusiers programmatischem Satz aus *Modulor 2* (1958) zu folgen scheint: „Entdecken ist das richtige Wort. Anfangen zu entdecken. Eines Tages zu entdecken und nicht mehr aufhören, zu entdecken."[1]

DIE ÖFFNUNG ZUR STADT IST PROGRAMM

Was das Stadion der Architekten Bétrix & Consolascio so aussergewöhnlich macht, ist seine Vermittlerrolle: Wie in einem langen Kameraschwenk wird hier Stadt vorgeführt. Das Stadion ist eine Sehmaschine zur Raumerschliessung, die Rampe eine ausgelegte Schiene für das *travelling* beziehungsweise für die Kamerafahrt unserer Augen. Filmische Begriffe sind hier auf städtische Akteure übersetzt. Nah: Einblicke in die umliegenden Balkonwelten, leicht voyeuristisch aufbereitet, gerade genug, um uns zu Beobachtenden des Wohngeschehens zu machen. Halbnah, Halbtotale, Totale: Die Öffnung zur Stadt ist hier Programm. Das Subjekt ist das Auge der Kamera auf der Schiene, zugleich Regisseur oder Regisseurin der Perspektiven, aber auch der Geschwindigkeit der Bilder, der Verlangsamung beziehungsweise Beschleunigung der aufeinander folgenden Bildsequenzen.

[1] Le Corbusier, Modulor 2, S. 310

1.12 Die Öffnung zur Stadt ist Programm

1.13 Das Letzigrund ist eine Raum-Bilder-Fabrikationsmaschine

1.14 Eine Wahrnehmungsmaschine für Raumerschliessungen

DAS LETZIGRUND IST EINE RAUM-BILDER-FABRIKATIONSMASCHINE Das Bauwerk ist zudem eine Raumbilder-Fabrikationsmaschine. Jeder Rundgang erzeugt neue Bildsequenzen mit denselben Ausgangsmaterialien: den Elementen der architektonischen Anlage, des sie umgebenden städtischen und landschaftlichen Kontextes, der Tageszeiten, der Wetterlagen, der Licht- und Schattenverhältnisse, die das Zusammenspiel aller beteiligten Elemente immer wieder anders entfalten – abhängig von der Verfasstheit der Subjekte, ihrem Wahrnehmungs- und Reflexionsvermögen und ihrer augenblicklichen Stimmung. So ergibt sich jedes Mal eine veränderte Dramaturgie. So wie der Film in seiner Entwicklung für Eric Rohmer „als Verfeinerung eines gewissen *Raumempfindens* betrachtet" werden kann[/2], so lässt sich auch dieses Bauwerk als Produktionsort verfeinerter Raumempfindung sehen. Denn das Letzigrund-Stadion ist auch ein Paradebeispiel für Bewegungskunst. Es erlaubt die filmische Erzählung der lokalen Stadtgeschichte während der *promenade architecturale* Bild um Bild zu erproben. Die Montage der Einstellungen ist unsere Sache. Je nachdem bewegen sich die Umgebung, das Subjekt als Kameraauge, die Raum- und die Massverhältnisse. Eine Architektur, die uns über die ganze Serie von Einstellungen hinweg die gleiche obsessive Grundidee verfolgen lässt: zu montieren, zu geniessen.

[/2] Eric Rohmer, Film, eine Kunst der Raumorganisation in: Jörg Dünne, Stephan Günzel in Zusammenarbeit mit Hermann Doetsch und Roger Lüdeke (Hg.), Raumtheorie. Grundlagentexte aus Philosophie und Kulturwissenschaften, Frankfurt a.M. (Suhrkamp) 2006, S. 515

1.15 Heroen der lokalen Stadtbaugeschichte im Bild

EINE WAHRNEHMUNGSMASCHINE FÜR RAUMERSCHLIESSUNGEN Wo immer wir uns im Rampenraum des Stadions befinden, immer geht es um den Dialog mit dem städtischen Kontext: geschützt in einem weiten Innenraum, zugleich immer stadtbezogen. Sicht- und Blickregie in stetiger Veränderung. Sitzen wir auf der Höhe des Hauptzugangs, wird schnell klar, dass die Regie mit dem Rundumfenster operieren wird, dem *fenêtre en longueur,* besser dem *fenêtre circulaire.* Befinden wir uns jedoch auf der Höhe des Restaurants, dann gibt es plötzlich zwei *fenêtres en longueur.* Das erstere ist zum unteren, sehr schmalen Bodenanschlussfenster mutiert, das den Blick auf die Strasse freigibt, auf all die kleinmassstäblichen Stadtbodendetails.

Hinzugekommen ist das wenigstens dreimal so hohe Sichtfenster zwischen den beiden Dachkanten, die ja eigentlich nur eine einzige ist. Hier, am Ort der maximalen Höhendifferenz der ansteigenden beziehungsweise fallenden Rampe, ergibt die Differenz das eigentliche Fenster zur Stadt. Es zeigt die Horizontlinie.

Während wir auf der *promenade architecturale* Bilder und Bildsequenzen produzieren, entwickeln wir mit Hilfe dieses Instruments zur *Verfeinerung des Raumempfindens* allmählich ein „Gefühl für gute Bilder"[/3]. Wir wissen, dass es beim nächsten Umgang mehr zu entdecken geben wird als das blosse Wiederholen von bereits Gesehenem, dass wir mehr erfahren werden über räumliche Dramaturgien.

/3 Ebda.

1.16 Zugänglichkeit

1.17 Montage

HEROEN DER LOKALEN STADTBAU-GESCHICHTE IM BILD Der städtische Kontext wird mit diesem Stadion in den Blick geholt. Es gleicht einem Instrument, das einzelne Gebäude und Stadtausschnitte entschieden aufwertet. Warum? Weil das einzelne Gebäude nicht einfach nur mehr für sich selbst steht, sondern vielmehr Teil einer Bildkonstellation wird, die sein Zusammenspiel mit anderen Objekten im Bildausschnitt hervorhebt. Höhe, Breite, Ansicht, Anschnitt werden plötzlich *anders als, im Gegensatz zu, im Unterschied zu* wahrgenommen. Horizontale und Vertikale erhalten grössere Bedeutung.

Der Rhythmus im Innenraum des Gebäudes kommt durch die Stützen zustande und die unterbrochenen Betonelemente, zwischen denen man zu den Sitzgruppen gelangt, durch die vorbeiziehenden Bilder und durch die Verengungen und Weitungen der Abschnitte auf der Promenade. Und durch die Art und Weise, wie wir uns durch das filmische Material bewegen.

ZUGÄNGLICHKEIT Auffallend sind die überall anzutreffenden Gesten der Freundlichkeit. Sie signalisieren Zugänglichkeit. Die Zugänge zu den Zuschauerreihen sind L-förmige Elemente zum Sitzen und Verweilen. Alle Zugänge zum Stadion sind entlang der breiten, angenehm steigenden Rampe angeordnet: ein offener Bewegungsraum, visuell nach zwei Seiten orientiert, zur Stadt und ins Stadion. Eine städtische Wandelhalle mit extrovertiert und introvertiert arrangierten Perspektiven. Der offene Blick, die Nicht-Verbarrikadierung ist gestalterisches Prinzip. Wenn wir die Augen schliessen, hören wir das Flüstern und Schreien der Stadt, Geschichten, die wir nicht sehen. Ganz anders als bei vielen Stadien weltweit, die der Stadt den Rücken zukehren.

DIE MONTAGE WÄHREND DES GEHENS… Das Letzigrund ist eine veritable *machine à émouvoir*. Ein Kunstwerk für Augen und Ohren, für den Spiel- und Entwurfstrieb, für die Lust am Experimentieren und am Gedanken-Schweifen-Lassen, eine Maschine, die es erlaubt, mit einem extrem vernachlässigten Sinn in der Architektur zu experimentieren: dem Sinn für das Dramatische.

055

WISSENSARCHIVE IM DIALOG

Die Übersetzung einer Situation an sich
in eine *Situation* für sich *geschieht*
in einem assoziativ geprägten Dialog
zwischen Subjekt und Ort, zwischen
eigenen und fremden Wissensarchiven
(Referenzmaterialien).

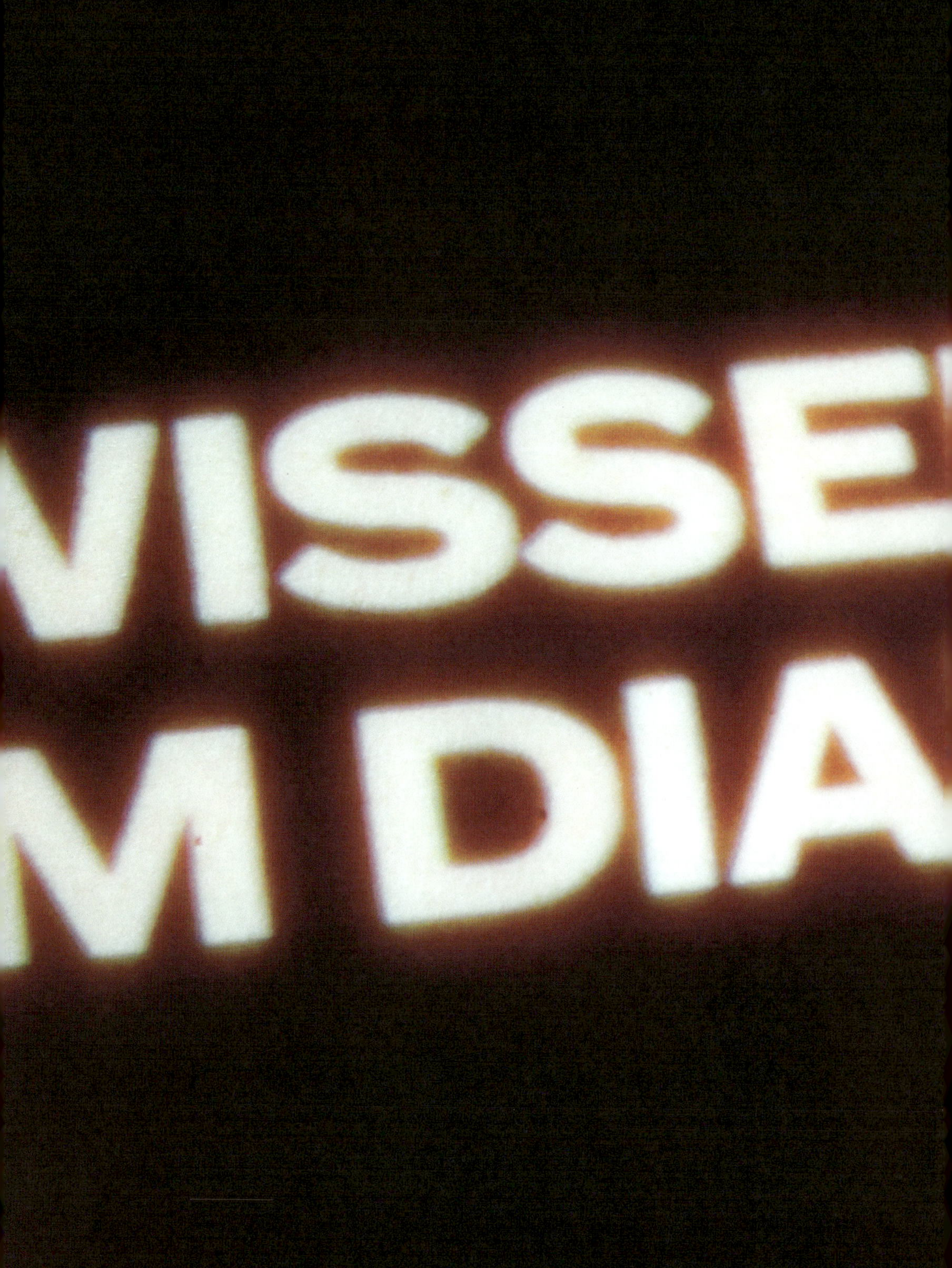

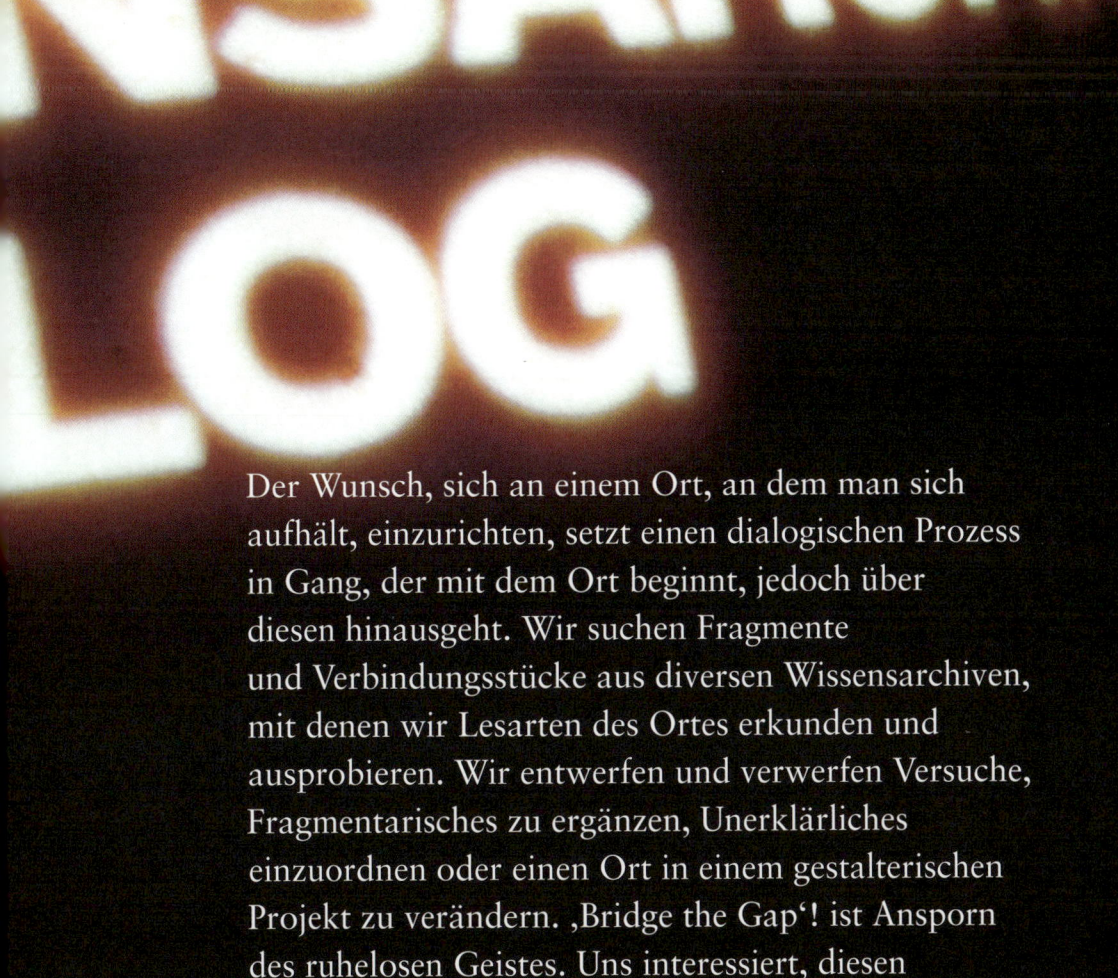

WISSENSARCHIVE
DIALOG

Der Wunsch, sich an einem Ort, an dem man sich aufhält, einzurichten, setzt einen dialogischen Prozess in Gang, der mit dem Ort beginnt, jedoch über diesen hinausgeht. Wir suchen Fragmente und Verbindungsstücke aus diversen Wissensarchiven, mit denen wir Lesarten des Ortes erkunden und ausprobieren. Wir entwerfen und verwerfen Versuche, Fragmentarisches zu ergänzen, Unerklärliches einzuordnen oder einen Ort in einem gestalterischen Projekt zu verändern. ‚Bridge the Gap'! ist Ansporn des ruhelosen Geistes. Uns interessiert, diesen dialogischen Prozess detailliert zu beobachten.

WISSENSARCHIVE IM DIALOG

VOM EKSTATISCHWERDEN DER DINGE Gernot Böhme schlägt in seinem Buch *Atmosphäre* einen überraschend anderen Blick [1] auf die Dinge vor: Ein Ding sei nicht einfach durch seine Unterscheidung von anderen zu denken, nicht mehr nur in seiner Einheit und Abgrenzung, sondern dadurch, wie es aus sich heraustritt. Dafür hat Böhme den *Ausdruck Ekstasen des Dings* eingeführt: Farben, Gerüche, Ausdehnung, Form, wie ein Ding tönt. Denn auch die Form wirke nach aussen, in die Umgebung hinein und nehme dem Raum um das Ding herum seine Homogenität, erfülle ihn mit Spannungen und Bewegungssuggestionen, gewichte und orientiere ihn. Volumen, gedacht als „Voluminizität eines Dings", zeige die Mächtigkeit seiner Anwesenheit im Raum. Atmosphären seien „Räume, insofern sie durch die Anwesenheit von Dingen, von Menschen oder Umgebungskonstellationen, d.h. durch deren Ekstasen, ‚tingiert' sind".

BILDER ZWISCHEN STRASSE UND ZIMMER *The Hotel*, ein mit diesem Markennamen versehenes, von dem Pariser Architekten Jean Nouvel umgebautes Hotel in Luzern scheint ein Beweisstück für Böhmes Hypothese zu sein. Das Aussergewöhnliche an diesem Umbau ist die Art und Weise, wie ‚das Ding' aus sich heraustritt: programmatisch. Nicht rund um die Uhr, nur nachts, wenn die Lichter brennen in den nicht besetzten Zimmern. Nouvel hat die Decken der 25 Räume mit Stills aus 16 Filmen ‚tapezieren' lassen, Deckenbilder, die beim Eindunkeln in den umgebenden Stadtraum strahlen. Passanten werden auf diese Weise im Vorübergehen „in Geschichten verstrickt" [2].

[1] Gernot Böhme, Atmosphäre, Frankfurt a. M. (Suhrkamp) 1995, S. 31 ff

2.01 Jean Nouvel, The Hotel, Luzern

2.02 The Hotel, Deckenbild in Zimmer 5303,
Filmstill aus Patricia Rozemas *When night is falling*

Wenn wir davon ausgehen, dass das Ekstatischwerden eines Dings die Art und Weise zeigt, wie es einen Dialog in Gang zu setzen versucht, dann ist leicht einzusehen, dass dialogische Angebote einschliessende wie ausschliessende Wirkungen haben können. Das Sich-Zeigen oder Ekstatisch-Werden eines Dings kann also durchaus heimtückische Seiten haben. Denn das inhaltliche Spiel der Nouvelschen Inszenierung mit den Passanten im Strassenraum kann nur von denen mitgespielt werden, die die zu den Deckenbildern gehörenden Filme kennen. Die Wirkung ist begrenzt, für viele wird sich keine Bedeutung herstellen. Für andere bleiben die Farbreize, die nicht für den Massstab der Zimmer, sondern für den der Strasse entworfenen rätselhaften Bilder. Was sich zeigt, ist für unterschiedliche Zugänge konstruiert: Offen bleibt, wo mögliche Dialoge beginnen, wieweit sie führen und wo sie enden. Die um weitere Bilder ergänzten filmischen Erzählungen sind nur eine Möglichkeit, mit der Inszenierung in einen Dialog zu treten. Eine andere könnte sich am aussergewöhnlichen Montagezauber entfachen, an der Art und Weise, wie das Adventskalenderprinzip hier eingesetzt wird. An der Frage, welche Versprechen in den städtischen Raum geschickt werden, wie die Verwandlungskunst des Hauses inszeniert, wie mit Geiz oder Verschwendung umgegangen wird. Wie ein grosses angeschnittenes Gesicht im Stadtraum wirkt, wie die Zeit bespielt wird.

Auf die Frage nach dem Wo der Atmosphäre gibt dieses Objekt eine klare Antwort: Atmosphäre steckt weder ausschliesslich in einem Objekt oder an einem Ort noch ist sie irgendwo im Subjekt verborgen. Atmosphäre, wenn wir sie als Wirkung verstehen, ist das, was sich im Zusammenspiel von Subjekt und Ort oder Objekt

/2 Wilhelm Schapp, In Geschichten verstrickt. Zum Sein von Mensch und Ding, Frankfurt a.M. (Vittorio Klostermann) 1985

2.03 Ipanema, Rio de Janeiro: Selbsteinschliessung (1)

entwickelt. Atmosphäre ist darum auch etwas Flüchtiges, etwas, das sich in einem bestimmten Moment in diesem Zusammenspiel als Wirklichkeit konstruiert. „Was und wer wir jeweils sind, sind wir durch die Geschichten, in die wir verstrickt sind", schreibt Hermann Lübbe in seinem Vorwort /3 zu Wilhelm Schapps Buch *In Geschichten verstrickt*. Jenseits von ‚in Geschichten verstrickt sein' existieren wir nicht. Verstrickt sind wir über Leidenschaften, Triebe, Charakter, Liebe, Hass Trauer, Freude, Vernunft, Verstand, Wissen, Kenntnisse. /4

IPANEMA: GEBAUTE SYMPTOME DER ANGST Ein Dialog im Massstab der Metropole. Ein Dialog, der sich über hundert Jahre entwickelt und verschärft hat, dessen unterdrückte Seite verdrängt wird und in dessen Verlauf die für ihn stehenden Symptome unterschiedlichste Formen angenommen haben: Krieg in den Städten. Was man in Ipanema /5, einem in den sechziger Jahren berühmten Stadtteil Rio de Janeiros, in jeder der zum Strand parallel verlaufenden Strassen zu sehen bekommt, sind gebaute Symptome der Angst. Die informellen Quartiere produzieren in der formellen Stadt räumlich sich artikulierende Angstsymptome: Schranken zwischen privaten und öffentlichen Zonen, Ordnungselemente der Ein- und Ausschliessung. Anders als Mauern zeigen die massiven Vergitterungen, was dahinter steckt: eingeschränkte Lebensformen, die in den städtischen Raum einführen, was Hannah Arendt als eines der Merkmale totalitären Terrors notiert hat: Einschränkung der Bewegungsfreiheit. Das Politische, sagt sie, existiere nur so lange, wie es den Raum der Freiheit zwischen den Menschen gebe. Wem es um die Macht gehe, der müsse sich dorthin begeben, wo Macht entsteht, in den Raum, der zwischen Menschen sich bilde, die etwas Gemeinsames unternehmen. /6 Wie wenig den Sich-Einschliessenden Bewegungsfreiheit im Verhältnis

/3 Ebda., S. VI /4 Ebda., S. 2 /5 Elisabeth Blum, Schöne neue Stadt. Wie der Sicherheitswahn die urbane Welt diszipliniert, Basel/Boston/Berlin (Birkhäuser) 2003 http://www.birkhauser-architecture.com/#2713100

2.04 Ipanema, Rio de Janeiro: Selbsteinschliessung (2)

zu ihrer Angst bedeutet, wie bereitwillig sie auf den freien Raum zwischen sich und anderen zu verzichten bereit sind, davon sprechen vergitterte Häuser, Strasse um Strasse. Der Dialog mit der Stadt ist auf seine visuelle Dimension beschränkt. Die Figur Inklusion/Exklusion hat sich umgekehrt. Die in Ipanema sichtbaren Schranken sind Symptome eines viel weitergehenden Konflikts: Sie sind nur der sichtbarste Endpunkt einer sozialen und planungspolitischen Fehlentwicklung. Die informellen Stadtteile, vor deren Bewohnern die Schranken schützen sollen, sind die produktiven Erzeugnisse von Menschen, die zur Sicherung ihrer Existenz nur auf ihre eigene Inititative zählen können, Produkt einer von der Stadtplanung jahrzehntelang betriebenen Politik der Verdrängung und der Ignoranz, für die der treffende Ausdruck *virtuelle Planung* gefunden wurde. Einer Planung, die ausschließlich auf mittlere und obere Einkommensschichten zugeschnittene Standards formulierte und damit einem Großteil der Bevölkerung keine Chance für Investitionen in der Stadt lässt. Auf den Weltmassstab übersetzt entmachtet sich so jede Planung selber. An den Rändern der Metropolen, sogar mitten in der regulierten Stadt beginnen die immensen Areale der *urban left-overs*, besetzt von den *urban poor*.

ICH ERWARTE VON MEINER MALEREI... Von einem anders verstandenen dialogischen Geschehen spricht der französische Maler Charles Lapicque (1898–1988), wenn er von seiner eigenen schöpferischen Arbeit fordert, dass sie ihm ebensoviel Überraschung bieten müsse wie das Leben. Denn die Kunst wetteifere mit dem Leben in der Erzeugung von Überraschungen, die unser Bewusstsein erregen und es vor Schläfrigkeit bewahren. Lapicque schreibt: „Wenn ich zum Beispiel den Flußübergang bei Auteuil male, dann erwarte ich

/6 Hannah Arendt, Elemente und Ursprünge totaler Herrschaft, zitiert bei ebda., S. 122

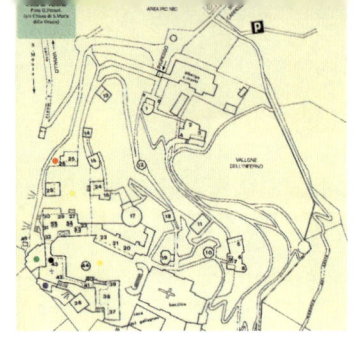

2.05 Sacro Monte di Varallo (1)

von meiner Malerei, daß sie mir ebensoviel Unvorhergesehenes zuträgt – obgleich von anderer Art – wie der wirkliche Vorgang beim Rennen, das ich gesehen habe."/7 Damit steht Lapicque nicht allein. Ähnliches berichtet Gaston Bachelard von Marcel Proust, der von gemalten Rosen als einer neuen Zuchtform spricht, mit welcher der imaginäre Maler Elstir, einer der drei Maler der *Recherche* und ein erfinderischer Gärtner, die Familie der Rosen bereichert habe./8 Für Bachelard ist die Einbildungskraft ein erstrangiges Vermögen der menschlichen Natur, die Fähigkeit, Bilder hervorzubringen. Wie kann man vorhersehen, fragt er, ohne zu imaginieren? Die Einbildungskraft sei nicht nur ein Dialogisieren mit der Imagination sondern eine Funktion des Wirklichen und zugleich eine Funktion des Unwirklichen./9

ENTWIRKLICHTE STÄDTE Ein extremes Beispiel für die zuvor genannte Funktion des Unwirklichen sind die von Jan Pieper in seinem Buch *Das Labyrinthische*/10 beschriebenen Städte ohne jegliche städtische Einrichtung, die *Sacri Monti* mit ihren entwirklichten Architekturen: die Inszenierung eines inhaltlich wie räumlich streng geregelten dialogischen Geschehens. Zum Typus gehöre, schreibt der Autor, ein verbindliches architektonisches Programm aus reichhaltig ausgestatteten Kapellen und sie verbindender Wege, erbaut auf einem ausgesuchten Berg mit Panoramasicht, der seinerseits symbolisches Kapital besitzt. Dabei sei alles in Architektur, Malerei und Skulptur auf höchste Illusion angelegt, die Figuren seien mit echten Stoffen bekleidet, das Licht so geführt, dass es die Szene zu beleben scheine, der Hintergrund setze in meisterhafter Illusionsmalerei die Szene in einer imaginären Landschaft fort. Wer einen solchen Ort besucht, vollziehe im Abschreiten des Stationenweges ein idealisiertes

/7 Gaston Bachelard, Poetik des Raumes, Frankfurt a.M./Berlin/Wien (Ullstein) o.J., S. 26 f /8 Ebda., S. 27/ /9 Ebda., S. 28 /10 Jan Pieper, Das Labyrinthische. Über die Idee des Verborgenen, Rätselhaften, Schwierigen in der Geschichte der Architektur, Braunschweig/Wiesbaden (Vieweg) 1987, S. 86 ff; neu aufgelegt als Band 127 in der Reihe Bauwelt Fundamente

2.06 Sacro Monte di Varallo (2)

Geschehen aus der mittelalterlichen Bilderwelt nach. Sacri Monti, schreibt Pieper, seien so erfolgreich gewesen, dass in Oberitalien gegen Ende des 15. Jahrhunderts mehrere solcher ‚entwirklichter Städte' gebaut wurden.

Sacri Monti sind nichts weniger als Dispositive für ein spezialisiertes, verräumlichtes, detailliert ausgestaltetes dialogisches Programm. Nicht auf ausschweifende assoziative Ausweitungen angelegt, sondern auf ein konzentriertes Binnengeschehen. Sacri Monti fragen nicht nach individuellen Dialogen. Das ihnen zugehörige Geschehen ist kulturell festgeschrieben und von Ritualen begleitet. Die Regelhaftigkeit des Wahrnehmens und Lesens solcher Orte ist gerade der Grund dafür, dass viele diese Orte aufsuchen. Sie haben die Rolle von Justierungspunkten im Raum, die zugleich Orientierungspunkte in der mentalen Konstruktion der Besucher sind.

BRIDGE THE GAP! „Es genügt also nicht, einfach eine Aussage über ein Phänomen zu machen", sagt Wilhelm Salber, „wir müssen vielmehr versuchen, dieses Phänomen in verschiedenen Zusammenhängen zu sehen." [11] Es ist genau das, was in dialogischen Prozessen geschieht: Wir betrachten ein Phänomen, versuchen es zu ergründen, das Wie und Warum seiner Erscheinungsformen zu verstehen und die Art und Weise, auf uns zu wirken. Wir lesen Theorien, hören Geschichten, bemerken Eigenschaften und Veränderungen. Antrieb für diesen Umgang mit Orten, Räumen und Objekten ist der immer wiederkehrende Wunsch, sich in räumlichen Situationen zu verorten, sei es in der Realität oder in der Imagination: der Trieb, uns an fremden Orten einzurichten. Um dieses dialogisch geprägte Geschehen, das einzelne Phänomene ebenso betreffen kann wie kulturelle,

/11 Wilhelm Salber, Gestalt auf Reisen. Das System seelischer Prozesse, Bonn (Bouvier) 1991, S. 43 ff

politische, geologische, gesellschaftliche, sprachliche Aspekte eines Ortes oder Objekts, besser zu verstehen, sind wir vom Denkbild *Wissensarchiv*/12 ausgegangen. Das erste Wissensarchiv ist dasjenige des Ortes oder Objekts. Es enthält alles, das je zu einem Ort oder Objekt gehört hat: Geschichten seiner Entstehung, Erinnerungen, die Menschen an sie haben, Ereignisse, räumliche Veränderungen et cetera. Das andere Archiv gehört dem einzelnen Individuum, das in Kontakt zu einem Ort oder Objekt gerät. Wie das erstgenannte Archiv besteht es aus vielen Schichten, in denen Wissen, Erfahrungen, Erinnerungen abgelegt sind. Wir haben nur eine sehr unbestimmte Vorstellung davon, was weiter dazugehört. Der Begriff Archiv könnte allerdings zu einem Missverständnis führen, solange wir damit nur Geordnetes meinen, Kontrollierbares, etwas, worin man gezielt suchen kann. Archiv ist hier weiter gefasst. Darin enthalten sind nicht allein wissenschaftliche Erkenntnisse, die uns zugänglich sind, sondern darüber hinaus alles für uns schwer Durchschaubare, kaum Kontrollierbare. Archive ohne ersichtliche Grenzen, ohne erkennbare Ordnung, Archive, die Dinge preisgeben, welche man weder erwartet noch gesucht hat. Wichtig an diesem Prozess ist, dass nicht nur wir uns verändern sowie unsere Sicht auf die jeweilige Situation sondern auch die Situation selber sich plötzlich anders zeigt: in ihren Abschattungen und Mehrdeutigkeiten, als Produkt von Geschichte und Geschichten.

/12 Vgl. besonders: Gaston Bachelard, Poetik des Raumes, Frankfurt a. M./Berlin/Wien (Ullstein) 1975; Jorge Luis Borges, Die Bibliothek von Bael, in: Sämtliche Erzählungen, München (Hanser) 1970; Maurice Halbwachs, Das kollektive Gedächtnis, Frankfurt a. M. (Fischer) 1985; Jan Pieper, Das Labyrinthische, Braunschweig/Wiesbaden (Vieweg)1987; Wilhelm Schapp, In Geschichten verstrickt, Frankfurt a. M. (Vittorio Klostermann) 1985

DISCOURS Die Redeweise *Hat das nicht etwas wie…? Sieht das nicht so ähnlich aus wie…?* steht oft am Anfang einer gestalterischen Intervention. Wenn Architekten ein Projekt für einen Ort entwickeln, wollen sie sich vergewissern, dass ihr Vorschlag den Ort in einer nachvollziehbaren Weise umgestaltet. Zugleich möchten sie dem Ort etwas Einmaliges, nur auf ihn zugeschnittenes Unverwechselbares hinzufügen. Immer stellt sich ihnen die Frage, welche Dialoge sie provozieren möchten, welche Assoziationen sie einem Ort einzuschreiben versuchen, woran sie zu erinnern beabsichtigen. Und wie sie es machen möchten. /13 Wollen sie mit ihrem Entwurf Gesellschaftliches reflektieren? Geschichtliches, Aktuelles, Ästhetisches? Was wollen sie fernhalten? Mit welchen gestalterischen Mitteln? Ob die intendierten Dialoge in Gang kommen, ist eine ganz andere Frage. Was jedoch für einen Ort zählt, ist sein Potential an Lektüremöglichkeiten. Versuche von Entwerfenden sind einflussreich auch dann, wenn sie nicht im Sinne der Absicht nachvollzogen werden. Dabei können die beabsichtigten Beziehungen sinnlicher oder intellektueller Art sein, sie können sich physisch aufdrängen oder auf Erinnern angelegt sein, auf staunende Beobachtung oder nachvollziehende Reflexion. Das hängt auch von der Verführungskraft der eingesetzten gestalterischen Strategien ab. Davon, wie sie zwischen Sinnlichkeit und Verstand oszillieren.

/13 Vgl. Roger Diener, Christoph Luchsinger, Daniele Marques im Interview http://blog.zhdk.ch/stadtlaborluzern/ Vgl. etwa auch Oswald Mathias Ungers, Was ich schon immer sagen wollte über die Stadt, wie man sich seine eigenen Häuser baut, und was andere über mich denken, Braunschweig/Wiesbaden (Vieweg) und Ungers Archiv für Architekturwissenschaft, Köln 1999

ZITAT Nicht nur Architekten haben eine Art Archiv der Erinnerungen, ein Archiv der Gefühle. Für diese Gefühle und Erinnerungen gibt es Zeichen, die sich mit Erfahrungen und Erinnerungen verbinden, und die wiederum weckt man mit der Zitierung dieser Elemente. Ein architektonisches Zitat ist nur dann mehr als ein Zitat, wenn es über die intellektuelle und sinnliche Wahrnehmung im Zusammenspiel mit dem Ort seine eigene Realität erhält.

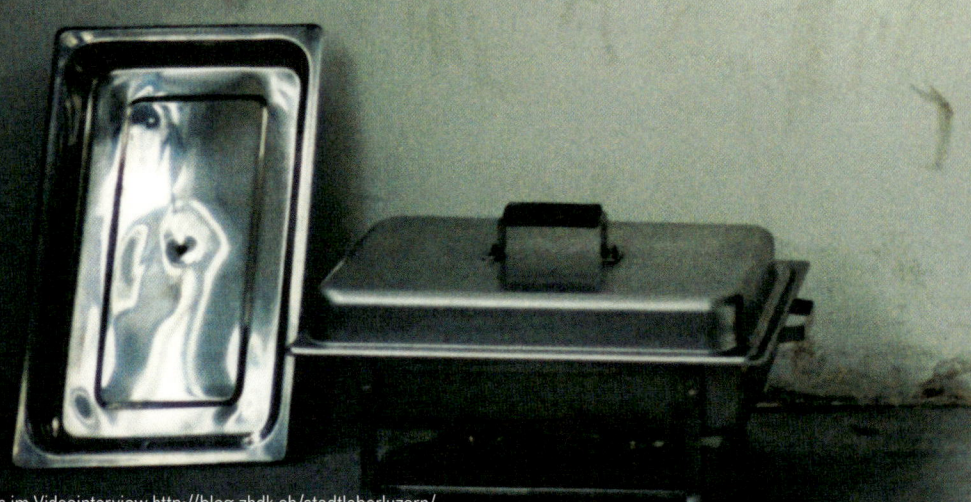

Daniele Marques im Videointerview http://blog.zhdk.ch/stadtlaborluzern/

LXIX

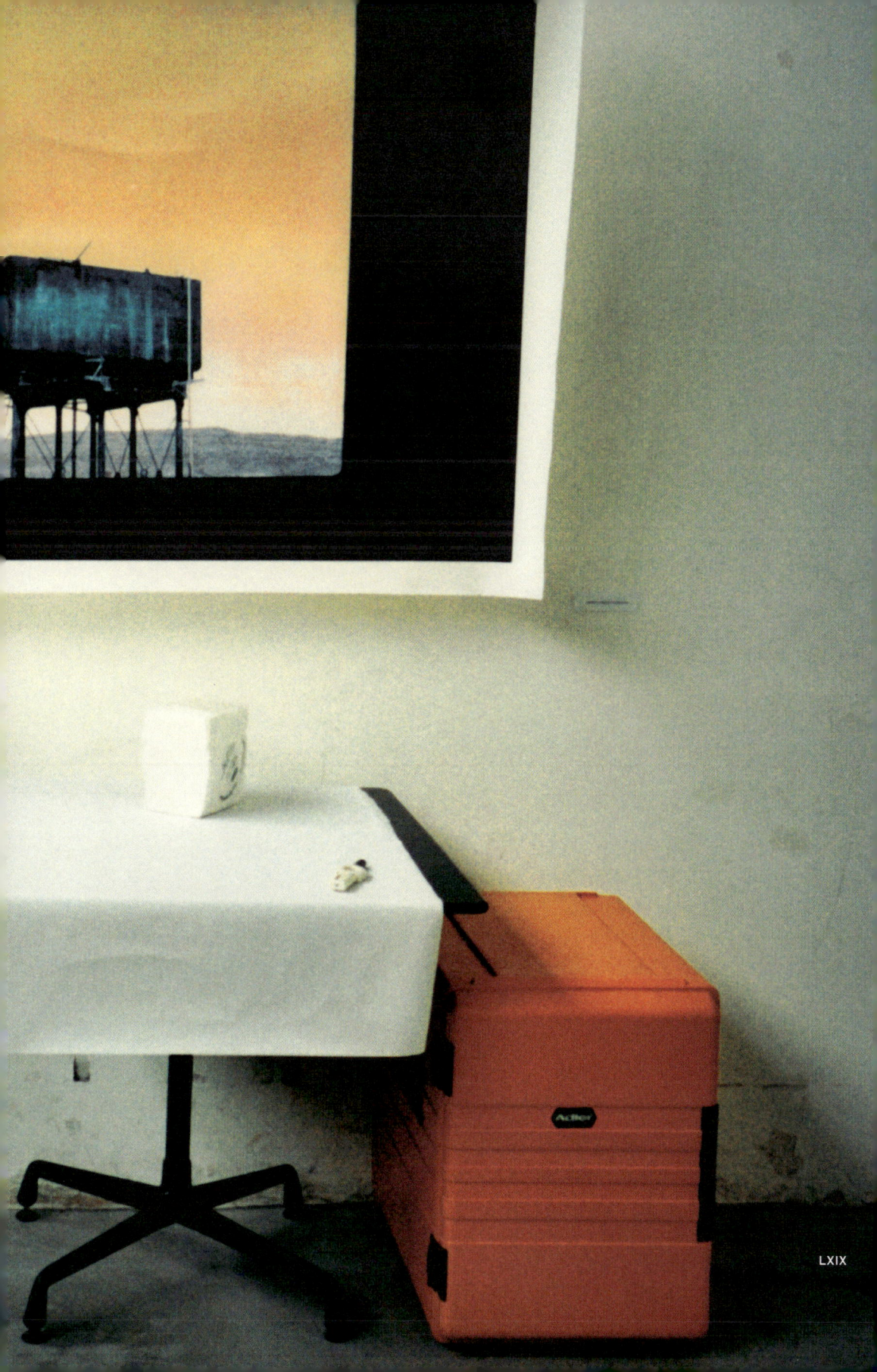

RENDEZ-VOUS Auch mir glückte es zu erfahren, daß man Tag für Tag zu einem Treffen mit einem Stück umbauten Raums gehen kann wie zu einer lebendigen Person.

LXX
Boris Pasternak in: Erika Greber, Pasternaks unsystematische Kunst des Gedächtnisses, in: Anselm Haverkamp, Renate Lachmann (Hg.), Gedächtniskunst: Raum–Bild–Schrift. Studien zur Mnemotechnik, Frankfurt a. M. (Suhrkamp) 1991 (1. Aufl.), S. 308

LXXI

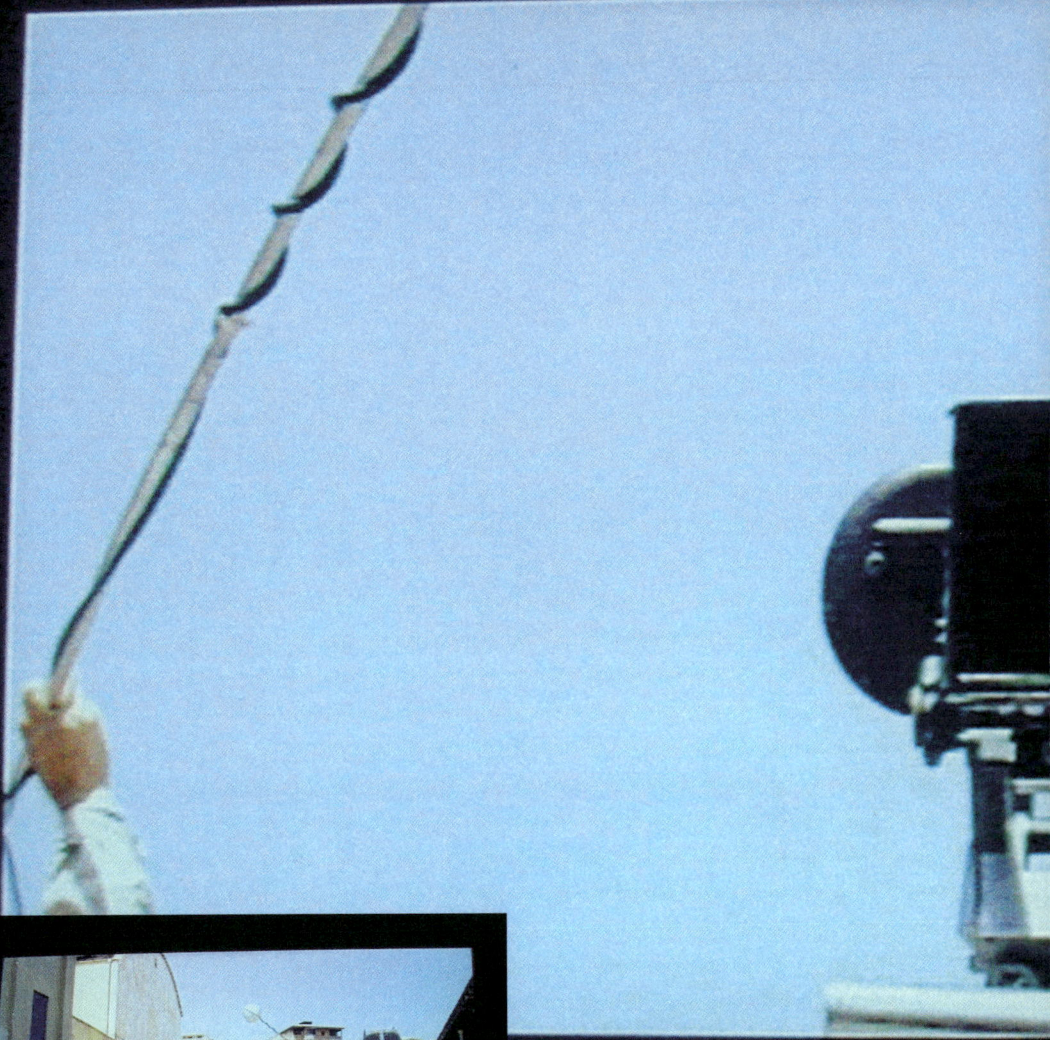

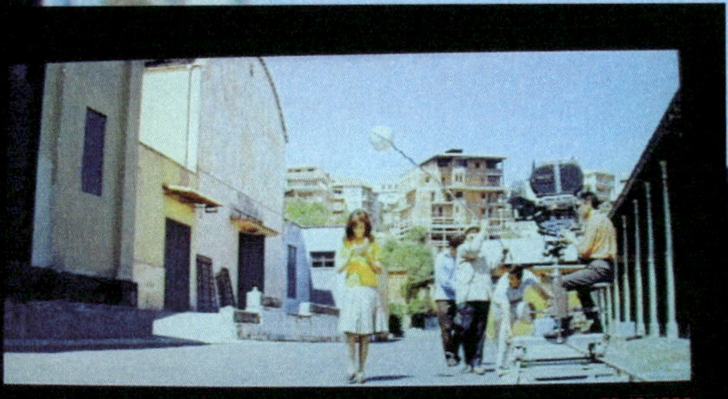

LE MÉPRIS Jean-Luc Godards *Le Mépris* (1963) beginnt mit einer Einstellung in Cinecittà, dem Studiogelände in Rom. Auf einem Kamerawagen fährt Raoul Coutard langsam auf einer Schiene auf uns zu. Aus dem Off hören wir über der von Georges Delerue geschriebenen Filmmusik die Stimme Godards mit den Namen der Schauspieler, des Kameramanns, des Drehbuchautors, des Cutters und des Regisseurs. Auf der Leinwand lesen wir: „Le cinéma substitue à notre regard un monde qui s'accorde à nos desirs." („Das Kino ersetzt unseren Blick durch eine Welt, die sich nach unseren Wünschen richtet.") Und dann: „Le mépris est l'histoire de ce monde" („Le mépris ist die Geschichte dieser Welt.") Raoul Coutard schwenkt die Kamera um 90° und richtet sie danach auf uns: die Zuschauer. Der Film macht uns zum Objekt.

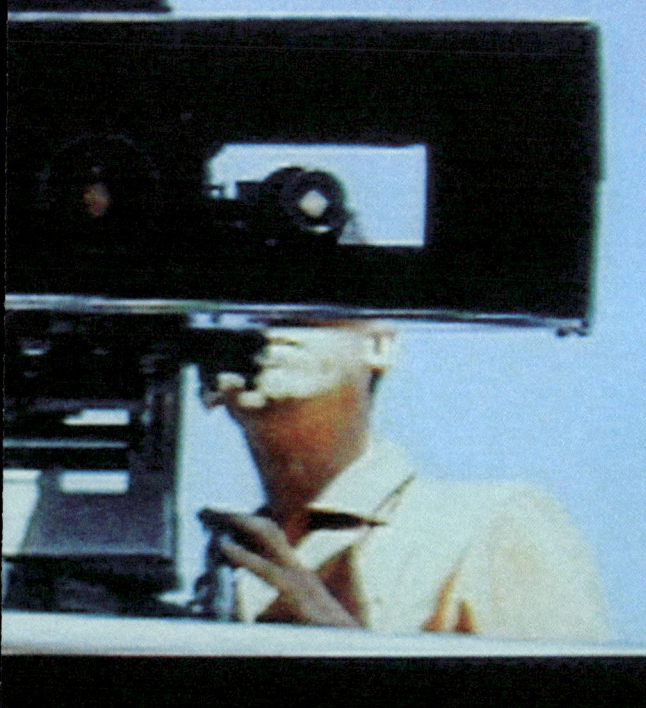

LXXIV

WENN DIE NEUROSE DEN RAUM VERÄNDERT ... Man kann, wie beispielsweise Roman Polanski in *Ekel* (Repulsion), einen Filmarchitekten beauftragen, ein ganz normales Wohnzimmer so zu entwerfen, dass der Raum durch die psychische Beziehung verändert wird, die die Hauptperson mit dem Raum eingeht. Ein Wohnzimmer, das sich je nachdem, wie die Neurose der Cathérine Deneuve sich verändert, sich seinerseits pathologisch verändert. Solche Mittel stehen nur dem Film zur Verfügung.

Fred van der Kooij im Videointerview http://blog.zhdk.ch/stadtlaborluzern/

DUELLBEZIEHUNG (1) Die Grundhypothese [...] lautet, dass Architektur nicht das ist, was einen Raum füllt, sondern das, was Raum schöpft. Das kann über Umwege, durch Ellipsen oder Zaubertricks erfolgen, aber von da ab funktioniert der Geist. [...] Daraus ergeben sich unbekannte Objekte, nicht identifizierbare Objekte, die die umgebende Ordnung herausfordern. Welche mit der realen Ordnung in einer Duell- und eventuell auch konfliktuellen Beziehung stehen. In diesem Sinne kann man nicht eben von Wahrheit, sondern von Radikalität sprechen. Wenn dieses Duell nicht stattfindet, wenn die Architektur die funktionelle und programmatische Transkription der Zwänge der sozialen und urbanen Ordnung sein soll, dann existiert sie als Architektur nicht mehr. Ein gelungener Bau ist einer, der jenseits seiner eigenen Realität existiert, der auch mit dem Nutzerpublikum eine Duellbeziehung (nicht nur eine interaktive Beziehung) aus Missbrauch, Widerspruch, Destabilisierung erzeugt.

DUELLBEZIEHUNG (2) Was wird [...] aus dem Anspruch der Architektur auf Wahrheit, aus dem entschiedenen Anspruch, ein Programm zu erfüllen, Bedürfnissen entgegenzukommen, soziale und politische Gegebenheiten umzuwandeln? Nun, glücklicherweise werden diese programmierten Finalitäten vom Nutzer, von der Masse meistens umgelenkt, deren originelle oder perverse Reaktion nie in das Projekt eingeplant werden kann. Es gibt keine „écriture automatique" der sozialen Beziehungen, der Massenbedürfnisse, weder in der Architektur noch in der Politik. Auch hier kommt es immer zum Duell, mit einem vollwertigen Gegner, den man nur zu oft als passives Element einkalkuliert, der aber nicht unbedingt den Spielregeln des Dialogs gehorcht. Die Massen bemächtigen sich des Architekturprojekts auf ihre Weise, und wenn der Architekt keinen Spielraum im Programm freilässt, dann werden die Nutzer selbst die ungeplante Dimension wiederherstellen.

Jean Baudrillard, Architektur: Wahrheit oder Radikalität?
http://www.egs.edu/faculty/jean-baudrillard/articles/architektur-wahrheit-oder-radikalitaet/

AFFECT AND EFFECT You just have to change only one letter in order to get these two concepts playing against or with each other. So, the effect is something that can be constructed by architects or designers, the affect is another type of construction that a subject or a user creates and constructs for himself. Suddenly you are engaged in a totally different type of dialogue between what designers and creators of architecture had in mind and what the users or subjects are creating for themselves. And in that sense, the backgrounds, the architectures are read as a text by the users. It is a type of open text, it involves interpretation, and that interpretation suddenly begins to create a certain mood, an atmosphere. So, the affect is something very personal and refers to my experiences as a subject. The effect is produced by an external apparatus.

Marc Angélil im Videointerview http://blog.zhdk.ch/stadtlaborluzern/

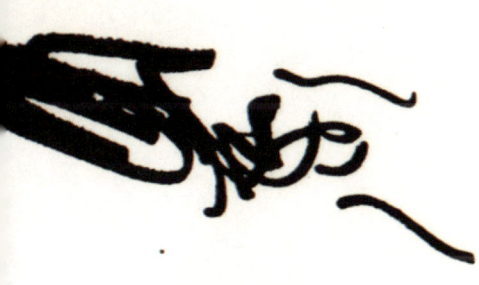

INNERER DIALOG Im Sinne einer Metapher des Sprechens könnte man sagen, dass die Lichtimpulse der Bilder uns anregen, in einen Dialog zu treten. Da die Bilder in Abwesenheit von Sprache zu uns sprechen, ergänzen wir sie mit Sprache, führen mit ihnen einen inneren Dialog.

Paolo Bianchi im Videointerview http://blog.zhdk.ch/stadtlaborluzern/

DAY & NIGHT DIALOGUE The gesture is quite direct: at night with the play of light and colour, and the reflection and refraction of the ceiling into the city. At day and during normal hours, the building disappears. It's part of the fabric of the city, it's not trying to scream: look at me! The designers played a game between day and night, this spectacle occurs after sunset ...

LXXX
Sarah Graham im Videointerview http://blog.zhdk.ch/stadtlaborluzern/

THEATERTECHNIK Es ist eine ganz klassische Theatertechnik, die Jean Nouvel hier verwendet, und das ist die des Frame oder des Proszeniums. Von aussen sehe ich nur einen Ausschnitt einer mir verborgenen Innenwelt. Das ist etwas sehr Verführerisches. Eine Inszenierung, die mit dem Kontext und den Filmen nichts zu tun hat. Eine Provokation.

Thea Brejzek im Videointerview http://blog.zhdk.ch/stadtlaborluzern/

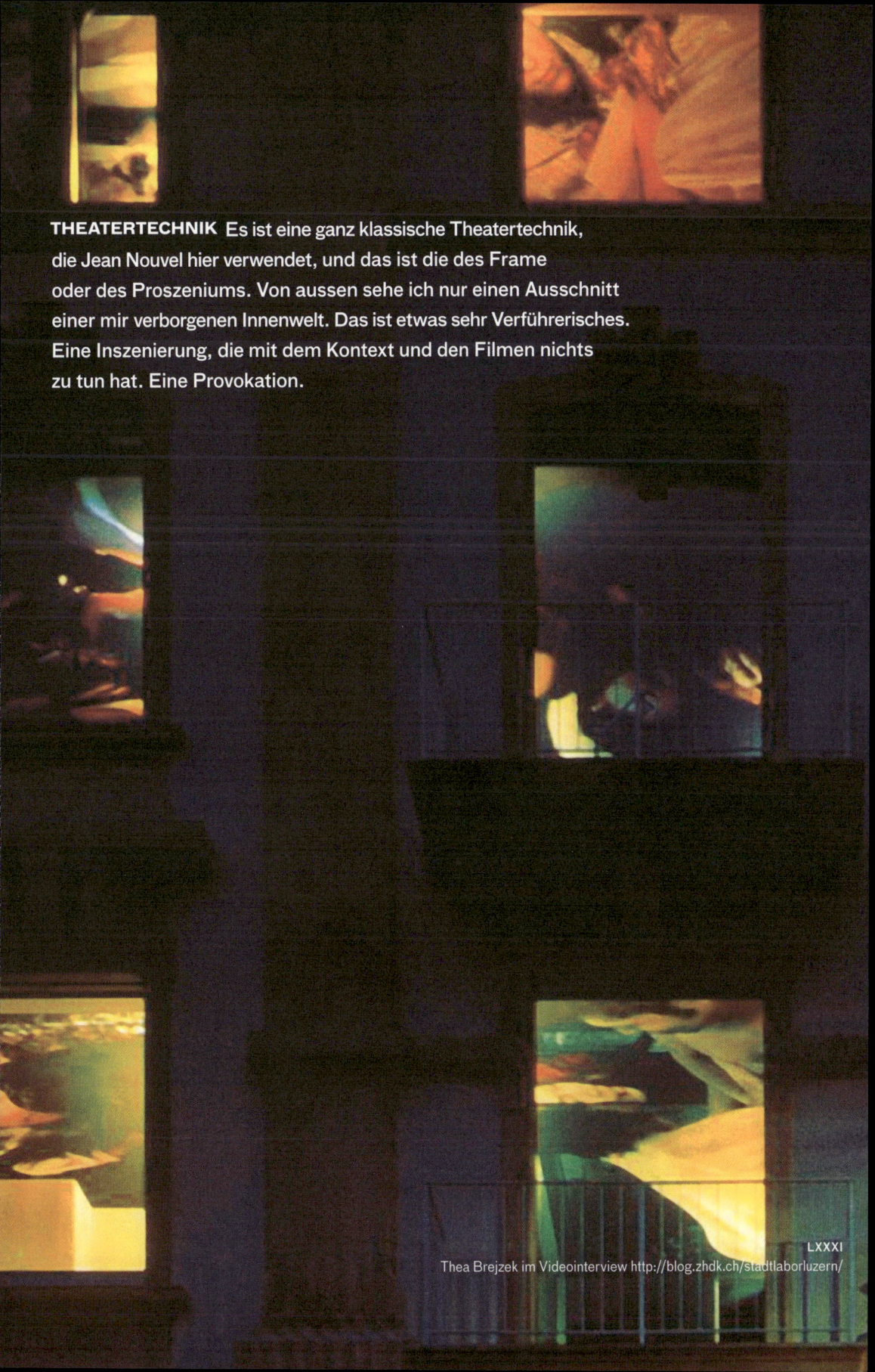

DAS HAT CALVINO GEWUSST!*

Vorab ein Experiment. Der amerikanische Physiker David Bohm beschreibt es in seinem Buch *Die implizite Ordnung* wie folgt: Ein eindrucksvolles Beispiel für die implizite Ordnung lässt sich im Labor mit einer Vorrichtung, bestehend aus zwei konzentrischen Glaszylindern mit einer äusserst zähen Flüssigkeit dazwischen, wie etwa Glyzerin, zeigen. „Wird nun der äußere Zylinder sehr langsam gedreht, so kommmt es zu einer unbedeutenden Diffusion der zähen Flüssigkeit. Ein Tropfen nichtslöslicher Tinte wird in die Flüssigkeit gegeben und der äußere Zylinder gedreht, mit dem Ergebnis, daß der Tropfen in eine feine, fadenartige Form langgezogen wird, die schließlich unsichtbar wird. Wenn der Zylinder in der entgegengesetzten Richtung gedreht wird, so zieht sich die fadenartige Form wieder zusammen und wird plötzlich als der im wesentlichen gleiche Tropfen sichtbar, der ursprünglich da war." Was geschieht dabei? „Betrachten wir zunächst ein Flüssigkeitselement. Die Teile weiter außen werden sich schneller bewegen als die weiter innen. [...] dies erklärt, warum es letztendlich in einen langen Faden gezogen wird. Der Tintentropfen besteht nun aus einer Ansammlung von Kohlenstoffteilchen, die anfangs in einem solchen Flüssigkeitselement schwimmen. Die Teilchenmenge erstreckt sich bald über ein derart großes Volumen, daß ihre Dichte die minimale Sichtbarkeitsschwelle unterschreitet. Wird die Bewegung umgekehrt, so verfolgt jeder Teil der Flüssigkeit seinen Pfad zurück (wie es aus den physikalischen Gesetzen für viskose Medien bekannt ist), so daß sich das fadenartige Flüssigkeitselement schließlich wieder in seine ursprüngliche Form zieht. Bei diesem Vorgang nimmt es die Tintenteilchen mit, so daß auch sie sich schließlich zusammenziehen, dicht genug werden, um die Schwelle zur Wahrnehmbarkeit zu überschreiten [...]."/1

Dieses Experiment wird in einer Reihe nachfolgender Experimente stufenweise komplizierter, so dass immer mehr eingefaltete Wirklichkeiten ins Spiel kommen, die expliziert werden, immer wieder verschwinden und wieder erscheinen können.

Übertragen wir dieses Experiment auf eine Entwurfssituation. Die graue Masse in der Anlage des Experiments entspricht dem Territorium, dem Ort mit seinen eingefalteten oder verborgenen Ordnungen, seinen ‚potentiellen' Reden, die zunächst als ‚Graumasse' anwesend sind. Dazu muss es so etwas wie eine Kurbel geben, die sich dreht oder gedreht werden kann: die Aufmerksamkeit, die Wahrnehmungsfähigkeit der Entwerfenden. Oder, heroisch ausgedrückt, wie Le Corbusier es gerne tut: Es braucht Architekten, die zu sehen vermögen! Der zu Tage geförderte Reichtum ist abhängig von der Neugier, dem Durchhaltewillen und der Kraft in den ‚Armen', die die Kurbel durch das zähflüssige Material treibt. Eine Architektur, ein Ort, eine Landschaft verhält sich wie ein Kaleidoskop, das je nach dem Ort, an dem die Drehung – lies Kurbel oder Aufmerksamkeit – gestoppt wird, ein anderes Bild freigibt oder entwirft. Aufmerksamkeit ist die Voraussetzung für Wahrnehmen, Vorstellen, Denken, Entwerfen, Analysieren, Lesen. Aufmerksamkeit für sich allein ist wie ein Vergrösserungsglas, das die unterschiedlichen Schichten der Wirklichkeit eines gegebenen Ortes hervorkehren kann und sichtbar werden lässt.

---

* Leicht überarbeitete Fassung eines Textes, der unter dem Titel „Wohin setze ich meinen Kuss?" erschienen ist in: Dazwischen. Beobachten und Unterscheiden herausgegeben von André Vladimir Heiz und Michael Pfister, Zürich (Museum für Gestaltung) 1998 /1 Vgl. David Bohm, Die implizite Ordnung. Grundlagen des dynamischen Holismus, München (Dianus-Trikont Buchverlag) 1985, S. 234

Was Cicero *als Hilfe zur Kunst der Mnemotechnik* zu entwerfen empfiehlt /2 – eine inszenierte Promenade durch ein Haus, durch eine Strasse oder eine Stadt, mit den dazugehörenden Ausschmückungen, den ‚heissen' Bildern, die ins Auge springen, den auffälligen oder gar ausfälligen, aufrührerischen oder eiskalten Imaginationen, die wie unauslöschliche Abdrücke oder Rückstände einen Ort brandmarken –, all das finden Architekten als ‚Rohmaterial' vor. Sie sind in der umgekehrten Situation. Häuser, Städte, Landschaften, wie ruhende Orte zuerst, gleichen einem Gebirge aus abgelagerten, zurückgelassenen, versteckten, aus älteren Projekten und realen Geschichten stammenden Wirklichkeitsfragmenten. Als ob das Sichtbare nur jener Teil der Realität wäre, der beim Durchsieben in Form grösserer, der jeweiligen Maschenweite entsprechender, härterer Brocken übrig geblieben wäre. Alles Durchgefallene würde unauffällig liegenbleiben, später unter anderen Schichten untertauchen, Wurzeln schlagen, weiterwachsen, unter grösserem Druck sich erwärmen, erhitzen, zur Lava werden, eines Tages vielleicht durchbrechen. Das Rohmaterial führt also im Schlepptau seiner sichtbaren, objektiv messbaren Gestalten einen ganzen Unterbau an unsichtbarem, verstecktem und vergessenem Material mit sich, das wegen seiner chamäleonhaften Züge, die je nach Ausrichtung unserer Aufmerksamkeit je anders zum Vorschein kommen, zuweilen dramatischer ist, als vorschnell angenommen werden könnte.

Dieses Verborgene eines Ortes übt einen geheimen Zauber aus. Es verführt und provoziert. „In der Verstellung und in der Abwesenheit", heisst es in einem Text von Jean Starobinski, „lebt eine seltsame Kraft, die den Geist zwingt, sich dem Unerreichbaren zuzuwenden und für dessen Eroberung alles zu opfern, was er besitzt." /3 Das heisst nun aber keineswegs, dass die geheimnisvolle Ordnung eines Ortes zum jeweils aktuellen Datum eine ein für allemal festgeschriebene Wahrheit preiszugeben hätte, auf die man entweder durch einen glücklichen Zufall oder durch Hellsichtigkeit stossen könnte. Diesen Ur-Zustand oder Ur-Text gibt es nicht. Die Analyse eines Ortes, was immer sie herbeizaubern mag, zeigt nicht Ausschnitte oder Profile dieses Wahrheitskörpers. Vielmehr setzt sie, je nach eigenem Standort, Ausschnitte in ‚perspektivischer' Verzerrung frei, und nur unter der Bedingung, dass wir uns durch diese Konstruktion hindurchbewegen, enthüllen sich weitere Ausschnitte unter verändertem Blickwinkel und, als Folge daraus, unter veränderter Verzerrung. Durch unsere doppelte Bewegung durch eine solche Ordnung hindurch – physisch und mental – bewegt diese sich ihrerseits und wird als sich verändernde Spur einer Bewegung wahrgenommen: gezeichnet von der Weise des Hinschauens, von der Art der Befragung, von der Kenntnis ihrer Geschichte und ihrer unzähligen Geschichten.

Das sukzessive Enträtseln der sichtbaren und der unsichtbaren Bestandteile der Ordnung eines Ortes gleicht also vielmehr der Eröffnung eines Spielraumes mit zweierlei Akteuren. Entwerfende verschiedener Disziplinen wie zum Beispiel Architekten, die den Ort lesen, ihn aushorchen, den Raum geradezu voyeuristisch ausleuchten, ihre Aufmerksamkeit wie Scheinwerfer über die Landschaft hin- und hergleiten lassen, Schicht um Schicht abtragen, um dadurch je

/2 Frances A. Yates, Gedächtnis und Erinnern. Mnemotechnik von Aristoteles bis Shakespeare, Weinheim (VCH Verlagsgesellschaft) 1990, S. 11 ff /3 Jean Starobinski, Das Leben der Augen, Frankfurt a. M./Berlin/Wien (Ullstein) 1984, S. 5

andere implizite Ordnungen oder Andeutungen von Ordnungen zu entdecken. Der zweite Akteur ist der Ort. Ein tickendes Gedächtnis. Ein Raum der verdichteten Ereignisse und der permanenten Aufdringlichkeit, der nur soviel von seinem eingelagerten Material, von all den versammelten Affekten, den vielen kleinen Anfängen, den metamorphosierten Fragmenten und Sedimenten preisgibt, wie die auf ihn gerichtete Aufmerksamkeit ans Licht zu holen vermag. „[l'opera] non prenderà la parola senza esservi pregata" /4, schreibt André Corboz. Alles hängt davon ab, wer zu Worte bittet und wer das Wort ergreifen wird. Und nicht allen Entwerfenden ist jene emphatische Hingabe eines Boris Pasternak an einen Ort zuzumuten, der beim Überqueren des alten Strassenpflasters nach seiner Ankunft in Marburg sich seines Landsmanns M.V. Lomonossow, der Anfang des 18. Jahrhunderts als erster Russe hier studiert hatte, entsinnt und schreibt: „Beim Wenden des Kopfs konnte es einen erschüttern, daß man damit eine bestimmte, schrecklich entfernte Körperbewegung genau wiederholte. [...] Ich erschauerte, die Zweihundertjährigkeit fremder Halsmuskeln zu feiern." /5

Entschieden in so einem Lektüre- beziehungsweise Entwurfsprozess wird über nichts weniger als darüber, was vom Sichtbaren weiterhin sichtbar bleiben wird, was aus dem Unterbau eines Ortes herausgebrochen, was bis zu einem möglichen nächsten Projekt im Unsichtbaren bleiben oder ins Verborgene abgeschoben werden wird. Es wird über nichts weniger entschieden als darüber, wie die Ordnung eines Ortes durch ein Projekt umgebaut wird, was zukünftig neu oder anders gewichtet zur Sprache kommt und in welcher Weise es ausgesprochen werden wird. Wie die Aufmerksamkeit neu geleitet, was überhaupt der bestehenden Ordnung zugerechnet und was im analytischen Umgrabungsversuch ungesehen in tiefere Schichten abrutschen wird. Darüber, was nach dem Eingriff für eine nächste Periode in Vergessenheit geraten und damit zum Verstummen gebracht wird. In jedem Projekt wird dieser Kampf neu entschieden. Ein existentieller Kampf für einen Ort, besser: ein Kampf um die Existenz in der Wirklichkeit der drei Dimensionen.

Die Frage danach, was wirklich ist, scheint in der Architektur und im Städtebau auf den ersten Blick ganz unverfänglich zu sein, einfach und klar zu beantworten. Immerhin sind wir in den drei Dimensionen des gebauten Raumes zu Hause. Aber sind Gedächtnisräume Teil der Wirklichkeit? Denk- und Vorstellungsräume, die in physischen Räumen aufscheinen? Würde die Wirklichkeit ohne diese koexistierenden Teile gar ein Stück weit zerfallen oder nur in unzusammenhängenden Fragmenten wahrgenommen werden können? Es seien gerade jene *pierres de la cité*, genauer gesagt, ihre Resistenz, die uns zu erkennen geben, bis zu welchem immensen Ausmass das kollektive Gedächtnis sich auf Raum-Bilder stützt. Diese bildeten für die in sie Eingeschlossenen den festen Rahmen, innerhalb dessen sie ihre Erinnerungen fänden. Wenn es statt eines universellen, wie Maurice Halbwachs sagt /6, zwei Arten des Gedächtnisses gibt, das individuelle oder innere, das personal und autobiographisch organisiert ist, und das kollektive,

---

/4 André Corboz, Canaletto. Una Venezia immaginaria, zit. nach: Elisabeth Blum, Le Corbusiers Wege. Wie das Zauberwerk in Gang gesetzt wird, Braunschweig/Wiesbaden (Vieweg) ³2001, S.11 /5 Erika Gerber, Pasternaks unsystematische Kunst des Gedächtnisses, in: Haverkamp, A. und R. Lachmann (Hg.), Gedächtniskunst: Raum – Bild – Schrift. Studien zur Mnemotechnik, Frankfurt a.M. (Suhrkamp) 1991, S. 307

das äussere, soziale, historische, dann erweckt und schafft jedes Aufeinandertreffen von Wahrnehmung und Ort eine ganz spezielle Interkonstruktion aus individuellem und kollektivem Material. Alles hängt ab vom Zusammenspiel der potentiellen Reden eines Ortes und vom individuellen Wahrnehmungsvermögen.

Was also im Entwurfsprozess gemeinhin den objektiv anmutenden Namen *Analyse einer Situation* trägt und traditionellerweise den ersten Schritt eines architektonischen Entwurfes meint, ist Spiegel dieser Auseinandersetzung, erster Spiegel dieser doppelten Potenz, der des Ortes und der des Autors. Die Fortschreibung im eigentlichen Projekt kann nur Spiegelprodukt dieser ersten Spiegelung sein. Wahrnehmen, Lesen, Erkennen sind jeweils eigene Konstruktionen von Wirklichkeiten, entstanden an den Kontakt- oder Bruchstellen zwischen zwei Reaktiven: zwischen vorgefundenen Text- oder Wirklichkeitsfragmenten und individueller Wahrnehmungs- und Denkfähigkeit. John Dewey hat recht, wenn er von der *Unruhe* spricht, die den Ort kennzeichne, „an dem der innere Antrieb und der Kontakt mit der Umwelt zusammentreffen und eine Gärung in Gang setzen – sei es in Wirklichkeit oder in der Vorstellung" [7]. Was jeweils entsteht, sind vorläufige Nähte, Flickstellen, um- und angebaute Metatexte, Umbauten.

Die Verantwortung für den jeweiligen Entwurf, beziehungsweise Umbau einer Situation beginnt bereits bei der Zustimmung zur gestellten Aufgabe. Die Idee zu einem Entwurf, sagt Aldo Rossi, könne nicht neutral sein, vielmehr verändere sie, je bedeutender sie sei, desto stärker die menschliche Sichtweise. Der Bau von Wirklichkeit, lesen wir weiter bei Rossi, geschehe dadurch, dass Architektur sich in Beziehung setzt zu vorhandenen Dingen, zur Stadt, zu den Ideen der Stadt und zu ihrer Geschichte. [8] Die Art und Weise des *Existierens von etwas* ist abhängig von der Art der Aufmerksamkeit, die sich auf dieses Etwas richtet und es somit in irgend einer Weise zur Sprache bringt oder es beschweigt. Jede Lektüre oder Ausrichtung dieser Aufmerksamkeit wildert, verführt, verlockt zu einer bestimmten Sicht des jeweiligen Wirklichkeitsausschnittes. „*Wir sind die Grenzen der enthüllten Welt*", schreibt Sartre und fährt mit diesen Worten der Horizontlinie nach, die dieser Ausrichtung während des Analysierens und Entwerfens folgt. Der zweite Teil seines Satzes, dass wir ebenso die „Bedingung ihrer Enthüllung" [9] sind, gibt den Hinweis auf diejenige Frage, die immer zuerst gestellt werden kann: Warum reden wir in einem bestimmten Projekt gerade über das, worüber wir reden, und warum nicht über andere oder noch andere Aspekte? Und weiter liesse sich fragen: Wo beginnt das Verbergen? Das Verstecken? Das Unterschlagen? Wenigstens *ein* dramatisches Moment ist bis jetzt vielleicht noch nicht klar genug ausgesprochen worden: dass es nämlich die Entwerfer oder Leser oder Kurbeldreher sind, die den Moment des Anhaltens der Kurbel beziehungsweise des Prozesses des Sichtbar-/Unsichtbarmachens bestimmen und so über nichts weniger entscheiden als über das, was vom Verborgenen in die Welt der Sichtbarkeit gelangt und was bis zum nächsten Entwurf im Unsichtbaren bleibt. Entwerfen ist deswegen ein

---

[6] Maurice Halbwachs,, Das kollektive Gedächtnis, Frankfurt a.M. (Fischer) 1985, S. 34ff [7] John Dewey, Kunst als Erfahrung, Frankfurt a. M. (Suhrkamp) 1988, S. 81 [8] Aldo Rossi, Die Architektur der Stadt. Skizze zu einer grundlegenden Theorie des Urbanen, Düsseldorf (Bertelsmann Fachverlag) 1973 [9] Zitiert nach: Arthur C. Danto, Jean-Paul Sartre, Göttingen (Steidl) ²1987, S. 98

heimliches Drama, weil dieser Kampf mit jedem Projekt neu entschieden wird! Wenn also die Lektüre oder Analyse ihren Ort immer dort hat, wo die Aufmerksamkeit anhält – wo sie aus dem frei schwebenden Zustand in die Ausrichtung auf ‚etwas' gerät, durch ein Angerührtsein oder durch eine andere Form der Attacke aus dem Schlaf geholt wird, wo sie sich zu verwickeln beginnt, wo die Verstrickung erfolgt –, dann sind das die Stellen, die den intimen Anlass für das individuelle oder spezifische Verhältnis zwischen Autor und Ort offenlegen. Sie treffen nicht nur das Sichtbare, sie dringen auch in die unausgesprochenen und unaussprechlichen Räume des *Baukörpers eines Ortes* vor. Es sind die Stellen, an denen, wie bei geologischen Tiefenbewegungen, ein bis dahin labiles Gleichgewicht durch Erschütterungen ins Wanken geraten könnte. Wird das unterschlagene Material protestieren? Und wenn ja, mit welcher Verzögerung? Mit welcher Wucht? Wann beginnt Nichtwissen, Nichtwahrnehmen in Unterschlagen oder Manipulation umzukippen? Mit jedem Projekt nimmt man nicht nur teil am Prozess der Verdrängung oder Beschwörung der zu einem Ort gehörenden Ablagerungen, man fügt weitere hinzu, baut Geschichten aus oder neue hinein. Die eigene Erzählkunst verknüpft vorhandenes oder angeschlepptes Material mit der Lust und der Absicht, andere Einblicke in einen Ort oder Ausblicke aus ihm heraus herzustellen. Welcher Seite welchen Gleich- oder Ungleichgewichts gibt ein Projekt Auftrieb? Welche Möglichkeiten, durch ein Projekt oder einen Bau die sichtbare Welt zu verändern, lassen wir aus? Welche Wirklichkeit hat Vorrang? Wer hätte die Macht, wer das Recht, wer den Willen, darüber zu entscheiden?

Auf jeden Fall ist der *Körper eines Ortes* grösser, imposanter als sein sichtbarer Teil. Seine Undurchdringlichkeit zeigt sich darin, dass es bei jedem Eingreifen viele mögliche Ausgangspunkte gibt, und dass sich nicht vermeiden lässt, dem jeweils gewählten eine gewisse Willkür zuzugestehen. Man kann sich nämlich niemals ganz darüber im klaren sein, wo exakt man diesen Körper betritt und welche Wirkungen die eingeschlagene Untersuchungsrichtung auf den Ort und das Projekt haben werden. Dafür müsste man die ausgelassenen Möglichkeiten erkennen können, auch andere Wege, die vom selben Ausgangspunkt aus hätten eingeschlagen werden können. Die eigene Analyse und das eigene, aus ihr entstandene Projekt gleichen oft eher Funden eines Urwaldgängers, der sich mit der Axt eine Wegspur durchs Dickicht geschlagen hat.

Das hat Italo Calvino gewusst! Unter seinen *Unsichtbaren Städten* ist Fedora die aufregendste. In ihrem Zentrum steht ein metallener Palast, in jedem Zimmer eine Glaskugel, in deren jedermann beim Hineinsehen eine blaue Stadt erblicken kann: Modelle anderer Fedoras, Formen, die die Stadt auch hätte annehmen können, wenn sie nicht aus diesem oder jenem Grunde so geworden wäre, wie sie eben geworden ist.[10] Der metallene Palast mit seinen Zimmerfluchten ist ein *Archiv der verpassten Gelegenheiten*, für das unwiderruflich in der Vergangenheit Ausgelassene, Nicht-Gewählte, Nicht-Realisierte. Fedora ist Symbol des notwendigen und unausweichlichen Scheiterns gleichzeitiger Realisierungen in der physischen Welt, da die Welt der drei Dimensionen die Koexistenz verschiedener materieller Wirklichkeiten am selben Ort ausschliesst. Aus-

[10] Italo Calvino, Die unsichtbaren Städte, München (dtv) ⁶1992, S. 38f

weglos muss unentwegt gewählt werden. So sind die Gesetze der physischen Welt, sie erzeugen bestenfalls unsichtbare zweite Gesichter: Verdoppelungen oder Vervielfachungen des Sichtbaren, dessen Schatten oder unscharfe, schattenhafte Erinnerungen, die *Gespenster des Was-auch-hätte-sein-können*, die unsichtbaren Grundsteinlegungen für Trauer, Schuld, Melancholie.

Die Melancholie ist unwiderruflich an die drei Dimensionen gekettet. In de Chiricos Bildern scheint etwas davon auf: Abwesendes scheint anwesend, Nicht-Gebautes unsichtbar präsent zu sein. Nicht die sichtbare Leere auf einem Platz ist es wohl, die die Leerstellen des Niemals-Erscheinenden markiert, vielmehr eine bestimmte stoische Stimmung, die das Wissen um die Schuld alles Gebauten repräsentiert: dass alles, was gebaut ist, nur gebaut sein kann auf Kosten dessen, was niemals oder nicht in der geltenden Lebenszeit seine Form haben noch seine Wirkung tun kann. Aber im Gegensatz zur wirklich gebauten Realität, in der es nur *ein* gebautes Sankt Petersburg oder Paris oder Zürich gibt, können jedem Bild weitere Bilder, jedem geschriebenen Text weitere Texte folgen.

DER GANG DER VERLORENEN SCHRITTE

2.07 Villa Romana del Casale, Piazza Armerina

Der Gang der verlorenen Schritte in der Villa Romana del Casale in Piazza Armerina auf Sizilien ist ein Umschlagort für Aufmerksamkeiten. Der spätrömische Bau ist vermutlich zwischen dem dritten und vierten Jahrhundert nach unserer Zeitrechnung errichtet worden. Die Villa fiel zunächst einem Brand zum Opfer und wurde später unter dem Schlamm einer grossen Überschwemmung begraben. Über den Bauherrn gibt es nur Vermutungen. Grösse und Pracht der Ausgestaltung lassen selbst Kaiser Maximian (240–310) oder dessen Sohn Maxentius (278–312) als mögliche Auftraggeber vermuten. In der über 4000 Quadratmeter grossen Villa, die Thermen, Gästezimmer und Privaträume umfasst, einen zentralen Brunnen und einen seitlich angegliederten Speisesaal, sind es die aussergewöhnl-ichen Mosaiken, die die Besucher in ihren Bann ziehen.

Ein ganz besonderer Raum innerhalb der baulichen Anlage ist der über 65 Meter lange und 5 Meter breite *Gang der grossen Jagd*, so genannt wegen der Motive der Bodenmosaiken. Er trennt die Herrschaftsräume von den öffentlicheren Räumen, die privaten von denen, die auch Gästen und Besuchern offen standen. Aufschlussreich ist, dass er auch *Gang der verlorenen Schritte* heisst. Personen, die hier darauf warteten, vom Besitzer empfangen zu werden, mögen in gespannter Erwartung auf und ab gegangen sein. Dies unterstellt, wäre der Raum die ästhetisch übersetzte Form eines Machtverhältnisses gewesen: der kunstvoll verlängerte Weg zur Herrschaft, die auf sich warten lässt. *Korridor der verlorenen Schritte* nennt man übrigens im heutigen Rom den Flur des Parlaments, die „Intrigenschmiede der Republik" (Leo-Forum). Die detaillierten, blutrünstig dargestellten Grosswildjagdszenen spielen in Afrika und Armenien. Die Bilder dieser antiken Safaris, deren exotische Opfer für den Circus Maximus in Rom bestimmt waren, verweisen auf den exklusiven Lebensstil der Besitzer und ihres für die weiten Reisen erforderlichen logistischen Apparats.

Es lässt sich noch eine weitere Dimension der Villa feststellen. Eine Architektur dieses Ranges hat den Anspruch, ein Dokument des kulturellen Gedächtnisses zu sein. Die einzelnen Räume der Villa del Casale versammeln in ihren Mosaiken Szenen der damaligen Welt, ihre Wände und Böden werden so zu Instrumenten, dieses Gedächtnis zu beleben und wachzuhalten. Mit Alltagsgeschichten, Jagd- und Badeszenen, mit Gestalten aus der Mythologie und aus der globalisierten Welt von damals bebildern sie dieses Gedächtnis. Die Tiermotive erlauben es, die Mosaiken wie Landkarten zu lesen. Die Mosaiken überlagern den realen Räumen virtuelle Vorstellungsräume, die die Aufmerksamkeit in exotische und mythologische Welten entführen. Zur Bewegung in den drei Dimensionen gesellt sich eine Bewegung ganz anderer Art, die die Betrachter über den unmittelbaren Zweck ihres Aufenthalts hinaus in die Bilderzählungen der Mosaiken verwickelt.

So könnte man den Namen *Gang der verlorenen Schritte* als Zeugen aufrufen, der auf äusserst prägnante Weise vom Bewusstsein der Differenz zweier Perspektiven spricht, einer äusseren und einer inneren. Als Platzhalter des alltäglichen Effizienzdenkens im Umgang mit Zeit und Raum verweisen er und weitere Räume der Anlage auf jene andere Funktion des Architektonischen, die *verlorene Schritte* in *gewonnene Schritte* verwandelt. Was im Hinblick auf einen dringend erwarteten Termin vorerst als verlorene Zeit empfunden wird, erhält plötzlich einen anderen Sinn. Die aus äusserer Perspektive für verloren gehaltenen Schritte spiegeln den Umbau der Wahrnehmung, sie folgen jetzt der Lektüre der Bilder. Eine mit den Augen nicht sichtbare Reise hat begonnen. Hervorgerufen durch die Mosaiken auf dem Boden, an den Wänden, an den Decken vertauschen Wirklichkeit und Bilderwelt vorübergehend ihre Rangplätze.

Der Name *Gang der verlorenen Schritte* steht so für die Diskrepanz in der Einschätzung von Verhaltensweisen je nachdem, ob sie einer äusseren oder einer inneren Perspektive entstammen. Die Orientierung der Aufmerksamkeit in unserer Wahrnehmung entscheidet über die Vernünftigkeit unseres Handelns. Was verloren scheint für die *eine* Konstruktion der Wirklichkeit, kann sich als höchst wirksam im Konstruieren *anderer* Erfahrungen erweisen. Gespaltene Präsenz. Das Pendel der Aufmerksamkeit zeugt von einer wiederkehrenden Lust an der Produktion von Gegenwelten, die uns in eine andere Zeitdimension entführen und uns damit der effizienten Zeitnutzung entfremden. Wie wäre angesichts einer solchen Sicht eine Architektur ohne Ornament zu sehen? Als Voraussetzung der Reduktion möglicher Wirklichkeiten?

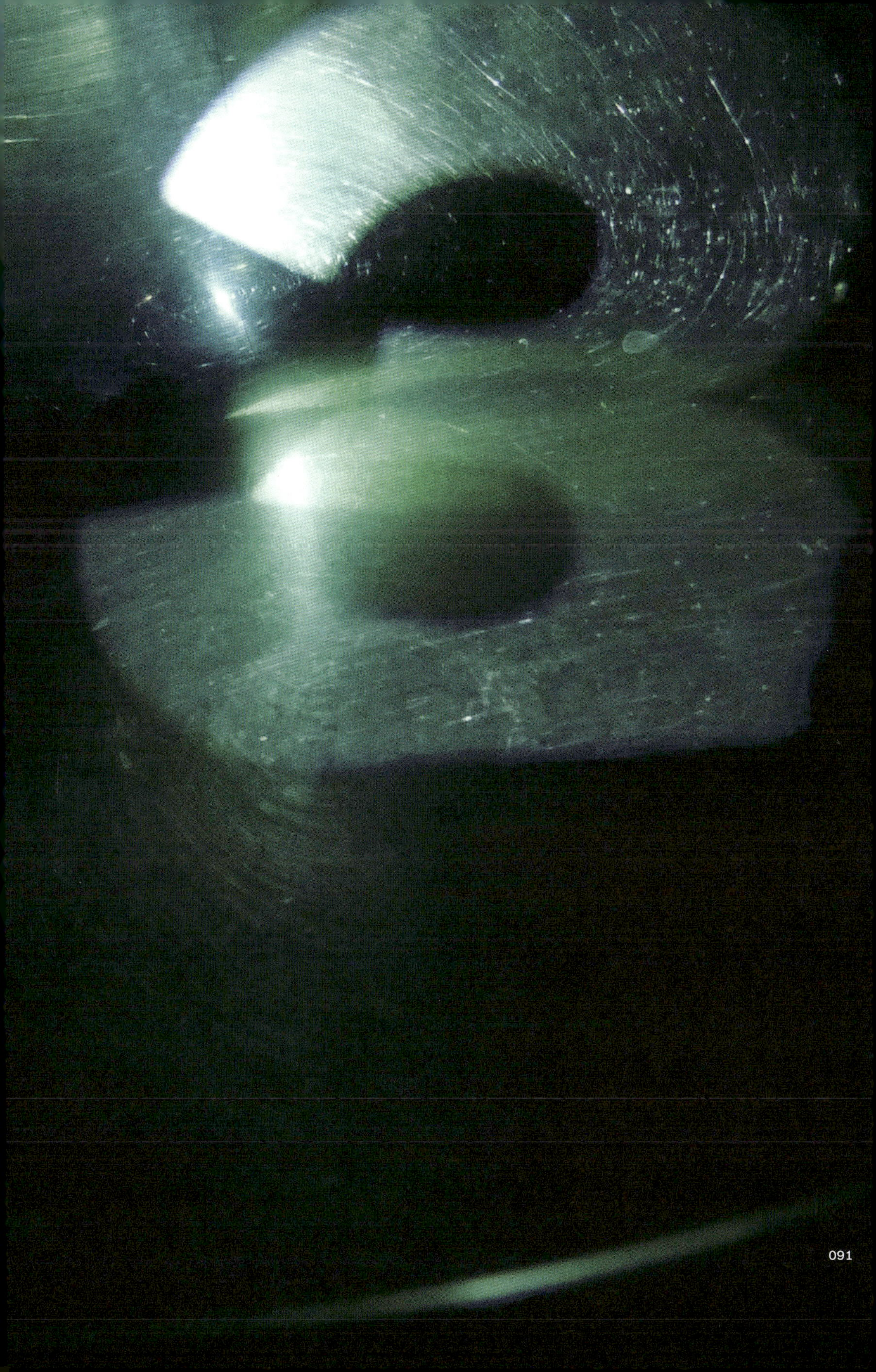

AUSLÖSE

Jeder dialogische Prozess braucht auslösende Momente, an die sich eigene Erfahrungen, Erinnerungen, Einfälle heften können.

… **3** AUSLÖSENDE MOMENTE

Der menschliche Geist will sich in einer räumlichen Situation verorten. Wir lieben es, Verbindungen zwischen unterschiedlichen Wirklichkeiten herzustellen, wir lassen uns von jedem ‚Kubikzentimeter Möglichkeit' (Carlos Castañeda) anregen, wir suchen geradezu nach Dingen, die uns an etwas erinnern, uns Brücken schlagen lassen zu Erfahrungen und Bildern aus Wissensarchiven, die dem jeweiligen Ort nicht unmittelbar zugehören. So kommt es zu wechselnden Kooperationen mit den ‚hard facts' einer gegebenen Situation. Je nachdem treten materielle oder immaterielle, historische oder aktuelle, reale oder imaginierte Momente in den Vordergrund. Uns interessieren die Auslöser für solche dialogischen Prozesse.

AUSLÖSENDE MOMENTE

SPUREN LESEN, SPUREN LEGEN Auslösendes Moment für einen dialogischen Prozess kann alles sein: von einem unauffälligen Detail einer Fassade bis zur überragenden Höhe eines Wolkenkratzers, von einem plötzlich hörbaren Insektengeräusch in der Nacht [1] oder dem Schatten von etwas noch nicht Sichtbarem, der unvermittelt erscheint. Ein Wassergeräusch aus der Kanalisation, eine grelle Lampe, ein Streit auf offener Strasse, die Erinnerung an den Zoccalo, den grossen leeren Platz im Zentrum von Mexiko City – alle Phänomene, die wir in einem bestimmten Moment wahrnehmen, können unser Raumgefühl blitzschnell verändern. Bilder tauchen auf, verknüpfen gegenwärtiges Geschehen mit ähnlichen oder gegenteiligen Situationen. Deterritorialisierung – Reterritorialisierung. [2] Auch die Verneinung einer blossen Vorstellung kann dialogische Prozesse auslösen: eine verriegelte Tür, die man offen erwartet, die Innenstadt von São Paulo ohne Reklameschilder, eine plötzlich leere Strasse, die je nach räumlichem Kontext Genuss bringen oder Furcht erregen kann. Ein Echo von ganz nah, Ausgesetztsein, wie auf der Bühne.

> *Ich glaube, dass Atmosphäre immer mit Platz zu tun hat im doppelten Sinn. Einmal Platz als Ort, also eine soziale Konstellation. Und zweitens, auch wenn es auf den ersten Blick sich anhört wie ein Widerspruch, mit Platz als leerem Platz. Also als Raum, den man um sich herum hat. Das ist auch immer das leicht Theatralische an Atmosphäre, dass sie einerseits Leute braucht, andererseits nicht zu viele Leute. Und deswegen habe ich gesagt, dass eine Badeanstalt – genauso wie ein Strand, das grosse Vorbild der Badeanstalt – immer die kontrollierte Wüste ist. Es ist die Leere, die man für sich hat und ironischerweise mit anderen Leuten teilt.*
> Valentin Groebner im Interview zum Seebad http://blog.zhdk.ch/stadtlaborluzern/

[1] Judith Albert im Interview http://blog.zhdk.ch/stadtlaborluzern/ [2] Gilles Deleuze, Felix Guattari, Tausend Plateaus, Berlin (Merve) 1992, passim

Auslösende Momente können äussere Phänomene sein oder ihren Ursprung in der aktuellen Wahrnehmungsdisposition des Subjekts haben. Anlass für einen bestimmten Blick auf eine räumliche Situation kann ein Satz auf der letzten Seite eines Romans sein ebenso wie die gerade abgelegte Prüfung in Farbenlehre oder Materialtechnik. Spuren sind deswegen von besonderem Interesse, weil sie auf zwei ganz unterschiedliche Art Auslöser sein können: Sprechen sie von etwas Vergangenem, haben sie den Status von etwas Authentischem, werden sie eine ganz andere, meist fürsorgliche Haltung hervorrufen, auch wenn, wie Valentin Groebner zu bedenken gibt, beim Begriff Authentizität Skepsis angebracht ist. /3

Was in der Vergangenheit wirklich vergangen ist und auf uns einwirkt, ist im Normalfall nicht mehr da. Bei aller Lust an der Visualisierung von Geschichte und Historischem gibt es ein grosses Element von Fake. Zwillingsbruder des Historikers ist die Fälschung, das Nachgemachte, Geschichte, die erst jetzt erzeugt wird.
Valentin Groebner im Interview zum Seebad http://blog.zhdk.ch/stadtlaborluzern/

Sind Spuren hingegen schlicht Überreste, Hinterlassenschaften alltäglicher Handlungen, werden sie getilgt. Die verbreitete Sucht nach der Sauberkeit von Orten mag Anlass dafür sein, dass zu gestalterischen Eingriffen so oft gehört, Spuren zu tilgen /4 – ausser ihre dramatische Herrichtung liesse sich für eine besondere Inszenierung gebrauchen.

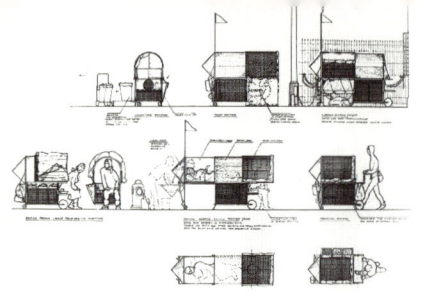

3.01 Krysztof Wodiczko, *Homeless Vehicle* (1)

3.02 Krysztof Wodiczko, *Homeless Vehicle* (2)

3.03 Jeff Wall, *Milk*

HOMELESS VEHICLE Ein auf Auffälligkeit im städtischen Kontext setzendes auslösendes Moment hat der am Massachusetts Institute of Technology (MIT) tätige Künstler Krzysztof Wodiczko geschaffen: eine Erfindung, die einen gesellschaftspolitischen Dialog provozieren soll. Das erstmals Ende der achtziger Jahre in New Yorks Strassen anzutreffende *Homeless Vehicle* ist nicht nur eine aussergewöhnliche Erscheinung in einem alltäglichen Zusammenhang, es ist ein sozialpolitisches Statement, das im Bild der aufgeräumten Stadt einen Riss erzeugt. Wodiczko hat eine Minimalunterkunft in Form eines mobilen Vehikels mit Stauraum entwickelt. Ein Akt des politischen Widerstands und zugleich eine praktische Kritik des Wegsehens. Im Umfeld der politischen Kunstszene wirkt es bis heute inspirierend.

PRÄSENZ Der kanadische Fotokünstler und Theoretiker Jeff Wall ist ein Meister der Präsenz. *Milk* (1984), eine fotografische Inszenierung, 1987 an der documenta 8 in einer Fussgängerunterführung plaziert, die vom Bahnhof zu den Ausstellungsorten führte, ist die Verdichtung eines Geschehens auf einen einzigen Moment: Ein Mann mit leicht geballter Faust sitzt am Strassenrand und bringt eine Kartonpackung Milch mit gewaltsamer Geste zum Platzen. Jedes Detail führt dem dialogischen Geschehen zwischen Betrachter und grossformatigem Bild ein weiteres Indiz hinzu: der starre Blick, der an seinem linken Schuh fehlende Schnürsenkel, im Hintergrund die blitzsaubere Backsteinmauer und das perfekt verfugte Glasfenster, beides in scharfem Kontrast zur verhalten erregten Figur

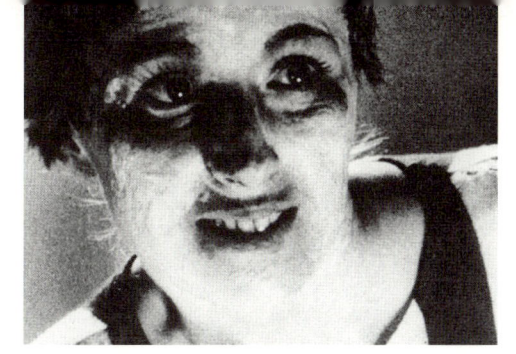

3.04 Cindy Sherman, *Untitled* (1984)

im Vordergrund. Der Blick des Mannes lässt uns im Ungewissen darüber, ob er sich bei einem zögerlich vorübergehenden Passanten auf ihn richten würde.

GRENZVERSCHIEBUNGEN Entstellungen, Verschiebungen, Verdichtungen, Grenzverwischungen, zusammengestückelte Körper in seltsamen Räumen sind die Instrumente, mit denen die amerikanische Künstlerin Cindy Sherman in ihren Inszenierungen jene Zonen ihres Körpers bearbeitet, an denen wir selbst mehr oder weniger auffällige Phänomene entdecken, von denen wir zuweilen überrascht, ja sogar überwältigt werden und die uns in eine unterschwellige Desorientierung manövrieren. Sherman zeigt, wo und wie sich solche Grenzverschiebungen ereignen können. Ihre Inszenierungen wirken auf extreme Weise als auslösende Momente. Sie kreisen um die eine wiederkehrende Grenzverschiebung zwischen alltäglicher Orientierung und deren Infragestellung oder gar Verlust. Immer führen sie uns einen ersten Schritt in Richtung einer Verschiebung des Realen, des Alltäglichen. Sie handeln von den vielfältigen Formen des Beginns von Desorientierung [5], die sich manchmal in minimaler, manchmal in grotesker Weise zeigen. Diese Grenzverschiebungen sind aber auch Arbeiten im Sinne der Aufklärung. Sie zwingen uns einen Dialog mit uns selber auf, mit den Mikroräumen unseres eigenen Körpers. Es sei Cindy Shermans erklärtes Anliegen, schreibt Elisabeth Bronfen [6], mit ihren Inszenierungen jenes latente psychische Material zu zeigen, das man auf der Oberfläche, im Gesicht und in den Gebärden eines Subjekts nicht so einfach sehe, und das dennoch

[6] Elisabeth Bronfen, Das andere Selbst der Einbildungskraft: Cindy Shermans hysterische Performanz, in: Cindy Sherman. Photoarbeiten 1975–1995, Ausstellungskatalog. München (Schirmer/Mosel) 1995, S. 13 ff

nur durch Oberflächenerscheinungen zum Ausdruck kommen könne. Ob auslösende Momente vordergründig oder hintergründig angelegt sind, stets sind es Formen von Präsenz, auf die wir ansprechen, die unmittelbar oder unterschwellig im Kopf oder in der Realität sich abspielende dialogische Prozesse mit räumlichen Phänomenen in Gang setzen: Lüfte, Düfte, Kontraste, eine offene Schublade.

> *Präsenz: Zuspitzung Präsenz [...] ist immer eine Sehnsucht nach Zuspitzung dieses Moments, der dann so aufgeladen wird, dass er diese vielen Schichten in sich hat – diese Anknüpfungspunkte, ganz viele Einstiegsmöglichkeiten ins Bild.*
> Judith Albert im Interview zum Nationalquai http://blog.zhdk.ch/stadtlaborluzern/

Das ‚Glitzern der Dinge', Übergänge vom Sichtbaren zum Unsichtbaren oder vom Unsichtbaren ins Sichtbare, ein Stück reissender Fluss [7], zu dem wir uns das Vorher und Nachher imaginieren. Schiere Grösse [8] regt auf. Abgestellte Gegenstände, die von einer unbekannten Begebenheit zeugen, kleine Dinge, die einen anspringen, etwas, das im Souvenirshop steht und in unsere Hand passt. [9] Ausgrenzende Orte, offensiv einladende Orte. Wenn man sich verirrt oder sich gar wiederholt unfreiwillig auf dieselbe Weise verirrt. [10] Alles Momente, die plötzlich oder allmählich die emotionale Temperatur des Raumes [11] verändern. Momente, die im ganz gewöhnlichen Alltag wirksam werden: ein hässliches Weiss, ein Ferienduft, eine Blickregie. Die Fokussierung des Blicks auf ein verwundetes Stadtgebiet [12], auf legendäre Orte, auf nicht berührbare Orte oder Objekte. Hat man sich in einem räumlichen Kontext verloren, verschärft sich der Dialog. Wir entdecken zuvor nicht gesichtete Details, Unbestimmbares, das sich der Aufklärung verweigert, oder eine auffällige Inszenierung, die wir nicht entschlüsseln können. Auch eine räumliche Einladung

[7] Stanislaus von Moos im Interview zum Reusswehr http://blog.zhdk.ch/stadtlaborluzern/ [8] Daniele Marques im Interview http://blog.zhdk.ch/stadtlaborluzern/ [9] Valentin Groebner im Interview zum Seebad http://blog.zhdk.ch/stadtlaborluzern/ [10] Sigmund Freud, Das Unheimliche (1919), in: Studienausgabe Bd IV, Frankfurt a.M. (S. Fischer) 1982, S. 259 ff

zum Voyeuristischen intensiviert den Dialog mit der entsprechenden räumlichen Situation: eine Tasche auf dem Trottoir, ein herumliegendes Tagebuch, eine gewaltsame Auseinandersetzung im Hauseingang, extremer Lärm, Material am falschen Ort, bedrohliche Ruhe. Etwas, das sich unerwartet bewegt oder nicht bewegt. Eine urbane Nahtstelle, die eine bislang geltende Zugehörigkeit in Frage stellt. Ein Kreuzungspunkt, der Schnelligkeit verlangt. Ausschnitte eines sonst verdeckten Raumes, den wir in der Vorstellung ergänzen. Wenn das Material unter den Füssen seine Festigkeit oder seine Körnigkeit verändert, wenn wir unter den Eindruck physischer Kraft geraten, wenn eine Geheimtür sichtbar wird oder wir Zeugen einer Verletzung, Störung oder Verschmutzung eines Raumes oder Objekts werden – Aspekte der Präsenz, die den Grad der Auseinandersetzung mit der jeweiligen räumlichen Situation erhöhen. Wir sind höchst aktiv, gespannt, fliehen oder finden Wege, das Geschehen mit unserem Wissen und unserer Erfahrung in eine nachvollziehbare Beziehung zu bringen. „Unsere Sinne tasten die Umwelt nach Unterschieden ab", schreibt Timo Bautz, „sie reagieren nicht einfach auf Reize, sondern deren Schwellenunterschiede."[13] Es reicht also – auch im alltäglichen Umgang mit räumlichen Verhältnissen – ein Wechsel der Wahrnehmungsbedingungen, um die Aufmerksamkeit neu zu orientieren, um dem Wunsch nach räumlichem Erkennen, der Freude am Sich-in-Beziehung-Setzen wenigstens etwas Genüge zu tun. Wie das Atmen scheint es eine existentielle Notwendigkeit zu sein, sich im Raum zu verorten. Räume wären immer schön, folgte man denn der Kantschen Begründung für die Schönheit eines Gegenstandes: Ein Gegenstand ist schön, wenn in seiner Gegenwart die Einbildungskraft zu einem freien Spiel zwischen Sinnlichkeit und Verstand veranlasst wird.[14] Was alles noch kann den Spielraum der Imagination erregen?

/11 Thea Brejzek im Interview http://blog.zhdk.ch/stadtlaborluzern/ /12 Niklaus Lenherr im Interview http://blog.zhdk.ch/stadtlaborluzern/ /13 Timo Bautz, Stimmig/unstimmig. Was unterscheidet Atmosphären?, in: Rainer Goetz und Stefan Graupner (Hg.), Atmosphäre(n), München 2007, S. 111 ff /14 Gernot Böhme, Atmosphäre. Frankfurt a.M. (Suhrkamp) 1995, S. 34

DAS DING UND SEINE EKSTASEN

Das Ding wird [...] nicht mehr durch seine Unterscheidung gegen anderes, seine Abgrenzung und Einheit gedacht, sondern durch die Weisen, wie es aus sich heraustritt. Ich habe für diese Weisen, aus sich herauszutreten, den Ausdruck „die Ekstasen des Dings" eingeführt. Es dürfte nicht schwerfallen, Farben, Gerüche und wie ein Ding tönt, als Ekstasen zu denken. [...] Es gilt aber auch [...], etwa Ausdehnung und Form als Ekstasen zu denken.

CII
Gernot Böhme, Atmosphäre. Essays zur neuen Ästhetik, Frankfurt a.M. (Suhrkamp) 1995, S. 32f

ORGANE DES SICH-ZEIGENS Als Wahrnehmungstheorie entdeckt die Ästhetik [...] einen Grundzug der Natur, der der Wissenschaft von Natur [...] entgeht. [...] Natur [zeigt sich] als Kommunikationszusammenhang, als Wechselwirkung von Sich-Zeigen und Vernehmen. Naturwesen sind nicht einfach bloß da [...], sondern sie treten aus sich heraus, sie bilden sogar [...] Organe des Sich-Zeigens aus.

Gernot Böhme, Atmosphäre. Essays zur neuen Ästhetik, Frankfurt a.M. (Suhrkamp) 1995, S. 42

CIV

AUFMERKSAMKEIT Es gibt nichts Wirklicheres als Bilder, die nicht mehr aus dem Sinn gehen. Nichts hat größere Macht über uns als das, was aufmerksame Zuwendung erzwingt. Alles, worauf wir unwillkürlich achten, hat unwillkürlich Wirkung auf uns. Und alles, was unsere Aufmerksamkeit reizt, ist in einem höheren Grade wirklich als der Hintergrund.

Georg Franck, Ökonomie der Aufmerksamkeit. Ein Entwurf, München (Hanser) 1998, S. 172

ERSCHAUERN Plötzlich verstand ich, daß den fünf Jahren, die Lomonossow dieses selbe Pflaster getreten hatte, jener Tag vorausgegangen war, an dem er zum ersten Mal diese Stadt betreten hatte [...]. Beim Wenden des Kopfs konnte es einen erschüttern, daß man damit eine bestimmte, schrecklich entfernte Körperbewegung genau wiederholte. [...] Ich erschauerte, die Zweihundertjährigkeit fremder Halsmuskeln zu feiern.

CVI
Boris Pasternak, zitiert bei Erika Greber, Pasternaks unsystematische Kunst des Gedächtnisses, in: Anselm Haverkamp, Renate Lachmann (Hg.), Gedächtniskunst: Raum – Bild – Schrift. Studien zur Mnemotechnik, Frankfurt a.M. (Suhrkamp) ¹1991, S. 307

CVII

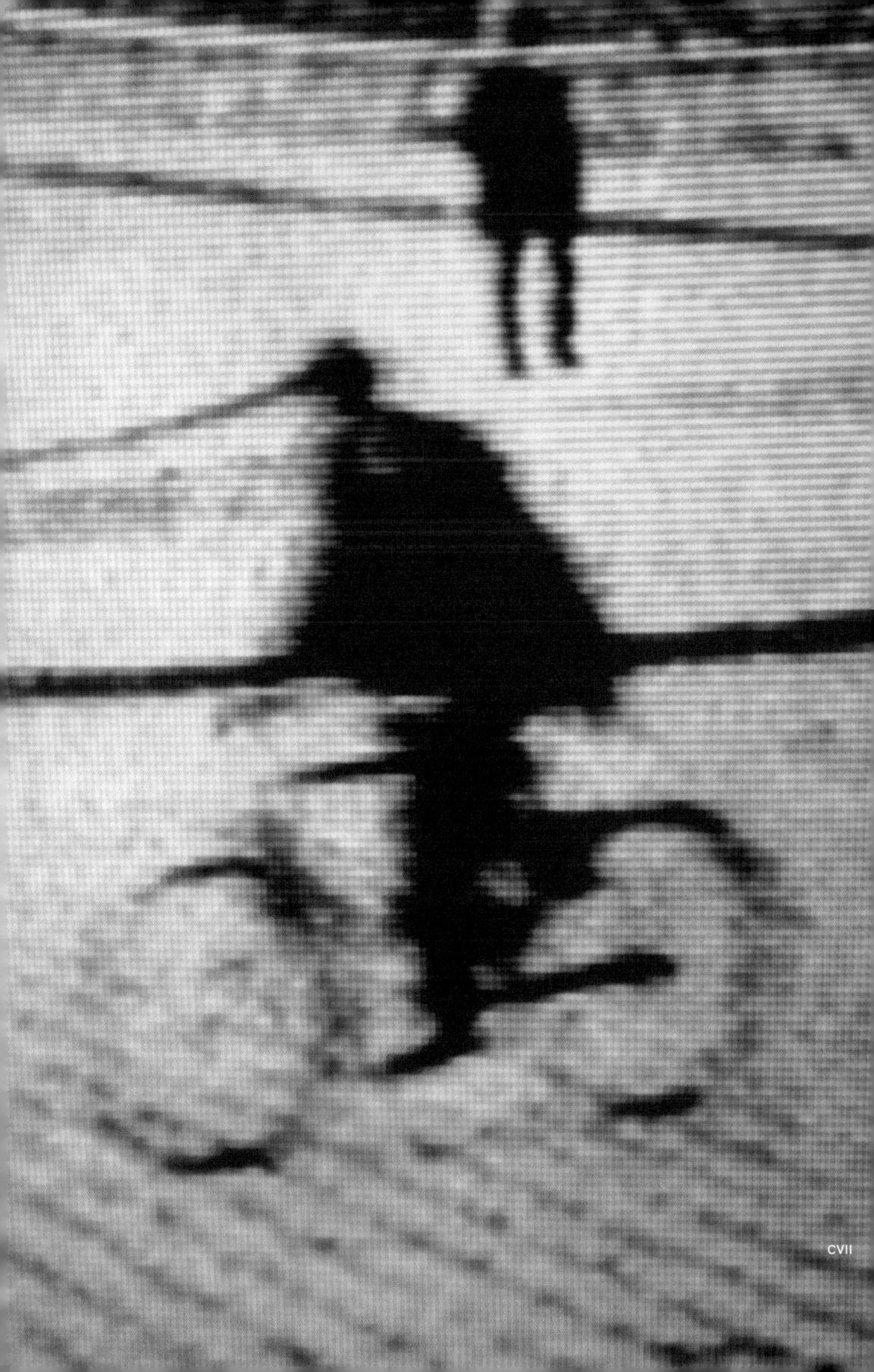

WAHRNEHMUNGSWECHSEL Atmosphärische Qualitäten [können] durch architektonische Dramaturgien, durch Blickchoreographien, durch Wahrnehmungswechsel bewusst werden. Aufmerksamkeit wird geweckt für Raumbezüge und -spannungen, synästhetische Wechselspiele und Zusammenklänge.

CVIII
Andreas Rauh, Versuche zur aisthetischen Atmosphäre, in: Rainer Goetz und Stefan Graupner (Hg.), Atmosphäre(n), München (kopaed verlagsgmbh) o.J., S. 138

WISSEN SCHAFFT ATMOSPHÄRE Wieweit haben Objekte und Räume für mich eine Geschichte? Wichtig ist, ob ich Kenntnis davon habe, was in einem Raum geschehen ist. Stellen wir uns vor, ein Raum wäre von Marilyn Monroe benutzt worden. Oder von sonst einem prominenten Gast. Oder in dieser Badewanne wäre jemand ertrunken. Sobald ich weiss, dass in diesem Zimmer ein Gast ums Leben gekommen ist oder geboren wurde, wird das mein Verhalten in diesem Zimmer beeinflussen. Weiss ich jedoch nichts davon, dann existiert diese Atmosphäre nicht.

Fred van der Kooij im Videointerview http://blog.zhdk.ch/stadtlaborluzern/

SEEBAD: EINE ATMOSPHÄRISCHE MASCHINE

Sehen, gesehen werden, sich zeigen, etwas verdecken, schauen, sich verstecken – in allen Abstufungen sind diese Funktionen im Typus Kastenbadeanstalt räumlich interpretiert. Wir haben es also mit einer Maschine im doppelten Sinne zu tun: auf der einen Seite eine funktionale Maschine, die sehr pragmatisch und sehr rationell organisiert ist, auf der anderen Seite eine atmosphärische Maschine, die eben dieses Sehen-Gesehen-Werden, das Schauen und Sich-Zurückziehen, Sich-Verstecken, Auf-sich-aufmerksam-Machen, in allen Abstufungen räumlich interpretiert.

CX
Christoph Luchsinger im Videointerview http://blog.zhdk.ch/stadtlaborluzern/

GEBRAUCHSSPUREN Raum und Gebrauch und deren Veränderung im Lauf der Zeit, das interessiert uns am Atmosphärischen. Nicht die platte Herstellung irgendeiner Raumstimmung, sondern die Komplexität des Gebrauchs der Architektur. Im Seebad lässt sich diese Interaktion von Raum und Gebrauch Schritt für Schritt nachvollziehen. So entsteht Atmosphäre: sichtbar machen, auch was sich an früherem Gebrauch hier abgelagert hat.

Christoph Luchsinger im Videointerview http://blog.zhdk.ch/stadtlaborluzern/

CXII

EIN ORT, AN DEM KEINER IST, IST AUCH KEIN ORT Ein Ort ist eine soziale Konstellation, etwas, das durch Menschen hergestellt wird, die ihn bevölkern und dadurch definieren und ihn überhaupt erst zum Funktionieren bringen. Zugespitzt gesagt: ein Ort, an dem keiner ist, ist auch kein Ort. Deswegen verlieren Orte in dem Moment, wo keiner mehr da ist, auch sofort jeden Sinn.

Valentin Groebner im Videointerview http://blog.zhdk.ch/stadtlaborluzern/

INHOMOGENE STELLEN IM RAUM (1)

FRANZ KAFKA, KOMMENTIERT

FRANZ KAFKA EINE ALLTÄGLICHE VERWIRRUNG *Ein alltäglicher Vorfall: sein Ertragen eine alltägliche Verwirrung. A hat mit B aus H ein wichtiges Geschäft abzuschließen. Er geht zur Vorbesprechung nach H, legt den Hin- und Herweg in je zehn Minuten zurück und rühmt sich zu Hause dieser besonderen Schnelligkeit. Am nächsten Tag geht er wieder nach H, diesmal zum endgültigen Geschäftsabschluß. Da dieser voraussichtlich mehrere Stunden erfordern wird, geht A sehr früh morgens fort. Obwohl aber alle Nebenumstände, wenigstens nach A's Meinung, völlig die gleichen sind wie am Vortag, braucht er diesmal zum Weg nach H zehn Stunden. Als er dort ermüdet abends ankommt, sagt man ihm, daß B, ärgerlich wegen A's Ausbleiben, vor einer halben Stunde zu A in sein Dorf gegangen sei und sie sich eigentlich unterwegs hätten treffen müssen. Man rät A zu warten. A aber, in Angst wegen des Geschäftes, macht sich sofort auf und eilt nach Hause. Diesmal legt er den Weg, ohne besonders darauf zu achten, geradezu in einem Augenblick zurück. Zu Hause erfährt er, B sei doch schon gleich früh gekommen – gleich nach dem Weggang A's; ja, er habe A im Haustor getroffen, ihn an das Geschäft erinnert, aber A habe gesagt, er hätte jetzt keine Zeit, er müsse jetzt eilig fort. Trotz diesem unverständlichen Verhalten A's sei aber B doch hier geblieben, um auf A zu warten. Er habe zwar schon oft gefragt, ob A nicht schon wieder zurück sei, befinde sich aber noch oben in A's Zimmer. Glücklich darüber, B jetzt noch zu sprechen und ihm alles erklären zu können, läuft A die Treppe hinauf. Schon ist er fast oben, da stolpert er, erleidet eine Sehnenzerrung und fast ohnmächtig vor Schmerz, unfähig sogar zu schreien, nur winselnd im Dunkel hört er, wie B – undeutlich ob in großer Ferne oder knapp neben ihm – wütend die Treppe hinunterstampft und endgültig verschwindet.*
Franz Kafka, Die Erzählungen, Frankfurt a.M. (S. Fischer) 1961

EIN KOMMENTAR Kafkas Erzählung gleicht einer rätselhaften Feststellung, die keine logische Auflösung in Aussicht stellt. Verwundert reibt man sich die Augen. Wege bemessen sich normalerweise nach Metern und nach der Zeit, die man braucht, um sie zurückzulegen. Auf das metrische Vermessungssystem verlassen sich nicht nur die Wissenschaften und viele der Künste, sondern auch unsere Verhaltensweisen im Raum. Dass unsere subjektive Wahrnehmung oft nicht mit Weglängen und Zeitangaben übereinstimmt, wissen wir. Je nach Stimmungen oder Ereignissen, die unsere Vorstellungen beeinflussen, dehnt sich die Zeit oder zieht sich zusammen, erscheinen uns Distanzen länger oder kürzer. Ausgeschlossen allerdings scheint, dass irgendetwas die real ablaufende Zeit oder tatsächliche Weglängen verändert oder auch nur Spuren in der zeitlichen oder räumlichen Realität hinterlässt. Die Frage danach, was wirklich ist, insbesondere wenn es sich um Häuser und ganze Städte handelt oder um Wege durch sie hindurch, scheint auf den ersten Blick unverfänglich zu sein. Denn wir sind ja in den drei Dimensionen des gebauten Raumes zu Hause. Nichts käme hier ohne Befolgen der dort herrschenden Gesetze zustande. Warum also sollte man Messbares und Nachprüfbares in Zweifel ziehen.

Folgt man jedoch Kafkas Geschichte, scheint die Wirklichkeit zuweilen eher einem Schattenreich zu gleichen. Was im Schatten des Räumlichen vor sich geht, ändert allerdings nichts an den äußeren Abmessungen; auch in Kafkas Erzählung sind die „äußeren Nebenumstände" dieselben wie am Vortag. Was jenseits von ihnen geschieht, jenseits des Sichtbaren, scheint den Stimmungen derjenigen zu korrespondieren, die sich im Raum bewegen: eine heimliche Alliance, Zeugnis einer Kommunikation mit den nicht messbaren Dimensionen von Raum und Zeit, Zufallsbekanntschaften mit dem Verborgenen.

Zwei Thesen zu Kafkas Erzählung: Die eine hat mit der Beschaffenheit des Raumes, die andere mit der Verfasstheit von A und B im Raum zu tun. Erstens scheint der Raum mit verborgenen oder wenigstens unauffälligen Qualitäten ausgestattet zu sein, die ihn nicht nur in seinen unsichtbaren Dimensionen verändern sondern auch die Wahrnehmung und das Verhalten im Raum. Stolpersteinen gleich, scheinen inhomoge Stellen im Raum die Dauer der Wahrnehmung je nachdem zu dehnen oder zu komprimieren. Zweitens muss es gegenüber solchen räumlichen Inhomogenitäten wenigstens zwei Arten oder sogar ein ganzes Spektrum von Verhaltensweisen geben, die zwischen Ignoranz und Faszination oszillieren.

Schon der Blick auf ein ungleiches Paar – Schnelläufer und Tänzer – zeigt uns zwei gegensätzliche Haltungen im Umgang mit Raum, zwei Arten, räumliche Gegebenheiten wahrzunehmen und sich in ihnen zu verhalten. Man braucht sich nur ein Tanzpaar auf einer Rennbahn vorzustellen oder einen Schnelläufer mit tänzerischen Ambitionen. Schnelläufer haben nur eines im Kopf: eine Strecke in möglichst kurzer Zeit zu durchlaufen, möglichst schnell am Ziel anzukommen. Jedes Stolpern, Zögern oder gar Innehalten hätte augenblicklich das Ende ihrer Karriere zur Folge. Was für Schnelläufer gilt, gilt nicht für Tänzer. Beim Tanz werden Wege kunstvoll verlängert, um den eigenen Körper im Raum immer wieder neu zu positionieren, den Raum mit seinen Bewegungen zu füllen, zu artikulieren, zu rhythmisieren.

Folgten wir der Le Corbusierschen Idee, dass die architektonische Leistung – und zur Architektur zählt nicht nur das Gebaute, sondern auch seine Umgebung sowie beider Zusammenspiel – darin bestehe, die Voraussetzungen für den „emotionalen Aufruhr der Benutzer zu schaffen", uns „zu ergreifen" [1], genügte die Kenntnis von Abmessungen und Nutzungsdispositionen im Raum nicht mehr, um Architektur zu schaffen. Denn in guter Architektur gingen wir nicht einfach nur alltäglichen Beschäftigungen nach. Im Gegenteil. Durch „alle nacheinander auftauchenden architektonischen Manifestationen und ihre Einzelheiten" wären wir so angerührt, dass wir eine „innere Bewegung, das Ergebnis einander folgender Erschütterungen" [2] empfänden. Le Corbusier stellt dem Ideal des effizienten Umgangs mit räumlichen Verhältnissen das Modell eines vollkommen anderen Dialogs mit Räumen entgegen.

Von diesem möglichen, anders gearteten Dialog könnte Kafkas Geschichte erzählen. Und von einem typischen, daraus resultierenden Konflikt mit den Gegebenheiten der realen Welt, wie A und B ihn erfahren, wenn der funktionale

[1] Le Corbusier, Architecture d'époque machiniste, 1926, S. 37/345 [2] Ders., An die Studenten, S. 29

Dialog und ungezählte Schattendialoge im selben Raum koexistieren und Situationen mit einem Spannungsgefälle schaffen, das die eindimensionale Wirklichkeit von Weg und Zeit in Frage stellt und so ein Kippen der Erfahrungen mit räumlichem und zeitlichem Geschehen bewirkt.

INHOMOGENE STELLEN IM RAUM (2)

STEINERNE KONZENTRATE. EIN KLOSTERUMGANG

Selbst wenn man bei hellem Tageslicht liest, draussen, wird es um das Buch Nacht.
Marguerite Duras

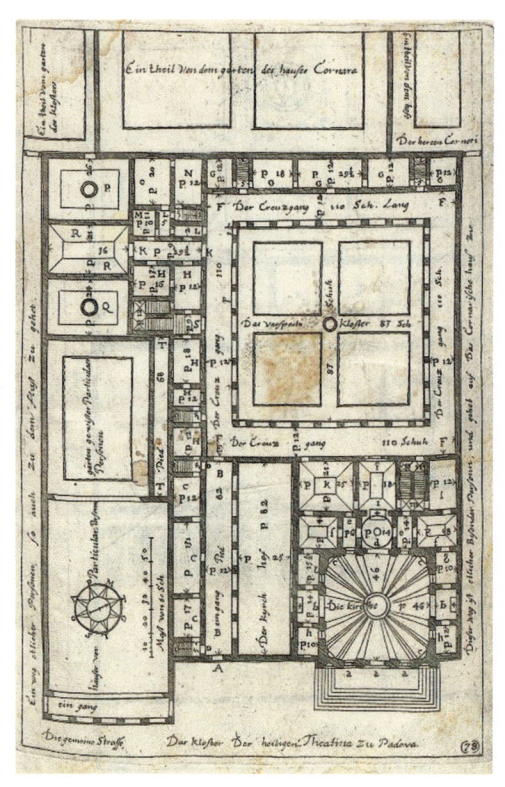

3.05 Vincenzo Scamozzi, Kloster der Heiligen Theatina, Padova

Spiegelt die architektonische Anlage eines Kreuzgangs die Ordnung des Paradiesgartens – der viergeteilte, von Säulen umschlossene und als introvertierter Garten gestaltete Hof mit betonter Mitte –, so eröffnen seine figurativen Säulenkapitelle einen Weg in die narrativen Räume religiöser und weltlicher Erzählungen. Wie die einzelne Säule Element der architektonischen Ordnung ist, so eröffnet ihre skulpturale Durchbildung den zugehörigen Erzählraum. Beider Zusammenspiel produziert jene Diskontinuitäten im architektonischen Raum, seine inhomogenen Stellen, die Sprünge in eine andere Wahrnehmung markieren und eine andere Ausrichtung der Aufmerksamkeit.

Die architektonische Ordnung und die Bildsprache der Säulenkapitelle werden durch das Zusammenspiel zweier Bewegungen zusammengehalten: Die erste Bewegung entlang der architektonischen Ordnung der Säulen um den eingeschlossenen Hof rhythmisiert die Schritte der Promenade, die Bewegung der Augen, Licht und Schatten, die Sichtbezüge. Sie ist durch die

Abmessungen des Bauwerks, durch seine Proportionen bestimmt, durch die Geräusche des plätschernden Brunnenwassers in der Mitte des Klostergartens. Räumlich gesehen ist dieses Sich-Bewegen am Übergang zwischen Innen und Aussen situiert. Damit ist der Schwellenchrakter des Klosterumgangs jedoch erst in seiner ersten Dimension benannt.

Die in Stein gemeisselten Figuren und Szenen der Säulenkapitelle, zuweilen sogar der Säulenbasen, markieren eine zweite Schwelle. Den Szenen ist die Rolle eines auslösenden Moments zugedacht. Jedes Kapitell ist ein versteinertes Konzentrat einer Geschichte. Zusammengenommen bilden sie ein steinernes Archiv, dessen unvollständige, jeweils auf wenige Bilder und Figuren beschränkte Erzählungen von den Besuchern ausgeschmückt und vervollständigt, also weitergeschrieben werden. Mentale Baustellen.

3.06 St. Sauveur Aix-en-Provence

Leicht einzusehen, dass innerhalb einer solchen architektonischen Anlage unterschiedliche Tempi vorkommen: der linearen, architektonisch gefassten Bewegung überlagert sich eine zweite, die durch skulpturale Bilder initiiert wird. Jede Säule, das heisst jeder architektonisch ausgezeichnete Ort der räumlichen Disposition, fordert zum Innehalten auf. Die Kapitelle sind also Orte des Umschlags von einer Bewegung in die andere. Dabei haben wir es mit zwei Geschwindigkeiten zu tun: einer an die Dimensionen der Architektur gebundenen und einer anderen, die vom Reichtum der Darstellung und von der Intensität der Auseinandersetzung mit den skulpturalen Szenen abhängt. Und auch vom Wissen der Betrachter und den Erfahrungen mit diesem Typus Bauwerk.

3.07 San Juan de la Pena (Huesca)

Plötzlich sind es die Geschwindigkeit der eigenen Gedanken, die Fähigkeit, sich zu erinnern und die Genauigkeit der Erinnerungen, aber auch die Assoziationen, die wiederum eigene Umwege in Gedanken und Vorstellungen evozieren, welche die Geschwindigkeit des Durchwanderns jener Räume beeinflussen, die die objektive Zeit und deren subjektive Empfindung dirigieren. Dies alles entscheidet darüber, ob und wie wir unser virtuelles ‚Gehen' zu Erzählfiguren verdichten. Auch über die zeitliche Ausdehnung der Wahrnehmung einer solchen architektonischen Anlage, über die Choreographie der Schritte, die unsere Blicke lenken.

3.08 Santo Domingo de Silos

Zu diesem Typus Architektur gehört, dass sie unser Gehen in eine vielschichtige Bewegung verwandelt, die nicht nur die Füsse mobilisiert, nicht nur Gedanken und Vorstellungen ergreift, sondern zugleich bestimmte Figuren aus unserem Gedächtnisraum schneidet, sie belebt und verändert. Die buchstäbliche Bedeutung der Raumwahrnehmung schlägt um in eine Simultanwahrnehmung physischer und virtueller Räume. Zur abschätzbaren Dauer äusserer Bewegungen tritt die unbekannte Dauer des Reisens durch Wissensmagazine, die nicht nur von subjektivem Wissen, sondern auch von der Intensität der Obsessionen für Erkundungen dieser Art abhängt, von der Dauer und der Reichweite der Aufmerksamkeit.

Wir können niemals im voraus die Choreographie einer solchen doppelten Begehung festlegen. Wir können nicht wissen, wie lange uns die virtuellen Ausflüge von den architektonischen Stützpunkten aus in der horizontalen Bewegung stillstehen lassen, wie weit die verschlungenen Wege in andere Räume reichen. Dies hängt nicht zuletzt auch davon ab, welches inhaltliche Konzept den Skulpturen zugrunde liegt. Erzählen die einzelnen Kapitele Fortsetzungsgeschichten? Sind sie Fragmente einer geschlossenen Erzählung? Werden die angesprochenen Geschichten ‚nur' rekonstruiert oder assoziativ angereichert? Mit autobiographischen oder gesellschaftlichen Situationen in Verbindung gebracht?

Klöster sind unbestreitbar Orte, an denen Kommunikationsformen praktiziert werden, die auf Gewissheiten angewiesen sind, wie sie unter rationalen Bedingungen nicht zu haben sind. Gerade weil Wünsche, sich einer jenseitigen Welt gewiss zu sein, sich nicht erfüllen lassen, sind Klöster als Orte entstanden, die auf die Zuspitzung dieses Konflikts spezialisiert sind. So gesehen glichen die skulpturalen Szenen Dispositiven, die als Angebote für die Stützung brüchig gewordener Gewissheiten betrachtet werden könnten. Kompromisslösungen also.

3.09 Moissac. Ehemalige Benediktiner-Abtei St. Peter

Zur skizzierten Charakterisierung des Kreuzganges als eines Ortes des Ineinandergreifens physischer und mentaler Räume käme jene Bedeutung hinzu, die der psychischen Brüchigkeit des Subjekts eine physische Inszenierung entgegenhält, die die Leerstelle fehlender Gewissheiten mit stabilisierenden Geschichten auffüllt. „Ich verstand", schreibt Boris Pasternak, „dass zum Beispiel die Bibel nicht so sehr ein Buch mit einem feststehenden Text ist als vielmehr ein Notizheft der Menschheit [...]. Dass es lebendig ist nicht dann, wenn es festlegt, sondern wenn es empfänglich ist für alle Anverwandlungen, mit denen die von ihm ausgehenden Jahrhunderte auf es zurückblicken."[1] Begehen ist dann nur eine Gebrauchsform des klösterlichen Kreuzganges. Die nicht minder wesentliche ist das Lesen und Sich-Anverwandeln seiner steinernen Archive. Lesen oder anverwandeln heisst, wie Michel de Certeau schreibt, in einem vorgegebenen System herumzuwandern: „lesen bedeutet, woanders zu sein, es bedeutet, eine geheime Szene oder Bühne zu erdenken; es bedeutet, schattige und nächtliche Winkel in einer Existenz zu schaffen, die der technokratischen Transparenz und jenem unerbittlichen Licht ausgesetzt ist."[2]

3.10 Santo Domingo de Silos

[1] Boris Pasternak, zit. nach Erika Greber, Pasternaks unsystematische Kunst des Gedächtnisses, in: Gedächtniskunst. Raum – Bild – Schrift. Studien zur Mnemotechnik, hg. von Anselm Haverkamp und Renate Lachmann, Frankfurt a. M. (Suhrkamp) 1991, S. 310 [2] Michel de Certeau, Die Lektüre, eine verkannte Tätigkeit, in: Aisthesis. Wahrnehmung heute oder Perspektiven einer anderen Ästhetik, Leipzig (Reclam) 1990, S. 295 ff

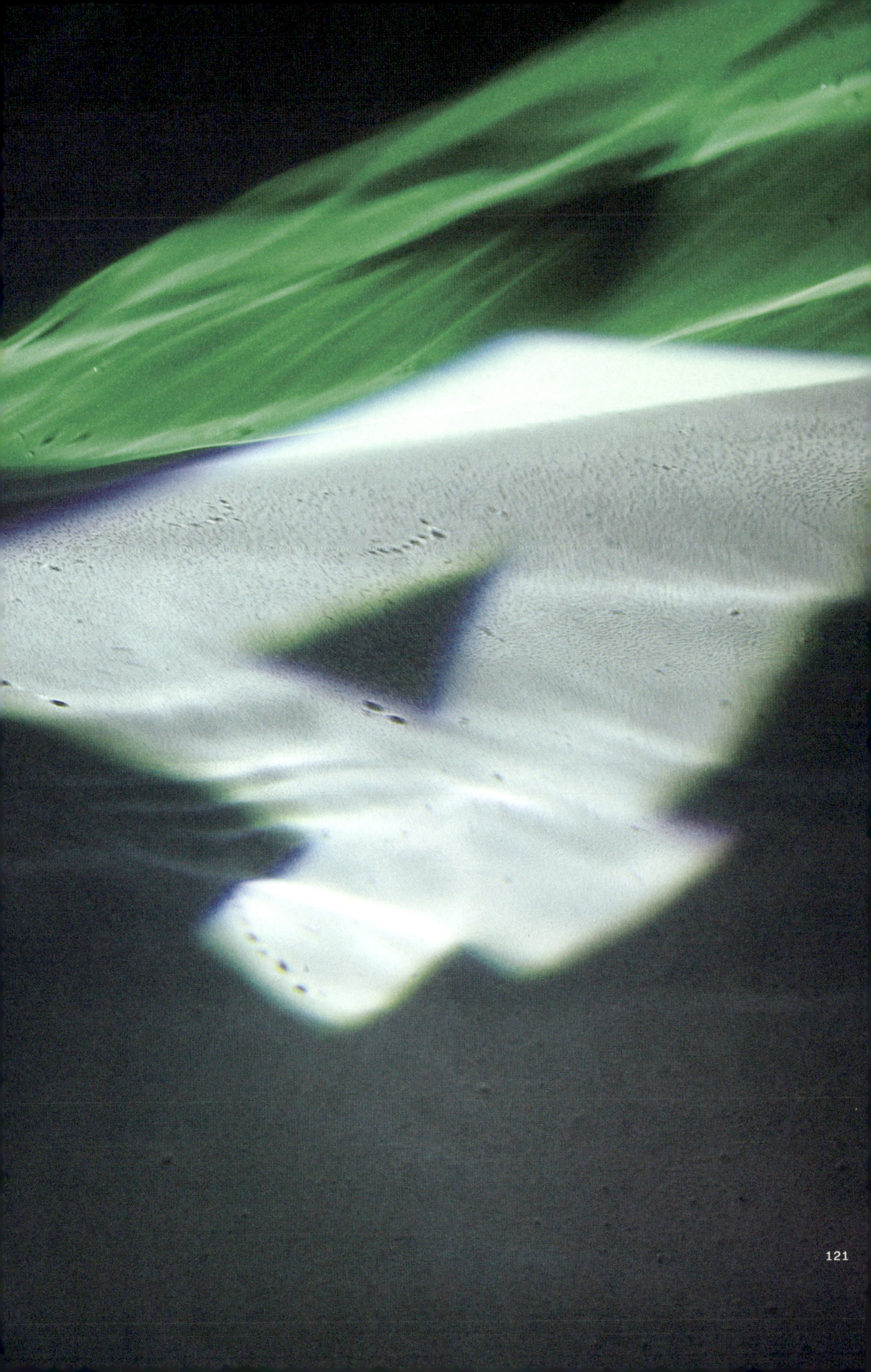

4 ASSOZIATIVE BRÜCKEN, TRANSPORTE

*Die in eigenen und fremden Wissens-
archiven geweckten Elemente werden
über assoziative Brücken zum jeweiligen
Ort transportiert und lassen diesen
in anderem Licht erscheinen.*

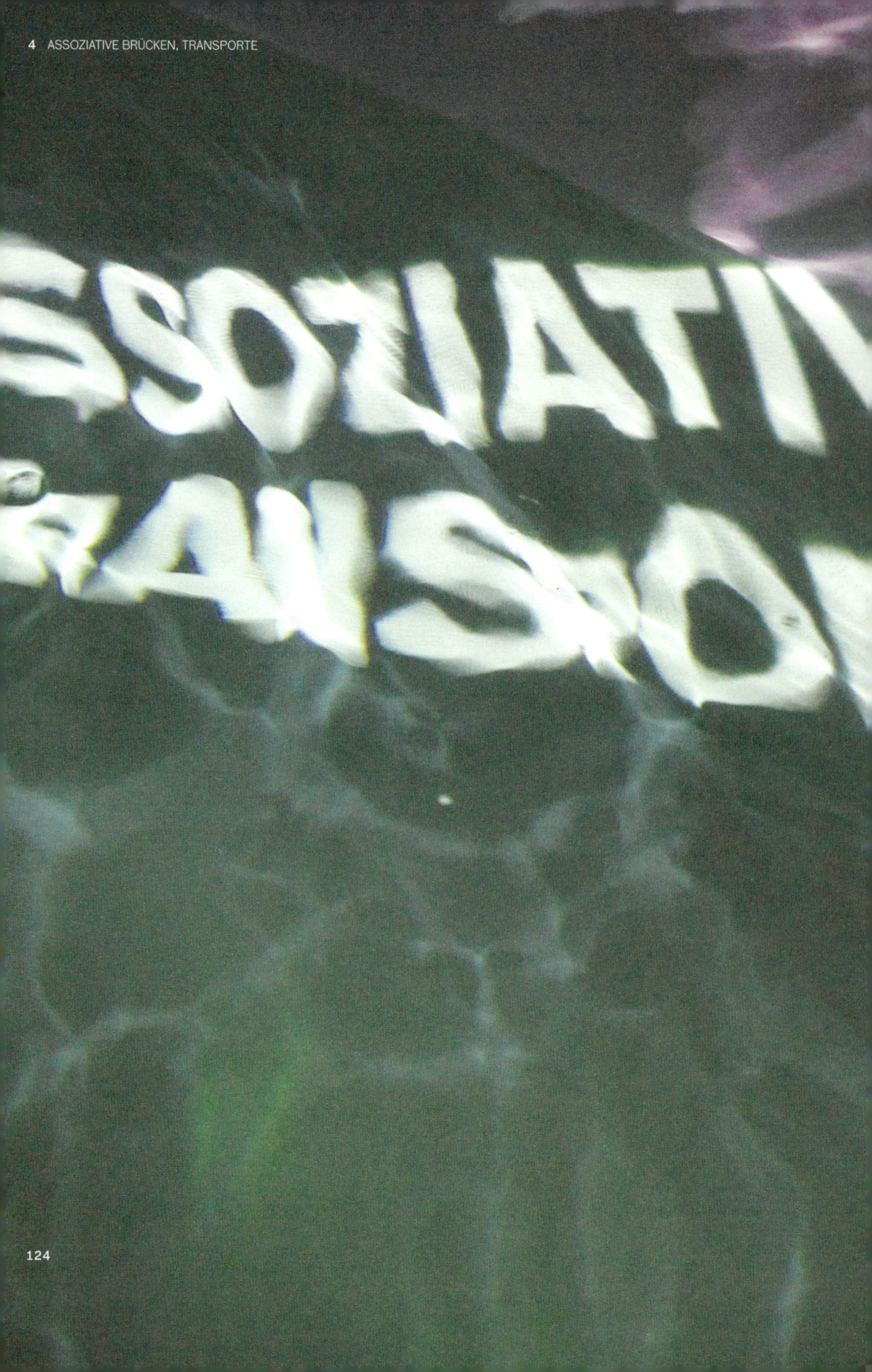

Die Lektüre von Orten fordert Austausch. Sie verknüpft Elemente weit entfernter Orte und Realitäten, zerlegt Zusammengehörendes in seine Teile und fügt sie andernorts wieder ein. Das Lesen von Orten gleicht damit nicht nur einem Transportgeschehen, sondern auch einem Konstruktionsprozess. ‚Hard facts', Fragmente, Erinnerungen, Imaginationen sind Bausteine seiner Konstruktionen. Sie gehören zur Erfahrung einer räumlichen Situation, sie beflügeln unsere Neugier und nähren unsere Faszination für Orte. Ein Spiel mit räumlichen Realitäten, das die sichtbare Realität weitet. Uns interessieren die assoziativen Pfade, auf denen diese Transporte zustande kommen.

ASSOZIATIVE BRÜCKEN, TRANSPORTE

Es ist seltsam, schreibt Gaston Bachelard in seinem Buch *Poetik des Raumes*, dass Räume, die man liebt, nicht immer eingeschlossen bleiben wollen, dass sie sich, ganz im Gegenteil, leicht anderswohin übertragen lassen. /1 Wie soll man sich das vorstellen? Beispielsweise so: Ein Ding, ein Ort, eine sinnliche Erfahrung erinnert uns an etwas. Wir stellen Verknüpfungen her, sehen Verwandtes oder Unterschiede und konstruieren währenddessen Einsichten, die sich mit jeder weiteren Verknüpfung ändern. Ein alltäglicher Vorgang, dem wir meist keine besondere Aufmerksamkeit schenken. Andreas Speer erinnert an eine ähnliche Schilderung bei Aristoteles: „Mit der Wahrnehmung (aisthēsis) […] hebt die Erkenntnisdynamik an, von der Aristoteles eingangs seiner ‚Metaphysik' sprach, um sodann über Erinnerung und Gedächtnis (mnēmē) – hierhin gehört auch die Phantasie (phantasía) – und Erfahrung (empeiría) zu kunstfertigem Wissen (téchnē) und schließlich zu Wissen im eigentlichen Sinne (epistēmē) zu gelangen, das nach Art des demonstrativen Wissens verstanden wird und die Wissenschaft als Modell hat." /2 Den Vorgang des Verknüpfens und des mit ihm einhergehenden anderen Blicks auf dasselbe Phänomen beschreibt Ludwig Wittgenstein in seinen *Philosophischen Untersuchungen* so: „Ich betrachte ein Gesicht, auf einmal bemerke ich seine Ähnlichkeit mit einem andern. Ich sehe, daß es sich nicht geändert hat; und sehe es doch anders. Diese Erfahrung nenne ich ‚das Bemerken eines Aspekts'." /3 Im „Aufleuchten des Aspekts", nehme man nicht die Eigenschaften eines Objekts wahr sondern eine interne Relation zwischen ihm und anderen Objekten.

/1 Gaston Bachelard, Poetik des Raumes. Frankfurt a.M./Berlin/Wien (Ullstein) o.J., S.84 /2 Andreas Speer, Denk-Atmosphären. Ein Versuch über das Ästhetische, in: Rainer Goetz und Stefan Graupner (Hg.), Atmosphäre(n), München (kopaed verlagsgmbh) 2007, S.87 /3 Ludwig Wittgenstein, Philosophische Untersuchungen, Frankfurt a.M. (Surkamp) 2001, S.518

4.01 Le Corbusier, Unité d'habitation

4.02 Ozeandampfer

Kein anderer führt uns so leidenschaftlich wie der Architekt und Städtebauer Le Corbusier vor, was es heisst, davon geradezu besessen zu sein. Schon sein erstes Buch von 1922 – *Ausblick auf eine Architektur* – fängt so an. Bereits auf der ersten Seite werden pamphletartig Ingenieur-Ästhetik und Baukunst verknüpft. Der auf die Perspektiven der Disziplin verweisende Titel macht klar, dass die Zukunft der Architektur und des Städtebaus nur über ein Verfahren zu gewinnen ist, das sehen lehrt und lernt und gleichbedeutend damit, solche Verknüpfungen zu bemerken. Im Kapitel *Augen, die nicht sehen* spricht er davon, dass Ozeandampfer, Flugzeuge und Autos Modelle seien, die sich auf Architektur und Stadt übertragen lassen – wenn man denn nur fähig sei, zu sehen und zu verknüpfen.[4]

Schon auf seiner ersten Studienreise 1907 lernt Le Corbusier beim Besuch des Kartäuserklosters Ema bei Florenz eine seine ganze weitere Arbeit prägende Grundlektion. Das hier entdeckte Verhältnis zwischen privatem und kollektivem Raum hat ihn Parallelen ziehen lassen zur entsprechenden räumlichen Organisation des Ozeandampfers und ihn zum Konzept seiner *Unité d'habitation* geführt. Die Unité ist eine Variante des besonderen Verhältnisses zwischen der Zelle als privatem Rückzugsort und den halböffentlichen Räumen. Kloster, Ozeandampfer und Unité folgen damit demselben Prinzip: Minimalisierung des privaten, Maximierung des gemeinschaftlich genutzten Raumes. Dem Refektorium, dem Garten, den wirtschaftlichen Einrichtungen des Klosters entsprechen die allen Bewohnern zugänglichen Einrichtungen auf dem Dachgarten der Unité: Kindergarten, Schwimmbad, Garten, Sonnendeck. Modelle, die bis heute vorbildlich sein könnten.

[4] Le Corbusier, 1922. Ausblick auf eine Architektur, Berlin/Frankfurt a. M./Wien (Ullstein) 1963, Basel/Boston/Berlin (Birkhäuser), unv. Nachdr. 2001, S. 75 ff

4.03 Le Corbusier, *Le poème de l'angle droit*

4.04 Le Corbusier, Skizze zu Rio de Janeiro

LE POÈME DE L'ANGLE DROIT Die Lust, ja die Besessenheit an der Arbeit mit – imaginierten und zugleich beobachteten – Verknüpfungen findet ihren Höhepunkt in der Chiffre des rechten Winkels. Vom Betrachten weiter Landschaftsräume bis zu städtebaulichen Visionen, vom *Plan Voisin* für Paris bis zum *Poème de l'angle droit* verführt und regiert der rechte Winkel Le Corbusiers Sehen, sein Entwerfen, seine poetischen Anwandlungen. Von seiner Vortragsreise im Jahre 1929, die ihn in verschiedene südamerikanische Städte führt, lässt sich behaupten, dass er sie geradezu mit seiner ‚Rechten-Winkel-Brille' unternimmt. Mit Ludwig Wittgenstein gesagt: „Das Ideal, in unseren Gedanken, sitzt unverrückbar fest. [...] Die Idee sitzt gleichsam als Brille auf unserer Nase, und was wir ansehen, sehen wir durch sie. Wir kommen gar nicht auf den Gedanken, sie abzunehmen."[6] Le Corbusier setzt diese Brille nicht mehr ab. Das bemerkt, wer seine städtebaulichen Vorschläge für Rio de Janeiro, São Paulo, Buenos Aires und Montevideo studiert: dieselbe Diagnose, dieselbe Kur. Nur ein bildbesetzter Blick kann die Rigidität, die Schnelligkeit und Zugespitztheit dieses Sehens, Einschätzens und Deutens erklären. Hier kommt der Begriff *Übertragen* ins Spiel: In Südamerika angekommen, projiziert Le Corbusier das im Reisegepäck mitgebrachte Bild auf die Landschaft und – wen wundert es – sieht es dort wieder. Das Prinzip des rechten Winkels hilft ihm, neue komplizierte räumliche Situationen zu lesen und nach seinem Bild zu transformieren. Zum Tauglichkeitsbeweis lässt er sich sogar mit einem Flugzeug in grössere Höhen tragen, um die Übertragbarkeit des Bildes ins jeweilige Territorium zu prüfen – und bestätigt zu finden. Das Bild wird zur Obsession: „Ich möchte so gern", wendet sich Le Corbusier an seine Zuhörer und spätere Leser, „daß Sie die Allmacht der Linien schätzen lernen [...], ‚den Ort aller Masse' [...]; diese klare Linie ist die

[6] Ebda., S. 296

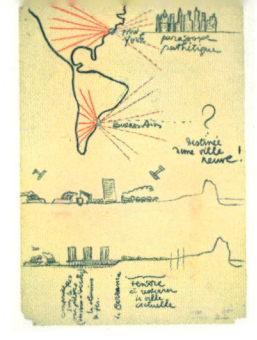

4.05 Le Corbusier, Skizze zu Buenos Aires

Grenze zwischen Meer und Himmel [...]: ein vertikaler Fels [...]. Seine Vertikale bildet mit der Horizontalen des Meeres einen rechten Winkel. Kristallisation – ein Merkpunkt in der Landschaft. Hier ist der Platz, an dem der Mensch stillsteht – [...], das Wunder der Verhältnisse –, Adel. Das Vertikale gibt dem horizontalen Sinn. Das eine lebt aus dem andern." /7

Gaston Bachclard hat wohl recht, wenn er sagt, dass wir in mancher Lektüre im wahrsten Sinne des Wortes mit von der Partie seien, /8 dass es gar phänomenologische Fähigkeiten der Lektüre gebe, die aus dem Leser einen Dichter auf der Ebene des gelesenen Gedichtes machten. /9 So wie Gemälde, Filme, Romane uns Räume oft nach ihren Bildern sehen lassen. Die Malerin Irma Ineichen hat beobachtet, dass ihre Malerei sie oft daran hindert, eine Landschaft anders als über ihre eigenen Bilder zu sehen. /10 Aber nicht nur Bilder durchkreuzen auf diese Weise räumliche Realitäten, auch Rituale taugen dazu. Man denke etwa an Kirchenfestumzüge in katholischen Ländern, bei denen die Monstranz entlang eines Stationenweges durch Dörfer und Städte getragen wird: eine Verräumlichung religiöser Inhalte.

Räume können wir nicht lesen oder interpretieren, ohne Geschichten zu ihnen zu kennen oder zu imaginieren. Wilhelm Schapp erwähnt die Odyssee, die geradezu paradigmatisch für die Verknüpfung von Geschehnissen mit Räumen und Orten stehe, für die Verräumlichung von Geschichten. Alle Wahrnehmungen im Wachzustand seien stets eingebettet in Geschichten, so dass die Frage nach dem, was Wahrnehmung eigentlich ist, sich in die Frage nach dem verwandle, was Geschichten sind. /11

/7 Le Corbusier, 1929. Feststellungen, Berlin/Frankfurt a.M/Wien (Ullstein) 1964, Basel/Boston/Berlin (Birkhäuser), 1. unv. Nachdr. 2001, S. 80 /8 Gaston Bachelard, ebda., S. 8 /9 Ebda., S. 18 /10 Irma Ineichen im Interview http://blog.zhdk.ch/stadtlaborluzern/ /11 Wilhelm Schapp, In Geschichten verstrickt. Zum Sein von Mensch und Ding, Frankfurt a.M. (Vittorio Klostermann) 1985, S. 82

4.06 Alain Resnais, *Hiroshima, mon amour*

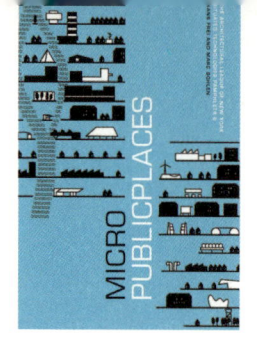

4.07 Hans Frei, Marc Böhlen, *MicroPublicPlaces*

Es gibt noch andere Wege, wie unsere Einbildungskraft und unsere Erfahrung verführt werden, ein Ding oder einen Ort nicht nur zu entgrenzen, sondern mit anderen Dingen und Orten in Verbindung zu bringen. So handelt Alain Resnais' Film *Hiroshima, mon amour* (1959), für den Marguerite Duras das Drehbuch schrieb, von nichts anderem. Eindrücklich zeigt er uns, wie über eine Berührung oder einen besonderen Anblick Orte, Personen und Geschehnisse über den halben Erdball transportiert und verknüpft werden oder gar ineinanderfallen (vgl. S. 150 ff).

MAKE IT VISIBLE Ganz anders, mit der räumlichen Präsenz von kontextuellem Wissen nämlich, arbeiten der Künstler und Ingenieur Marc Böhlen und der Architekt Hans Frei.[12] Die von ihnen vorgeschlagenen MicroPublicPlaces – öffentliche Institutionen im Kleinstformat – sind, dank Informationstechnologien, so etwas wie eine Neuprogrammierung öffentlicher Institutionen (Schule, Museum, Zoo, Kapelle usw.). Ausgehend unter anderem von Bruno Latours Beschreibung des Dings, das im Unterschied zu einem isolierten Objekt in seinen Relationen zu den es bedingenden Umständen aufgefasst wird, haben die MicroPublicPlaces eher mit der allgemeinen Verwicklung in eine Angelegenheit *(matters of concern)* zu tun als mit der Präsentierung harter Tatsachen *(matters of fact)*. So werden beispielsweise im MicroPublicZoo keine lebendigen, ‚wilden' Tieren in Käfigen zur Schau gestellt, vielmehr gewährt er Einblicke in die fremden Räume anderer Populationen.

[12] Hans Frei, Marc Böhlen, Micro Public Places, erschienen als Nr. 6 in der Reihe Situated Technologies Pamphlets, hg. The Architectural League NY, New York 2010

4.08 Luzern, *Reussraum*

4.09 JR, *Women are Heroes*

Das Fortschreiben oder Ergänzen einer räumlichen Situation kann sich auch auf ein akustisch wie visuell auffälliges Geschehen beziehen. So zählt der Kunsthistoriker Stanislaus von Moos[13] beim Anblick der wild sich gebärdenden Reuss im Stadtraum Luzerns nicht weniger als 22 teilweise heterogenste Aspekte zu den *matters of concern*, die mit dem reissenden Fluss unmittelbar verbunden sind: zeitliche wie die Regengüsse der zurückliegenden Monate, geologische wie Millionen Jahre alte Gletscher, akustische wie das Hören eines Stücks Erdgeschichte, psychologische wie das Zuviel an Geschehen, sinnliche wie die Konkurrenz des Hörbaren und Sichtbaren. 22 Schichten einer städtischen Situation, die deren Wirklichkeit zusammensetzen.

WOMEN ARE HEROES Um eine andere Art der Verknüpfung und des Transports von Bildern und Wissensformen – real, nicht imaginativ – geht es bei dem Projekt *Women are heroes* des französischen Aktivisten, Fotografen und Künstlers JR.[14] Mit seiner Kamera reiste er von Kontinent zu Kontinent, um Frauen zu treffen, die eines gemeinsam haben: Sie leben in den Slums von Rio de Janeiro, Phnom Penh, Delhi und Kiberia, Nairobi. JR dokumentiert persönliche Geschichten in Fotografien, zeigt die Gesichter der Frauen, druckt seine Fotos in Übergröße und bringt sie zurück in die verschiedenen Städte, wo er sie in den jeweiligen Kontexten auf die Fassaden und Dächer der Hütten montiert, wo sie an manchen Orten auch vor Regen schützen sollen. Oder auf die Seiten und Dächer eines Regionalzugs,

[13] Stanislaus von Moos im Interview zum Reusswehr http://blog.zhdk.ch/stadtlaborluzern/ [14] Vgl. Website JR: http://jr-art.net/

4.10 JR, *Women are Heroes*

auf dem die Fotos zu anderen, im Umland installierten Fotos reisen, mit denen sie flüchtig korrespondieren. Ein realer Transport von Gesichtern durch unterschiedlichste Räume.

Mit unseren Strategien der Wahrnehmung, mit dem assoziativen, oft blitzschnell und unbemerkt vor sich gehenden Verknüpfen unterschiedlichster Wissensarchive, mit dem Transport passender Wissensfragmente versammeln wir Bruchstücke, die Zusammenhänge herstellen, mit denen wir Räume verstehen, nutzen, verzaubern, ändern. Stets finden wir uns in einer bereits begonnenen räumlichen Erzählung wieder, die wir begreifen und weitererzählen wollen, die wir vielleicht – wenigstens für uns – zu einem vorläufigen Ende bringen möchten. Eine begonnene räumliche Erzählung weiterspinnen, ein Geschehen im Raum vervollständigen, das Vorher und Nachher einer Situation mitsehen, Entspannung schaffen. So gebrauchen wir nicht nur viele Formen von Texten, wir gehen Verweisen auf Fassaden, Böden, Wänden nach, suchen das Flüchtige in einem Projekt zu verfestigen, Stabilität anstelle von Instabilität herzustellen. Einer der Gründe dafür, warum Geschichten zum Unfertigen immer ein wichtiger Teil architektonischer Entwürfe sind: Sie füllen Leerstellen, machen Verluste wett, schaffen über die jeweiligen konzeptuellen Verknüpfungen für die Vernunft zufriedenstellende Bedeutungen. Manchmal kann es einem Projekt nutzen, sich an vergangene Szenen zu erinnern. Manchmal zeigt die Praxis der Rekonstruktion untergegangener historischer Bauten, dass der Versuch, die architektonische Authentizität eines Ortes wiederherzustellen, nicht unbedingt Ergebnis einer genauen Lektüre ist, sondern die Implantation blossen Scheins.

TABLEAU VIVANT Ein Geruch vergangener Zeiten, [...] ein Portier, den man sich als Vater gewünscht hätte, [...] Spiegel in Hülle und Fülle, [...] die Spuren Hunderttausender von entschwundenen Schuhen im Gewebe der Teppiche [...] Man kann sich [...] selbst in einsamer Pracht daliegen sehen oder auch, wenn es sich so ergibt, in Gesellschaft als tableau vivant érotique. Das überläßt das Ritz seinen Gästen. [...] Seit der Erbauung des Ritz haben meiner Schätzung nach mehr als 50 000 Menschen dieses Zimmer bevölkert. Statistisch gesprochen, dürfte dieser Spiegel also einiges gespiegelt haben.

Cees Nooteboom zum Palace Hotel (Ritz), Barcelona, in: Lis Künzli (Hg.), Hotels. Ein literarischer Führer, Frankfurt a. M. (Eichborn) 2007, S. 25 f

DEN DINGEN BEWEGUNG GEBEN
Und man fände tausend Bindeglieder
zwischen der Wirklichkeit
und den Symbolen, wenn man
den Dingen alle Bewegungen gäbe,
die sie in die Vorstellung rufen.

CXXXV
Gaston Bachelard, Poetik des Raumes, Frankfurt a.M./Berlin/Wien (Ullstein) 1975, S. 43

DIE GEISTIGE AUSDEHNUNG DESSEN, WAS MAN SIEHT Das Abenteuer des Architekten findet in einer geradezu wirklichen Welt statt. [...]. Das Problem ist, jedes Projekt an ein Konzept anzubinden [...], welches einen Ort definiert, den man noch nicht kennt. Wir bewegen uns im Terrain der Erfindung [...]. Hier beginnt die offene Illusion, die Illusion eines Raumes, der nicht nur sichtbar ist, sondern die geistige Ausdehnung dessen ist, was man sieht.

Jean Baudrillard, Architektur: Wahrheit oder Radikalität?
http://www.egs.edu/faculty/jean-baudrillard/articles/architektur-wahrheit-oder-radikalitaet/

CXXXVII

SCHICHTEN EINER ORTSLEKTÜRE

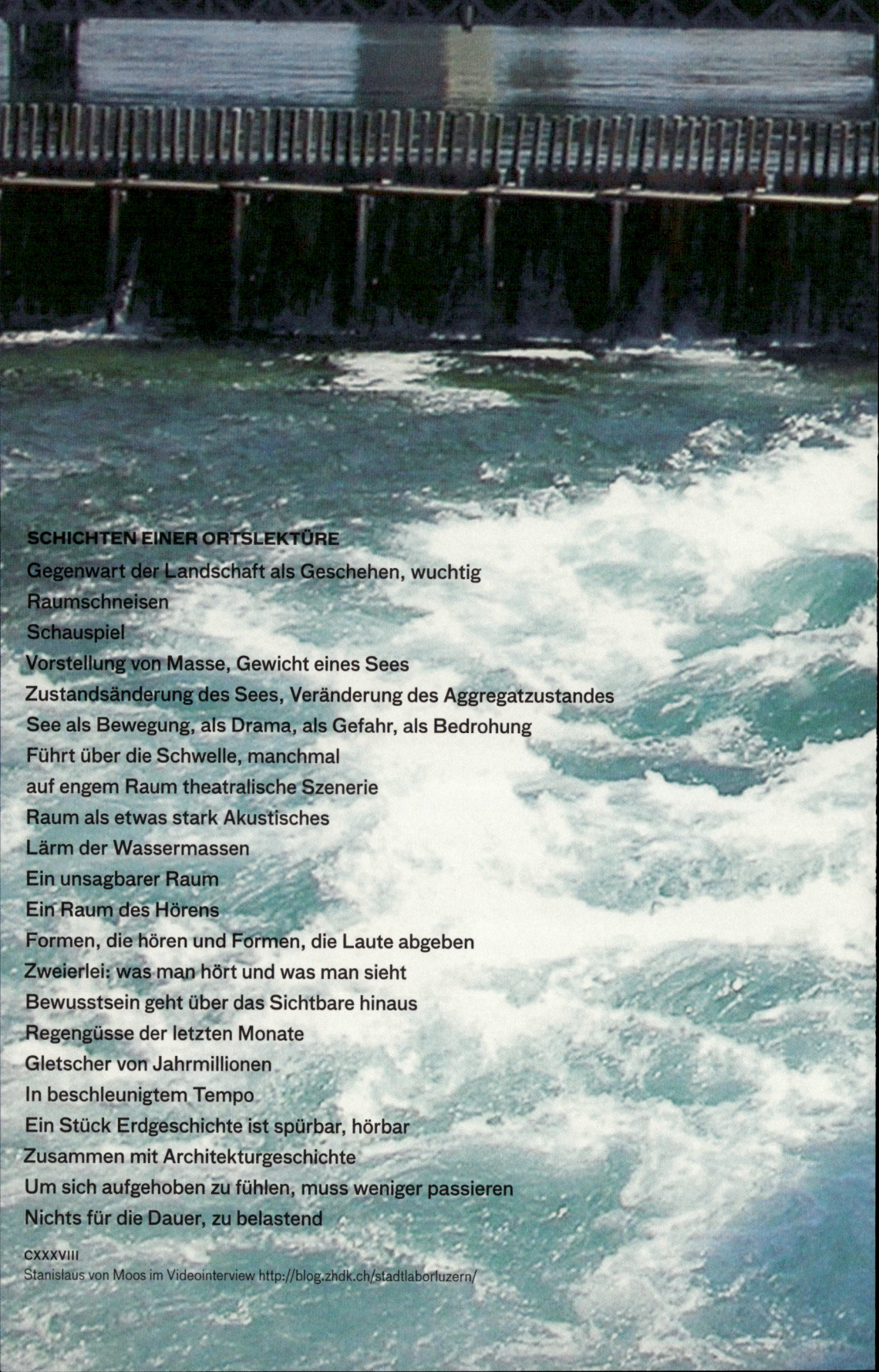

Gegenwart der Landschaft als Geschehen, wuchtig
Raumschneisen
Schauspiel
Vorstellung von Masse, Gewicht eines Sees
Zustandsänderung des Sees, Veränderung des Aggregatzustandes
See als Bewegung, als Drama, als Gefahr, als Bedrohung
Führt über die Schwelle, manchmal
auf engem Raum theatralische Szenerie
Raum als etwas stark Akustisches
Lärm der Wassermassen
Ein unsagbarer Raum
Ein Raum des Hörens
Formen, die hören und Formen, die Laute abgeben
Zweierlei: was man hört und was man sieht
Bewusstsein geht über das Sichtbare hinaus
Regengüsse der letzten Monate
Gletscher von Jahrmillionen
In beschleunigtem Tempo
Ein Stück Erdgeschichte ist spürbar, hörbar
Zusammen mit Architekturgeschichte
Um sich aufgehoben zu fühlen, muss weniger passieren
Nichts für die Dauer, zu belastend

Stanislaus von Moos im Videointerview http://blog.zhdk.ch/stadtlaborluzern/

CXXXIX

IN GESCHICHTEN VERSTRICKT […]
daß auch die sogenannten Wahrnehmungen
im wachen Zustande stets eingebettet sind
in Geschichten, so daß die Frage nach dem,
was Wahrnehmung eigentlich ist,
sich verwandelt in die Frage nach dem,
was Geschichten eigentlich sind.

ERKENNEN=VERSTRICKTSEIN Neben dem Verstricktsein oder im Verstricktsein hat der Unterschied von Wirklichkeit und Nichtwirklichkeit, von Wahrheit und Falschheit keinen Platz. Man erkennt nicht erst irgend etwas und ist dann darin verstrickt, sondern Erkennen und Verstricktsein ist eins [...].

Wilhelm Schapp, In Geschichten verstrickt, Frankfurt a.M. (Vittorio Klostermann) 1985, S. 82 und 150

SCHNITT / ASSOZIATIVE BRÜCKEN Am Kino fasziniert mich, daß die Leinwand da ein Gehirn sein kann, wie etwa im Kino von Resnais oder von Syberberg. Das Kino arbeitet nicht nur mit Verkettungen und rationalen Schnitten, sondern auch mit Neuverkettungen aufgrund irrationaler Schnitte: Das ist ein anderes Bild von Denken.

CXLII
Zitat nach Zeichen und Ereignisse: Die Welt als Patchwork, Interview mit Gilles Deleuze (1988),
in: Peter Gente, Martin Weinmann und Heidi Paris (Hg.), Gilles Deleuze (Short Cuts, Bd. 4), Frankfurt a.M.
(Zweitausendeins) 2001, S. 33

WAS HEISST DAS, EIN ZIMMER BEWOHNEN?
Was heißt, sich einen Ort aneignen? […]
Ist es der Fall, wenn man seine drei Paar Socken
in einer rosa Plastikschüssel eingeweicht hat?
[…] Ist es der Fall, wenn man alle einzelnen
Kleiderbügel des Kleider- und Wäscheschranks
benutzt hat? Ist es der Fall, wenn man eine
alte Postkarte, die den Traum der heiligen Ursula
von Carpaccio darstellt, mit einem Reißbrettstift
an die Wand geheftet hat? Ist es der Fall,
wenn man dort die Angstgefühle des Wartens
oder die Überschwenglichkeiten der Leidenschaft
oder die Qualen rasender Zahnschmerzen erlebt
hat? In einer kleinen Anzahl dieser Zimmer
habe ich mehrere Monate, mehrere Jahre
verbracht; in den meisten habe ich nur einige Tage
oder einige Stunden verbracht; es ist vielleicht
tollkühn von mir zu behaupten, daß ich mich
an jedes einzelne zu erinnern vermag: […] Aber
selbstverständlich erwarte ich von diesen
wiederaufgetauchten Erinnerungen an diese
Eintagszimmer die allergrößten Offenbarungen.

Georges Perec zum Hôtel du Lion d'Or, Saint-Chély-d'Apcher, in: Lis Künzli (Hg.), Hotels.
Ein literarischer Führer, Frankfurt a. M. (Eichborn) 2007, S. 141 f

CXLIV

DIE PRUNKTREPPE HINAUF UND HINUNTER Der rote Teppich, der einen in der Mitte hochführt, im Blickfeld der anderen und nach oben entschweben lässt. Nun stellen Sie sich vor, wie man da herunterkommen muss, da kann man doch nicht neben dem Teppich gehen. Wer hier hinuntergeht, ist sich bewusst, dass er gesehen wird, dass er, je näher er kommt, in des anderen Blickfeld erscheint. Geht man die Treppe hoch, sieht man sich oben im Spiegel. Man beobachtet sich, eine Fortsetzung des Blicks der anderen. Man achtet genau darauf, was für eine Haltung man ausdrückt. Oben angekommen, ein zweites Mal der Spiegel. Man kontrolliert sich. Man schickt vielleicht den einen oder anderen Blick hinunter, schaut, ob man beobachtet, beachtet wird. Von unten kommend, geht diese Inszenierung auf der ersten Etage zu Ende. Da oben hat es keine Spiegel mehr, sondern Tageslicht. Die Mimik ist frei. Nach oben hin wird's billiger. Das Ende der Spiegelung: eine bemerkenswerte räumliche Schwelle, ein Atmosphärenwechsel im Treppenverlauf. Nehmen wir das Umgekehrte: wir kommen aus unseren Zimmern. Der Herr zur Linken der Dame, langsam die Treppe hinunter, gleichzeitig sieht man sich im Spiegel langsam grösser werden. Das gehört zu diesem Raum – ich schmunzle zuweilen, wenn Leute diese Treppe einfach runterrasseln und vergessen, was die Architektur für sie vorgesehen hat.

Jürg Stadelmann im Videointerview http://blog.zhdk.ch/stadtlaborluzern/

MONTAGE (1) Das Allerwichtigste im Kino ist, was man, ohne überhaupt zu wissen, was das ist, Montage nennt. Diesen Aspekt der Montage muß man nämlich verstecken, er ist zu gefährlich. Es heißt, die Dinge zueinander in Beziehung setzen, damit man sie sieht […].

MONTAGE (2) Die Ausgangsidee ist, daß das Kino mit seiner Erfindung eine Art und Weise zu sehen entwickelt und aufgezeichnet hat, [...] die etwas Neues war und die man Montage genannt hat, die darin besteht, etwas mit jemandem auf eine andere Weise in Verbindung zu setzen als es der Roman und die Malerei der Zeit machten. [...] Das heißt, es gab etwas, etwas Neues [...]: Es bestand darin, daß nicht die Dinge gefilmt wurden, sondern die Bezüge zwischen den Dingen. Das heißt, man sah die Bezüge. Zunächst sah man den Bezug zu sich selbst [...]. Die Montage erlaubte es, Dinge zu sehen und sie nicht nur auszusprechen.

Jean-Luc Godard, Einführung in eine wahre Geschichte des Kinos, München (Hanser) 1981, S. 16 und S. 176 f

ALLTAGSWIRKLICHKEIT, SPINOZISTISCH

Spinozisten legen, wie wir in der Einleitung zu diesem Buch gesagt haben, andere Schnitte durch die Realität. Sie haben einen anderen Begriff des Realen. So zeigt es uns Gilles Deleuze in „Spinoza und wir":[1] dass mit realen Verhältnissen nicht einfach nur die äusseren Abmessungen von Körpern gemeint sind, nicht ihre Abstände, ihre gegenseitige Lage, ihre Proportionen, auch nicht ihr Gewicht oder Aussehen. Nicht die Form oder Funktion irgendeines Dinges oder einer Person. Dass, im Gegenteil, Körper sich durch die Macht zu affizieren und affiziert zu werden, definieren. Auf diese Weise werden die Bestandteile der Wirklichkeit, so wie wir sie zu sehen gewohnt sind, unaufhörlich entstellt, verformt. Zum Vorschein käme, sagt Deleuze, ihre Empfänglichkeit für Wirkungen und der Radius ihrer eigenen Wirkungskraft.

Der Konvention nach sind es meist Orte kultureller Ereignisse, die mit dem Versprechen locken, dass man als Gegenleistung für die Bereitschaft, sich affizieren zu lassen, einer bestimmten Macht zu affizieren begegnet. Schnittpunkt traditioneller Kunstauffassung mit spinozistischer Realitätsauffassung? Das Zusammenspiel zwischen der Macht zu affizieren und der Macht affiziert zu werden, ergreift nun mit Spinoza ganz alltägliche Situationen. Nach Joseph Beuys noch einmal ein ‚erweiterter Kunstbegriff'? Diesmal spinozistisch?

Denn was sind nach traditioneller Auffassung Orte kultureller Ereignisse? Und welche Unterschiede blieben zur spinozistischen Art des In-der-Welt-Seins? Konventionell betrachtet besitzen Orte kultureller Ereignisse spezifische Infrastrukturen, gekennzeichnet durch das Versprechen möglicher Grenzüberschreitungen. Die hier gemeinte Infrastruktur ist jedoch geistiger Natur. Ihre Träger sind Werke der Kunst, der Musik, der Architektur und so weiter. Deren Wirkungsweise gleicht einer Gefangennahme der Aufmerksamkeit: Abfangen, Verführen und Umlenken in ein Werk, in seine Macht zu affizieren. Orte kultureller Ereignisse sind Wallfahrtsorten verwandt. Beider Besucher machen sich mit dem Willen auf den Weg, sich affizieren zu lassen – ähnlich früheren Reisen zu Wallfahrtsorten, mit denen insgeheim der Wunsch oder die Erwartung verbunden war, dass etwas vom Wunder eines Ortes auf die eigene Existenz abfärben möge. Die Voraussetzung für das erwartete Geschehen: eine höher dosierte Form des spinozistischen Zusammenspiels: der Macht zu affizieren und affiziert zu werden. Was Institutionen kultureller Ereignisse von anderen Institutionen (etwa vom Standesamt, wo Zivilstände faktisch verändert werden, oder vom Steueramt, wo Einschätzungen vorgenommen werden) unterscheidet, ist, dass sie darauf angelegt sind, dieses Kräftespiel in Bewegung zu bringen. Orte kultureller Ereignisse sind also traditionell Orte der Grenzverschiebung von Aufmerksamkeiten. Orte, von denen dies zumindest erwartet wird. Eine besondere Art von Krafträumen, an denen man sich beweglich hält, indem man seine Affizierbarkeit trainiert.

Würde man, wie Deleuze sagt, aus Spinoza tatsächlich „eine Begegnung und eine Liebe" machen,[2] dann wären solche Orte nur mehr Schon-

---

[1] Gilles Deleuze, Spinoza und wir, in: Aisthesis. Wahrnehmung heute oder Perspektiven einer anderen Ästhetik, hg. von Karlheinz Barck, Peter Gente, Heidi Paris und Stefan Richter, Leipzig (Reclam) 1990

räume oder Übungsräume für die alltägliche Realität. Würden wir tatsächlich ernst machen mit dem Gedanken, Spinozisten zu werden, dann würde diese selber zum Kraftraum für Grenzverschiebungen. Weil jeder Ort, an dem die Wirklichkeit sich in diese Auseinandersetzung hineinverschiebt, ein Ort der Grenzverschiebung ist.

Nimmt man Spinozas Lehrsatz (II,16) aus der *Ethik* hinzu, demzufolge die „Idee eines jeden Modus, wodurch der menschliche Körper von äußeren Körpern affiziert wird, [...] die Natur des menschlichen Körpers und zugleich die Natur des äußeren Körpers in sich schließen" /3 muss, dann charakterisiert diese alltäglichen Situationen eine doppelte Auseinandersetzung: die des Subjekts mit einigen seiner eigenen Grenzverläufe und seine Kommunikation mit anderen Körpern zu dem Zweck, seine eigenen Dimensionen zu verändern.

4.11 Baruch Spinoza

Mithin liegt dieser Auseinandersetzung nicht nur das Interesse zugrunde, sich selber, seine Kräfte und sein Vermögen immer aufs neue zu erkunden, sondern zugleich etwas über Korrespondenzen zu erfahren. In den Grenzverläufen der eigenen Reaktionsfähigkeit enthüllen sich verborgene Aspekte oder Eigenschaften von uns selbst und anderer Körper, insofern wir mit ihnen zu interagieren imstande sind. Hieraus folge erstens, sagt Spinoza, „daß der menschliche Geist die Natur sehr vieler Körper zugleich mit der Natur seines Körpers auffaßt". Mit einem zweiten Satz zeigt er, dass in der Auseinandersetzung zwischen Subjekt und Objekt nicht einfach das erstere das zweite erkennt, sondern dass das in Bewegung geratene Subjekt Objekte (Körper) nur insofern in Ideen zu erfassen vermöge, als deren Natur mit der unseren korrespondiert: „Es folgt zweitens, daß die Ideen, die wir von äußeren Körpern haben, mehr die Verfassung unseres Körpers als die Natur der äußeren Körper anzeigt [...]." /4

/2 Ebda., S. 286 /3 Spinoza, Die Ethik, Stuttgart (Reclam) 1984, S. 159/161 /4 Ebda., S. 161

HIROSHIMA, MON AMOUR

4.12 Alain Resnais, *Hiroshima, mon amour*

Ein Film von Alain Resnais, der geradezu spinozistische Züge trägt! Ein Film, der zeigt, wie Menschen und Orte, an denen sie sich begegnen, sich verändern. Wie Körper – erinnern wir uns, was Körper alles sein kann: ein Tier, ein Klangkörper, eine Seele, eine Idee, ein Text, ein sozialer Körper, ein Kollektiv usw. – im Spiel der Auseinandersetzung von *affizieren und affiziert werden* in ihrer gegenseitigen Bedeutung umgebaut werden. *Hiroshima, mon amour* ist ein Film, der zeigt, wie es sein könnte, wenn man aus Spinoza – ungewusst natürlich – eine Begegnung und eine Liebe macht. Ein Film, der darauf aufmerksam macht, was geschieht, wenn man sich, wie Gilles Deleuze schreibt, zwischen die Dinge gleiten lässt, sich mit anderen Dingen verbindet, wenn man in etwas hineingleitet, das man nicht mit Absicht angefangen hat, wenn man plötzlich dabei ist, sich einzuschleichen, wenn man mitten in etwas hineintritt, sich bestimmten Rhythmen anpasst oder sich ihnen aufzwingt.[1]

Hiroshima, mon amour ist ein Film mit Emmanuelle Riva (*Nevers*) und Eiji Okada (*Hiroshima*) aus dem Jahre 1959, der in Japan und Frankreich spielt. Das Drehbuch und die Dialoge sind von Marguerite Duras. *In Hiroshima, mon amour* geht es um eine (Liebes-) Begegnung zwischen einer Französin und einem Japaner in Hiroshima nach dem Zweiten Weltkrieg. Die Beziehung entwickelt sich, weil die Französin wieder von ihrer tragischen Vergangenheit im Krieg und diesmal in ganz anderer Weise affiziert wird. Es begegnen sich nämlich nicht einfach zwei Menschen, sondern ebenso ein Teil ihrer Vergangenheit, ihrer Orte, ihrer Städte: Nevers, die Stadt an der Loire, Hiroshima, die atombombenzerstörte Stadt von 1945. Die Protagonisten des Films: *Nevers*, die französische Frau, *Hiroshima*, der japanische Mann. Warum es zu dieser schicksalhaft anmutenden Begegnung kommt, wie es passiert und warum, darauf gibt der Film keine Antworten. So steht es lapidar am Beginn von Marguerite Duras' Exposé: „Wie sie einander begegneten, wird in diesem Film nicht näher klargestellt. Darum geht es nämlich nicht. Überall in der Welt begegnet man einander. Worauf es ankommt, das ist, was aus solchen Begegnungen entsteht."[2]

4.13 Alain Resnais, *Hiroshima, mon amour*

Es ist der letzte Abend von *Nevers* in Hiroshima, wo sie als Schauspielerin in einem Film über den Frieden spielt; *Hiroshima*, wie sie

---

[1] Gilles Deleuze, Spinoza und wir; in: Aisthesis. ebda. [2] Marguerite Duras, Hiroshima mon amour, Frankfurt a.M. (Suhrkamp) 1995, S. 7

glücklich verheiratet, lebt als Architekt in dieser Stadt und hat den Krieg nur deswegen unversehrt überlebt, weil er im Krieg war. Ein Glück für ihn und für sie, wie sie sagt. Sie hat ihr Leben in Nevers verbracht – bis zu jener Nacht, als sie, einige Zeit nach der Befreiung der Stadt, auf Wunsch ihres Vaters im Alter von 20 Jahren mit dem Fahrrad nach Paris fuhr: die Vertreibung aus Nevers.[3] Doch diese Aussage ist richtig und falsch. Sie würde gesagt haben, dass sie bis zu dem Augenblick in Nevers gelebt habe, an dem sie nach der Erschiessung ihres deutschen Geliebten, der noch nicht ganz tot war, sich auf ihn legte, sein Blut schmeckte und ein Teil ihrer selbst mit ihm starb. „Man könnte Riva *[Nevers]* für tot halten, so sehr stirbt sie mit an seinem Tod"[4], schreibt Marguerite Duras.

Der doppelte Gebrauch der beiden Namen Nevers und Hiroshima verweist auf eine Besonderheit dieser Begegnung: in *Nevers* aus Nevers – einem unsichtbaren Brückenbauwerk gleich –, verschränken sich die beiden entfernten Orte und Zeiten, ja sogar die beiden Männer. So etwa in der Szene, in der Körperausschnitte, Momente einer wiederkehrenden Umarmung, die Finger einer Hand den anderen Körper berühren, seine Temperatur fühlen. Einer Szene, in der über die erneute Erregung der Finger jene frühere Erregung aus Nevers vierzehn Jahre zuvor sich erstmals wieder einschleicht: jene Szene, in der sie über den Berührungskontakt ihrer Finger damals plötzlich realisierte, dass der unter ihr liegende Körper erkaltet war. Immer wieder wird das Ertasten der Körperwärme gezeigt, die damals, nach Stunden des Sterbens des Geliebten, unmerklich entschwunden war. Unendliches Bedauern darüber, dass sie den Moment des Sterbens des Körpers ihres Geliebten damals nicht einmal bemerkt hatte. Die Regie holt dieses Bild der Erinnerung immer wieder zurück, wie das Nachholen oder verspätete Einholen des verpassten Moments. „Was, auf diesem Kai [von Nevers, an der Loire], von Riva übrigbleibt, ist nur mehr das Schlagen ihres Herzens. [...] Es hat auf Riva geregnet wie auf die Stadt. Dann hat der Regen aufgehört. Dann wurde Riva geschoren [als Strafe für den begangenen Verrat]. Und es bleibt auf dem Kai der trockene Platz Rivas. Versengter Platz."[5]

„Versengter Platz" nennt Marguerite Duras, was wir *imprägnierten Ort* genannt haben. Im Film ein Ort (für die anderen) mit vergänglichen und (für *Nevers*) unauslöschlichen Spuren. Dem versengten Platz am Kai korrespondiert der Ort, von dem aus geschossen wurde: „Man hat von diesem Garten aus geschossen, wie man von irgendeinem anderen Garten in Nevers aus geschossen hätte. Von allen anderen Gärten in Nevers aus. Der reine Zufall, daß es von diesem aus geschah. Dieser Garten trägt von nun an [...] seine Farbe [...]. Von da ging sein [des Geliebten, E. B.] Tod aus, in alle Ewigkeit."[6] Eine Ungeheuerlichkeit, dass es nicht mehr als ein Zufall war. Im Film beginnt sich zusammenzusetzen, was einander korrespondiert. Nevers und Hiroshima, 1945 und 1959, der deutsche Soldat und *Hiroshima*. Die Körper beginnen, wie Deleuze sagt, ihren Umfang zu verändern. Von der Szene am Fluss in Hiroshima, in der der höchst instabile Dialog spielt – instabil dadurch, dass in der Person des *Hiroshima* immer wieder der andere, der deutsche Soldat in Frankreich, aufscheint und sogar spricht – schwenkt die Kamera zum Kai am Fluss des damaligen Geschehens.

/3 Frauen, denen eine Liebesbeziehung zu einem Deutschen nachgewiesen werden konnte, wurden am Ende des Krieges auf öffentlichen Plätzen kahlgeschoren und so durch die Strassen geführt /4 Duras, ebda., S. 84 /5 Ebda., S. 93 /6 Ebda., S. 85

Hiroshima, der Mann, man weiss nicht warum – eines dieser unbeantworteten Warums – packt den Augenblick und besetzt eine zweite Rolle, indem er immer wieder in der Ich-Form, das heisst aus der Position des Anderen heraus, zu sprechen beginnt. *Hiroshimas* zweite Funktion: Als höchst zerbrechliche ‚Brücke' wird er *Nevers* aus Nevers – ganz allmählich – die Möglichkeit geben, aus dem gegenwärtigen Geschehen heraus eine Anknüpfung an jenes 14 Jahre zuvor abgebrochene Geschehen herzustellen.

deutsche Soldat ebenfalls unmerklich seine mittleren Finger bewegte. Und als ob sie etwas von dem erwischen könnte, was dem damals angeschossenen Geliebten durch den Kopf ging, fragt sie den erwachenden *Hiroshima*, ob er etwas geträumt habe. Als ob die Ähnlichkeit der unwillkürlichen Bewegung – und dieses Unwillkürliche an beider Bewegung wäre die mögliche Verbindung – ihr nachträglich etwas überbringen könnte von dem, was damals in ihm vorging und sie ausschloss.

4.14 Alain Resnais, *Hiroshima, mon amour*

4.15 Alain Resnais, *Hiroshima, mon amour*

Wie diesem *Zufallspaar*, wie Duras es zu Beginn nennt, immer wieder zaghaft weitere Zufälle zufallen, die der durchwegs brüchigen Beziehung stets Anlass für weitere Schritte und eine gewisse Dauer verleihen, zeigt sich in der folgenden kurzen Szene, die wiederum mit der Idee des kleinen, aber bedeutenden Zufalls spielt: *Nevers* tritt vom Balkon ins Zimmer. Eine winzige Bewegung der zwei mittleren Finger des nach ihrer ersten gemeinsamen Nacht noch auf dem Bett schlafenden japanischen Mannes, diese zufällig registrierte Bewegung bringt *Nevers* nach Nevers zurück. Blitzartig verknüpft sich diese Situation mit jener am Quai der Loire, in der der sterbende

„Jedes Ding kann durch ein Akzidens Ursache der Lust, Unlust oder Begierde sein", sagt Spinoza im Lehrsatz 15 des III. Abschnitts seiner *Ethik*.[7] Ohne die sich bewegenden Finger des Schlafenden hätte die Geschichte zwischen *Nevers* und *Hiroshima* vielleicht tatsächlich hier ihr Ende gefunden, wie *Nevers* es immer wieder will. Aber die Potenz der Situation, sie zu affizieren wie auch ihre Anfälligkeit (ihr Vermögen), durch sie affiziert zu werden, hat die Geschichte weiter dauern lassen. Der Körper *Nevers* – und mit *Nevers* ist hier die Vermengung von *Nevers* mit den versengten Orten in und um Nevers gemeint – hat ein weiteres Mal seine Dimension verändert.

/7 Spinoza, Die Ethik, Stuttgart (Reclam) 1984, S. 287

Der doppelte Name Nevers steht noch für etwas anderes, für die Macht eines hartnäckig anhaftenden Affekts, wie Spinoza in seinem Lehrsatz 6 des IV. Teils seines Textes dies nennt./8 Dafür spricht die vierzehnjährige Unterbrechung ihrer Geschichte. Eine Verdrängung, die so radikal ist, dass nicht einmal die nahestehendsten Personen ihres jetzigen Lebens in Paris je ein Wort davon gehört haben. Dafür spricht auch, dass sie seit damals nie mehr in Nevers gewesen ist. Und weiter, dass sie, nach mehrmaligem Abbrechen des Zusammenseins mit *Hiroshima*, immer wieder damit zu rechnen scheint, dass die Geschichte sich fortsetzt. Dass sie insgeheim oder auf unerklärliche Weise zu wissen scheint, was Spinoza nach Lehrsatz 7 des gleichen Abschnitts festhält: „Ein Affekt kann nicht anders gehemmt oder aufgehoben werden als durch einen anderen, der dem zu hemmenden Affekt entgegengesetzt und stärker ist als dieser."/9 Im Film ist dies der Antrieb, zurückzufinden zur Stelle des Abbruchs, eine Verknüpfung herzustellen. Was *Nevers* versucht, ist, diesen hartnäckig anhaftenden Affekt aufzubrechen, der sie von ihrer Vergangenheit und von einem beträchtlichen Teil ihrer Gefühle trennt. Denn was in der von Resnais und Duras erzählten Geschichte auf dem Spiel steht, ist die Chance, den seit vierzehn Jahren festgefügten und gefrorenen Körper *Nevers*, erstarrt in seinen Dimensionen und seinem Umfang, aufzubrechen. Plötzlich und unerwartet, in der kurzen Nacht vor Nevers' Rückkehr nach Frankreich, ergeben sich Möglichkeiten, diesen Körper in seinem Umfang und seiner Reichweite zu verändern und so eine gewisse Beweglichkeit oder Freiheit zu erlangen.

Etwas ist ganz entscheidend in diesem Film: die immer wiederholte körperliche Berührung. Als ob jede neue Berührung der Wangen dem Zustandekommen und der Dauer des gefährdeten Kontakts zwischen Hiroshima (dem Mann und der Stadt) und Nevers (der Frau in Hiroshima und der Frau von damals aus Nevers) nachhelfen würde, als ob das feine Reiben ihrer Wangen jenen anderen Kontakt aus Nevers in ihre Gegenwart zurückzurufen vermöchte. Hier kann der Film als Hinweis auf jene Stelle bei Spinoza gelesen werden, wo er beschreibt, wie über den Körper, über sein Affiziertsein, der Geist affiziert wird, weil der Geist, wie Spinoza sagt, nicht anders kann als zu bedenken, was dem Körper zustösst./10

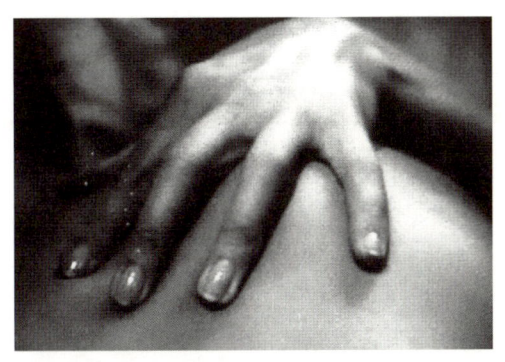

4.16 Alain Resnais, *Hiroshima, mon amour*

Die zu Beginn des Films hin- und her geschleuderten Sätze, in denen *Nevers*' Andeutungen ihres Wissens über den Krieg auf die Situation des Krieges in Hiroshima überträgt, werden von *Hiroshima*, der ihre Geschichte noch nicht kennt, aufs heftigste verneint:
j'ai vu ... j'ai vu ... j'ai vu ...
tu n'as rien vu à Hiroshima
[...]

*écoute, je sais, je sais tout, tout, tout ...
rien, tu ne sais rien, rien ...
écoute-moi, comme toi, je connais l'oubli
non, tu ne connais pas l'oubli
comme toi, j'ai oublié ...
j'ai tout vu [sagt sie ihm immer wieder]
j'ai tout compris*

[er widerruft, immer wieder, bevor die Vermengung der beiden Männer beginnt, bevor sie mit ihm als dem anderen, dem Abwesenden spricht]. Diese Sätze verlieren allmählich ihren Sinn, erst im Verlauf der Geschichte, die er, *Hiroshima*, als einziger kennenlernen wird. Er beginnt zu verstehen, was sie behauptet.

Das Kaleidoskop mag nur aus einem Grund kein schiefes Bild in diesem Zusammenhang sein. Ein Haufen von Scherben, wie die in einer bestimmten Situation verstreuten Körper oder Dinge, bevor sie sich in einer einzigartigen Konstellation – gefangen – finden. Der für die im Film für überraschende Konstellationen stehende Scherbenhaufen hat sich im Verlauf des Geschehens erweitert. Die weiteren Elemente erzeugen andere Bilder. Wie dieses Vermengen, das Überlagern und Verknüpfen der zwei Wirklichkeiten genau vor sich geht, kann in den Dialogen, in den Berührungen, im Aufscheinen des einen Mannes im anderen, in den dadurch entstehenden Schuldgefühlen verfolgt werden. Auch hier kann der Film als Hinweis auf eine Stelle bei Spinoza gelesen werden, wo er den Geist an die Empfindungen des Körpers zurückbindet: Wir sahen, sagt Spinoza, „daß der menschliche Geist nichts anderes ist als die Idee (das Wissen), welche ihren wirklichen Körper zum Objekt hat, allerdings nicht unmittelbar, sondern vermittelt durch und in einem Komplex von Empfindungsdaten, welche den äußeren Körper und seine Umwelt reflektieren. ‚Der menschliche Geist erfaßt nicht nur die Affektionen des Körpers [in der Gestalt von Sinnesbildern], sondern auch die Ideen [Begriffe] dieser Affektionen.'" [11] Das Objekt des Geistes ist also der wirkliche Körper. Aber die Beziehung lässt sich noch anders beschreiben, so nämlich, daß „die Idee des Körpers und der Körper, d. h. [...] der Geist und der Körper, ein und dasselbe Individuum sind, das bald unter dem Attribut des Denkens, bald unter der Ausdehnung begriffen wird" [12].

Um abgebrochene Verbindungen wieder aufzunehmen, braucht es körperliche Vermittlung. Aber um *Nevers'* Körper in Hiroshima mit ihrem Körper von damals in Nevers zu verknüpfen, braucht es Stimmen, die die Erinnerung provozieren und durch das Aussprechen von Wörtern die festsitzende Obsession in Bewegung bringen. Über den Körper, über sein Affiziertsein, wird der Geist affiziert. Und weil durch ein früheres Affiziertsein des eigenen Körpers durch einen anderen Körper so etwas wie Spuren oder Abdrücke im Körper hinterlassen werden, wird jene Situation, zusammen mit dem damals Assoziierten, wieder geweckt und in einem gewissen Sinne real, sobald ähnliche Affizierungen den Körper erreichen. „Der Geist stellt sich [...] irgendeinen Körper deshalb vor, weil der menschliche Körper von den Spuren des äußeren Körpers auf die gleiche Weise affiziert und disponiert wird, wie er affiziert wurde, als einige seiner Teile von dem äußeren Körper selbst einen Anstoß erhielten." [13] *Hiroshima*, der in die Ich-Redeform des deutschen Soldaten schlüpft und seine Wange an der ihren reibt, so wie sie damals am Quai, belebt und verstärkt die vorhandenen Spuren und damit

/11 Bernhard Lakebrink, Nachwort in: ebda., S. 747 /12 Ebda., S. 175

4.17 Alain Resnais, *Hiroshima, mon amour*

die Verschränkung von *Hiroshima* und *Nevers*. „Damit verstehen wir deutlich, was das Gedächtnis ist", schreibt Spinoza, „eine Verkettung im Geiste, die der Ordnung und Verkettung der Affektionen des menschlichen Körpers entspricht." /14

Erstmals nach vierzehn langen Jahren ereignet sich in dieser Begegnung der Sprung zurück in jene Begebenheit, von der sie seither getrennt war. Nevers, sagt *Nevers*, sei der Ort, von dem sie am meisten träume, und zugleich der Ort, an den sie am wenigsten denke. /15 Ihr jetziges Leben, in dem sie, wie sie sagt, glücklich verheiratet sei und Kinder habe, ist durch eine Lücke von ihrem ersten Leben in Nevers getrennt. Jetzt beginnt sie, mit Worten, mit Bruchstücken von Sätzen Anker auszuwerfen und zieht sich über Brücken bildende Wörter in ihre Vergangenheit zurück, ohne die Gegenwart zu verlassen.

4.18 Alain Resnais, *Hiroshima, mon amour*

/13 Ebda., S. 167 /14 Ebda., S. 169 /15 Duras, ebda., vgl. S. 41

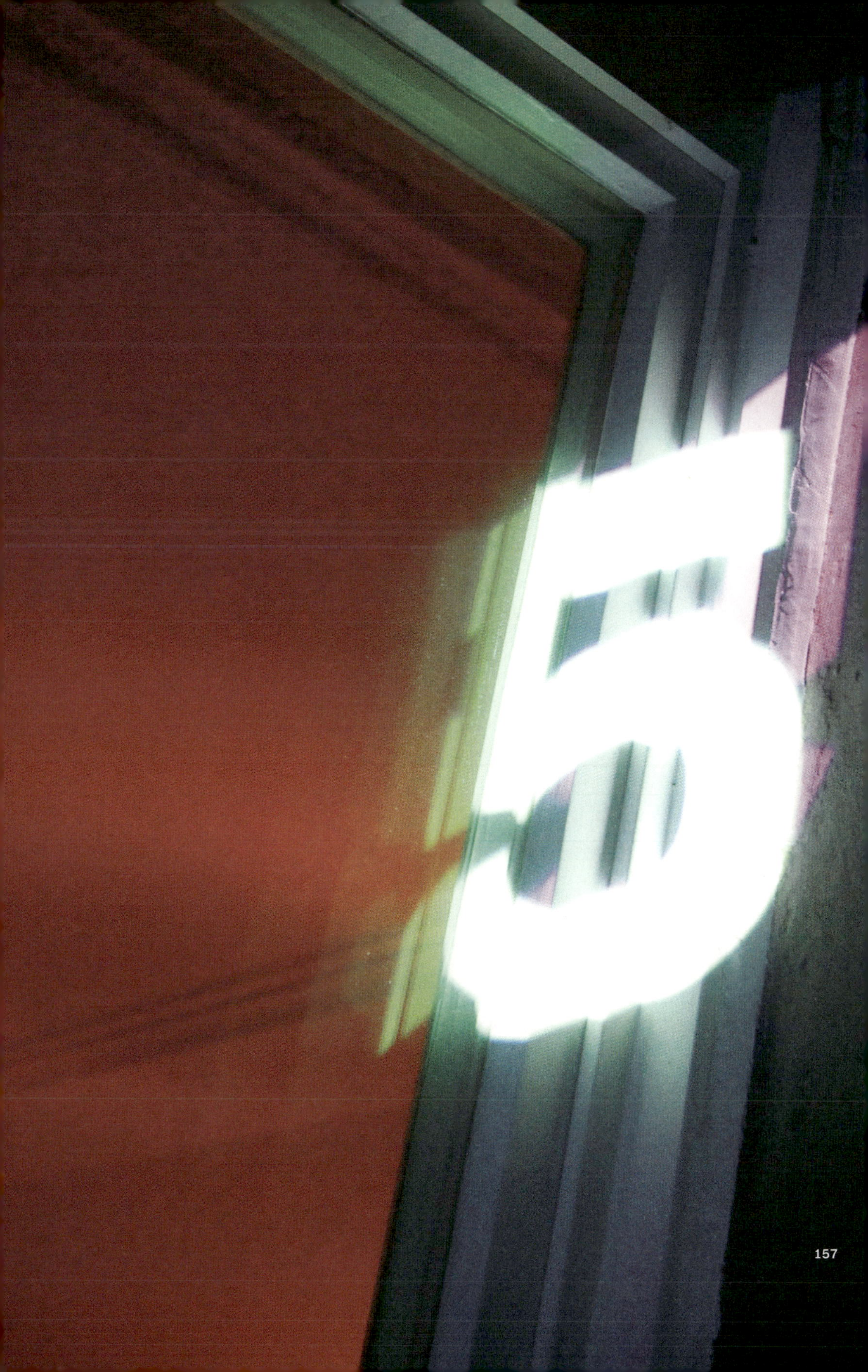

Die Re-Lektüre eines Ortes oder Objekts ist Resultat von Erkundungstouren durch eigene und fremde Wissensarchive. Die transportierten Referenzmaterialien profilieren Ausgangsorte überraschend neu oder anders. Sie ermöglichen ein verändertes Lesen und Verstehen der Ausgangssituation.

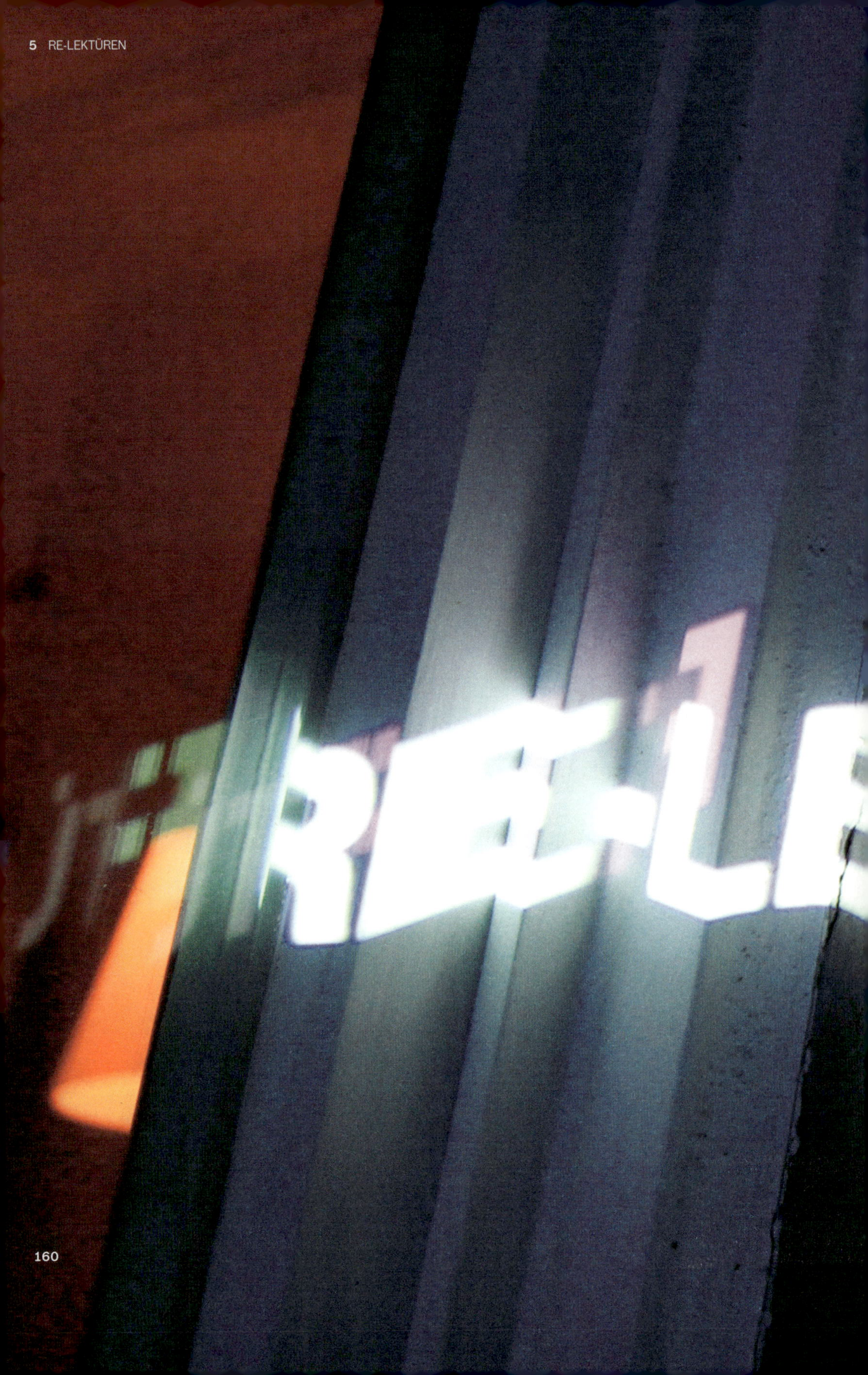
RE-LE

Uns liegt daran, einen Ort intellektuell und emotional
zu durchdringen. Wir statten ihn mit eigenem
und fremdem Wissen aus und schmücken ihn damit.
Das in Wissensarchiven Gefundene verweben wir
mit dem Ort, verleiben es ihm ein und schaffen somit
die Voraussetzungen für mögliche Lektüren, Identi-
fikationen und Erzählungen, damit auch andere sehen,
was wir sehen, und verstehen, was wir verstehen.
Re-Lektüren sind eigensinnig: unvorhersehbare
Reaktionen an Ort und Stelle. Die ‚Geister', die man
gerufen hat, sind nun anwesend und wirken.
Sie spiegeln sich in unserem Blick auf das Geschehen.
Uns interessiert, wie die – real oder fiktiv –
vorgenommenen Ergänzungen, Verknüpfungen,
Überhöhungen, Reduktionen, Verkomplizierungen
wirken: Sie mögen einem Ort neuen Glanz verleihen
oder ihn entwerten, ihn aufladen oder entmachten,
vielleicht gar erotisieren. Auf jeden Fall werden sie
ihn welthaltiger machen.

RE-LEKTÜREN

MUSÉE PRÉCAIRE IN DEN LABORATOIRES D'AUBERVILLIERS Alles war aussergewöhnlich an Thomas Hirschhorns *Musée precaire* aus dem Jahre 2004: Idee, Kontext, Realisierung. Und so waren die Erfahrungen für die Belegschaft des im Centre Pompidou logierten *Musée national d'Art Moderne*, wie dessen Direktor Alfred Pacquement schreibt, eine mächtige Lektion. Das Projekt spielte in Aubervilliers, einem der Pariser Vororte, wo Hirschhorn selber seit langer Zeit lebt und arbeitet. Hirschhorns Plan war, Arbeiten prominenter Künstler des zwanzigsten Jahrhunderts – Marcel Duchamp, Piet Mondrian, Kasimir Malevich, Andy Warhol, Salvador Dalí, Le Corbusier, Joseph Beuys, Fernand Léger – vorübergehend aus den Museen nach Aubervilliers zu bringen. Mit Hilfe von hier lebenden Jugendlichen sollten sie ins selbst erbaute *Musée précaire* transportiert, dort ausgestellt, bewacht und diskutiert werden. Ähnliche Erfahrungen hatte Hirschhorn bereits gemacht. So baute er 2002 mit von ihm bezahlten Jugendlichen aus der Nachbarschaft während der *documenta 11* das temporäre Monument für Georges Bataille, zugleich Bibliothek, Snackbar und TV-Studio. Auch das *Musée précaire* kam so zustande. Die jungen Leute aus dem Quartier wurden vorübergehend Museumsangestellte. Sie machten ihre Sache gut. Der Realisierung vorausgegangen war ein Praktikumsprogramm in verschiedenen Départements des Centre Pompidou, wo die Jugendlichen etwas über den Umgang mit Kunstwerken, über Rahmung, Sicherung, Installationen, aber auch zur Kunstvermittlung lernten. Hirschhorn besteht darauf: Was er tut, ist Kunst. Kunst, die etwas verändern soll in der gesellschaftlichen Wirklichkeit. Aber wie? Ich muss kooperieren mit der Realität, um sie zu verändern, heisst die

5.01 Thomas Hirschhorn, Musée Précaire, 2004

5.02 Thomas Hirschhorn, Musée Précaire

Strategie. Was heisst das für seine Kunst? Und was bewirkt sie in der Realität? Es ist ein wenig wie das, was Gaston Bachelard über die Miniatur sagt: „Der Mann mit der Lupe nimmt die Welt als eine Neuigkeit. […] Der Mann mit der Lupe streicht ganz einfach die vertraute Welt aus…" [1] Übertragen auf Hirschhorns Situation: Welches Vertraute wird ausgestrichen? Welche Normdistanz? Vor allem geht es um den typischen Aussenblick auf ein *prekäres Quartier*, der unsere Urteile und Vorurteile, unsere Einschätzungen und Handlungsmaximen prägt. So wäre denn auch auf die Anfrage Hirschhorns ein Nein zu erwarten gewesen. Hat man jedoch den Lupenblick, wie in diesem Fall der mit dem Ort vertraute Künstler, oder nimmt sich die Chance, einen anderen Blick zu wagen, dann gewinnt man ein anderes Bild desselben Sachverhalts.

Ist ein Eindruck gross genug, notiert Wilhelm Dilthey, trete die Welt in eine neue Beleuchtung. Wiederholten und verknüpften sich Erfahrungen, entstünden unsere Stimmungen dem Leben gegenüber: „Von einem Lebensbezug aus erhält das ganze Leben eine Färbung und Auslegung." [2] Das Revolutionäre an Hirschhorns Kunstpraxis liegt auf der Hand. Sein *Musée précaire* verändert die Lebensbezüge wie die infrastrukturelle Ausstattung des Quartiers – wenigstens vorübergehend – und macht Kunst zu einem Werkzeug, das nicht nur den Blick von aussen – einen vorurteilsbehafteten Blick – auf diesen Teil der Stadt und dessen Bewohner verändert. Das *Musée précaire* stellt Beziehungen her zwischen einer städtischen Institution und einem gewöhnlichen Stadtquartier, wie sie sonst nicht bestehen. Nicht zuletzt generiert es temporäre Ausbildungsmöglichkeiten für junge

[1] Gaston Bachelard, Poetik des Raumes. Frankfurt a.M./Berlin/Wien (Ullstein) o.J., S. 185 [2] Zitiert bei Wolfhart Henckmann, Atmosphäre, Stimmung, Gefühl, in: Rainer Goetz und Stefan Graupner (Hg.), Atmosphäre(n), München (kopaed verlagsgmbH) o.J., S. 57

5.03 Mythische Zonierung: Stationskirchen, Rom, 1585

5.04 Mythische Zonierung: Radkarte, mittelalterliches Weltbild

Leute aus dem Quartier. Die durch das *Musée précaire* geschaffenen und veränderten Beziehungen haben tatsächlich zu starken Eindrücken geführt – auf beiden Seiten. Gäbe es mehr solche Möglichkeiten, dann würde eine solche Arbeit mit Kunst urbane Stimmungen vielleicht deutlich verändern können.

MYTHISCHE ZONIERUNGEN Es gibt andere Formen der Re-Lektüre von Territorien, die auf einem bestimmten Wissen beruhen. Mythische Formen des Wissens etwa, die ganze Generationen geprägt und bereits im Mittelalter eine Art Welttourismus hervorgebracht haben. So die in der Folge der Kreuzzüge sich entwickelnden Wallfahrten nach Jerusalem oder Rom (vgl. S. 244 ff). Es gibt Erzählungen zu Orten mit grossem Ansteckungspotential wie die Angstraumgeschichten, die in den letzten Jahren sogar die Stadtplanung in unseren Städten erobert haben usw. Es kommt vor, dass Re-Lektüren eines Ortes frühere Lesarten dekonstruieren, deren Motive blosslegen und eine neue Perspektive erproben, wie dies der Künstler Jochen Gerz bei dem mit Studierenden einer französischen Kunsthochschule realisierten Projekt *Le Monument vivant de Biron* unternommen hat (vgl. S. 182f).

Die Re-Lektüre kann zu regelrechten Kämpfen um die Vorherrschaft von Lesarten eines bestimmten Territoriums führen und die jeweiligen Interessen offenlegen, wie bei einem städtebaulichen Wettbewerb in Oranienburg bei Berlin, bei dem es um die zukünftige Nutzung eines ehemaligen nationalsozialistischen Lagergeländes ging (vgl. S. 184 ff). Eine andere Form der Re-Lektüre, die uns der

5.05 Mythische Zonierung: Ebstorfer Weltkarte (1230–1250)

Architekt und Architekturhistoriker Jan Pieper in einem schönen Beispiel vorführt, ist Resultat einer behaupteten mythischen Zonierung, die der Legitimierung eines aussergewöhnlichen Selbstverständnisses eines bestimmten Kollektivs dient. Die Geschichte, die dem hermetischen Traktat *Köre Kosmon* (Weltenjungfrau) entstammt, soll Vorbild für die anthropomorphen Kosmologien der Antike gewesen sein. Dort heisst es: „Auf die Frage ihres Sohnes Horus, warum die außerhalb des heiligen Ägypten wohnenden Menschen nicht so begabt seien, wie die Ägypter, antwortet seine Mutter Isis: ‚Die (nach ägyptischer Vorstellung als männlich vorgestellte Gottheit) Erde liegt im Mittelpunkt des Alls wie ein Mensch, der zum Himmel emporschaut und ist in ebenso viele Teile geteilt, wie ein Mensch Glieder hat, nämlich sieben. Ihr Haupt liegt gegen Süden, ihre rechte Schulter gegen Osten, ihre linke gegen Westen; unter dem Bären (also im Norden) die Füße, und zwar der rechte unter dem Schwanz, der linke unter dem Kopf des Bären, die Schenkel in dem Teil, der nach dem Bären (d.h. im Süden) kommt, die Mitte aber heißt ‚Kardia', das Herz, und dort liegt Ägypten… Das Volk der Mitte, die Ägypter, ist allen Völkern an Verstand überlegen, da es die Gegend des Herzens bewohnt, denn das Herz in der Mitte des Körpers ist nach altägyptischer Anschauung der Sitz der Seele und des Verstandes."[3]

[3] Jan Pieper, Das Labyrinthische. Über die Idee des Verborgenen, Rätselhaften, Schwierigen in der Geschichte der Architektur, Braunschweig/Wiesbaden (Vieweg) 1987, S. 55; Neuausgabe Basel/Boston/Berlin (Birkhäuser) 2009, S. 64f

5.06 Demonstration, Take back the City

DER KAMPF UM LESARTEN VON TERRITORIEN Re-Lektüren können individuell oder kollektiv erfolgen. Sie sind meist Produkte unserer Sozialisierung: Als Architekten, Planer oder Kunsthistoriker haben wir spezifische Methoden der Wahrnehmung von Räumen anzuwenden gelernt. Doch wenn wir uns im Umgang mit Räumen genauer beobachten, bemerken wir, wieviel komplexer unsere Wahrnehmungen und Interpretationen inspiriert, beeinflusst und gesteuert sind. Städtebauliche Wettbewerbe sind ein besonders faszinierendes Untersuchungsfeld dafür, Entwurfsprozesse zu beobachten, die von einer beliebigen Ausgangssituation über viele Zwischenschritte zu einem Projektvorschlag führen. Oft verführerisch, gut begründet und ausführlich dargelegt, können dessen Etappen und Wege hier minutiös beobachtet werden. Es sind jene Warum-Darum-Geschichten eines Entwurfs, die *erstens* die assoziierten Referenz-Materialien aus anderen Archiven darlegen, *zweitens* ihre Art der Verwendung, ihr Eingebundensein im Projekt sowie ihren Nutzen bei der zukünftigen Lektüre der Situation erläutern und *drittens* das so entstandene Surplus herausstreichen, den Gewinn an Präsenz für einen Ort./4 Erläuterungspläne zeigen oft sehr schön, wie ortsfremdes Archivmaterial für den eigenen schöpferischen Prozess fruchtbar gemacht wird, welche Stufen der Anverwandlung es im Entwurfsprozess durchläuft und wie es sich schliesslich in den Ort einschreibt. Dieser wichtigste Plan eines Wettbewerbs ist der Ort, wo die unterschiedlichen Re-Lektüren von Territorien gegeneinander antreten und die Jury zu bezirzen versuchen.

/4 Vgl. Elisabeth Blum, Le Corbusiers Wege. Basel/Boston/Berlin (Birkhäuser) ³2001, passim; Le Corbusier, Feststellungen zu Architektur und Städtebau, Basel/Boston/Berlin (Birkhäuser) 2001, S. 86 ff und 215 ff; Ungers, O.M., Entwerfen und Denken in Vorstellungen, Metaphern und Analogien, in: O.M. Ungers, Morphologie/City Metaphors, Köln (Buchhandlung Walther König) 1982

*Ich werde nicht ruhen,
bevor ich nicht
in jedem Pariser Hotel
geschlafen und
jeden Zoll kennengelernt habe.*
Blaise Cendrars

5.07 Blaise Cendrars

Re-Lektüren sind stets Zeugnisse der Lust oder der Not, sich und anderen die Welt der Orte und Räume zu erklären, Instrumente und Situationen aufzuwerten, zu verändern, zu metaphorisieren. Entwürfe, gestalterische Eingriffe, Wahrnehmungen eines Ortes oder einer räumlichen Situation als Re-Lektüren von Territorien zu verstehen, heisst auch, sie als Instrumente anzusehen, mit denen wir uns einrichten, uns zurechtfinden, mit denen wir uns öffentlich engagieren oder uns ins Private zurückziehen. Re-Lektüren sind schliesslich Instrumente im gesellschaftspolitischen Kampf um Stadträume.[5] Sie bestimmen also nicht nur unsere Erfahrungen im Raum, sondern auch mit denen, die sich in ihm bewegen. In Räumen sein, Räume wechseln, sie verändern, in Räumen eingesperrt sein oder aus ihnen fliehen – alle uns betreffenden Tätigkeiten, selbst das Träumen, sind Verräumlichungen.

[5] Vgl. http://www.righttothecity.org/

HÔTEL FOYOT Gegenüber dem Bistro, in dem ich den ganzen Tag sitze, wird jetzt ein altes Haus abgerissen, ein Hotel, in dem ich sechzehn Jahre gewohnt habe – die Zeit meiner Reisen ausgenommen. [...] Wie merkwürdig klein erscheint mir heute dieser Platz im Verhältnis zu dem großen Hotel, das einst auf ihm gestanden hatte! [...] Aber wahrscheinlich kommen mir die sechzehn Jahre [...] so köstlich vor, ja, von Kostbarem erfüllt, daß ich nicht begreifen kann, wie sie auf einem so kargen Platz abrollen konnten. Und, weil das Hotel jetzt ebenso zerschmettert ist wie die Jahre, die ich darin verlebt hatte, zerronnen sind, erscheint mir in der Erinnerung auch das Hotel weit größer, als es gewesen sein mochte. An der einzigen Wand erkannte ich noch die Tapete meines Zimmers [...]. Mit Pickel und Steinhammer schlug man auf die Tapete ein, auf meine Wand; und dann, da sie schon betäubt und brüchig war, banden die Männer Stricke um die Mauer – die Mauer am Schafott. [...] „Jetzt ist sie weg, Ihre Tapete!" – Ich lud beide ein, mit mir zu trinken. [...]. Jetzt sitze ich gegenüber dem leeren Platz und höre die Stunden rinnen. Man verliert eine Heimat nach der andern, sage ich mir. Hier sitze ich, am Wanderstab. [...] Das Elend hockt sich neben mich [...].

CLXVIII
Joseph Roth zum Hôtel Foyot, Paris, in: Lis Künzli (Hg.), Hotels. Ein literarischer Führer, Frankfurt a.M. (Eichborn) 2007, S. 101f

DAS GEMALTE IN DER WIRKLICHKEIT Es war Anfang
oder Ende des Winters. Gärtner waren am See,
eine wenig verschneite Wiese, wenig verschneite Tische
und Bänke. Eine eisige, sehr präzise Stimmung.
Das hat mich blitzartig beeindruckt. Und wenn ich
seither mit dem Zug hier vorbeifahre, ist die Gefahr
gross, dass ich nur noch dieses Bild sehe [...].
Das Bild verführt dazu, das Gemalte in der Wirklichkeit
zu suchen oder wiederzufinden.

Irma Ineichen im Videointerview http://blog.zhdk.ch/stadtlaborluzern/

CLXX

EINE MENGE KLEINER WELTEN Mich hat schon immer die Erforschung eines anderen Rhythmus' fasziniert. [...] Sobald man ein Bild in einer Bewegung stoppt, die aus 25 Bildern besteht [...], wird einem klar, daß es in einer gerade gefilmten Einstellung, je nachdem wie man sie stoppt, plötzlich eine Unzahl von Möglichkeiten gibt. [...] Daraus habe ich gefolgert, daß es, wenn man z.B. die Bewegungen einer Frau analysiert, im Innern ihrer Bewegung eine Menge kleiner Welten zu entdecken gibt [...]. Wir machten Stopps, zwischen denen sich [...] immer die gleiche Leitlinie wiederfand, [...] schon bei ganz banalen Sachen plötzlich Übergänge von tiefer Angst zu großer Freude innerhalb von Bruchteilen einer Sekunde [...]. Das waren wirklich Monster ...

Jean-Luc Godard, Reden mit Unterbrechungen, in: Jean-Luc Godard, Liebe Arbeit Kino. Rette sich wer kann (Das Leben), Berlin (Merve) 1981, S. 48ff

EXCLUSION If you are talking about a dialogue from which you are excluded, this is a type of segregation. So, the user is not part, cannot take part. He or she might very much realize that they are not invited into this world, that they belong to another sphere.

CLXXII
Marc Angélil im Videointerview http://blog.zhdk.ch/stadtlaborluzern/

SALON UND HINTERHOF Ich teile São Paulo folgendermaßen ein: Der Palast (Sitz der Regierung des Staates) ist der Salon. Das Rathaus ist das Eßzimmer, und die Stadt ist der Garten. Und die Favela ist der Hinterhof, wo man den Abfall hinwirft.

CLXXIII

Carolina Maria de Jesus, Tagebuch der Armut. Das Leben in einer brasilianischen Favela, Hamburg (Lamuv) 1962, S.42

PARTEINAHME DER EINBILDUNGSKRAFT Der von der Einbildungskraft erfaßte Raum kann nicht der indifferente Raum bleiben, der den Messungen und Überlegungen des Geometers unterworfen ist. Er wird erlebt. Und er wird nicht nur in seinem realen Dasein erlebt, sondern mit allen Parteinahmen der Einbildungskraft.

CLXXIV
Gaston Bachelard, Poetik des Raumes, Frankfurt a.M./Berlin/Wien (Ullstein) 1975, S. 30

PROBEANSTRICH Wie schnell ist ein Weiss ein hässliches Weiss oder ein schönes Weiss. Es gibt hundert verschiedene Weiss, und das sieht man nicht auf der Farbkarte, sondern nur wenn es im Raum umliegenden Einflüssen ausgesetzt ist, wenn man den ersten Probeanstrich gemacht hat, wenn man bemerkt, wie die grüne Wiese diesem Weiss ein Grün aufstempelt oder ein Holzboden das Weiss rosa erscheinen lässt.

Daniele Marques im Videointerview http://blog.zhdk.ch/stadtlaborluzern/

CLXXVI

PREHISTORIC PICTURE PROJECT
Herrliches Freiluftkino! Sagten sich schon die Steinzeitmenschen, wenn auch nicht mit solchen Worten, sie warfen sich ja damals noch eher Laute und Äxte zu. Und doch haben sie es schon veranstaltet, ihr Freiluftkino [...] Wie es funktionierte? Nun, sie hatten ihre Felszeichnungen und Felsgravuren [...]. Es sind [...] in der Lombardei gerade Felsen mit bis zu 50 aneinandergereihten Bildern gefunden worden, und die ließen ‚Geschichten im Kopf der Betrachter entstehen wie im Kino', sagt Frederick Baker, der Projektverantwortliche. Mehr noch, es sind Bilder, die von der wandernden Sonne ein- und ausgeblendet werden wie Anfang und Ende eines Films; und wenn man in dem Tal, in dem die Felsen stehen, lauthals ruft, entsteht dazu ein schönes Echo – alles war vorhanden für großes Steinzeit-Kino, die Szenen, das Licht, der Sound.

CLXXVII
Süddeutsche Zeitung, 7. Juli 2010 vgl.
http://www.archaeologie-online.de/magazin/nachrichten/view/kino-in-der-kupferzeit/

ERZEUGTE GESCHICHTE Es ist sinnvoll, demjenigen
gegenüber skeptisch zu sein, das als Geschichte,
als historisches Element in einer Atmosphäre präsent ist.
Das meiste, was wirklich historisch ist, was uns bedingt,
als Ereignis in der Vergangenheit auf uns einwirkt,
ist unsichtbar. Und es braucht immer eine ganze Menge
zusätzlicher Visualisierungsleistung, um das Historische
an einem Gegenstand auch wirklich zum Vorschein
zu bringen.

Valentin Groebner im Videointerview http://blog.zhdk.ch/stadtlaborluzern/

WISSENSFORMEN Die Frage nach den Formen
des Wissens [...] zielt auf Schichten der Erfahrung,
die jenseits begrifflicher Klarheit und Bestimmtheit
liegen. Welche Wissensformen erschließen
uns die Welt, in der wir leben? [...] Damit aber
tritt die Frage nach der Wahrheit
hinter die nach der Wirklichkeit zurück.

Ferdinand Fellmann, Phänomenologie zur Einführung, Hamburg (Junius) 2006, S. 22

CADAVRE EXQUIS
EIN HAUS WIE NACH EINER SPIELANLEITUNG*

5.08 DGJ Architekten, Haus in Pigniu

Ein Haus im graubündischen Pigniu. Auf den ersten Blick sieht es so aus, als ob es nach den Regeln eines berühmten surrealistischen Spiels zustande gekommen wäre. Man kennt es, denn schon bevor es von den Surrealisten den Namen *Cadavre exquis* bekam, haben es Generationen gespielt.

Die Spielanleitung ist ganz einfach: Drei Personen[1] sitzen um einen Tisch, vor sich ein leeres Blatt Papier. Im obersten Drittel des Blattes zeichnen die Spieler – verdeckt vor den Mitspielern – einen Kopf. Sie falten das Papier so, dass eine Anschlussstelle sichtbar bleibt. Das Blatt wird an den nächsten Spieler weitergereicht, der auf dem zweiten Drittel einen Körper zeichnet. Das erneut gefaltete Blatt wird wiederum weitergereicht, und der dritte Spieler ergänzt das bruchstückhafte Wesen um die Beine. Öffnet man die gefalteten Blätter, ist die Überraschung garantiert: für den alltäglichen Blick nicht zusammenpassende Teile, hergeholt aus den Fantasiereservoirs der Mitspielenden, ergeben im Zusammenspiel Hybride, Monstren, poetische Konstrukte. Die Surrealisten wollten wissen, ob während des Experiments so etwas wie eine gemeinsame unbewusste Realität im Spiel ist und wie sie funktioniert. Also so etwas wie mentale Ansteckung. Den Namen des Spiels übrigens haben die Surrealisten einem berühmt gewordenen Satz entnommen, der die Methode des Spiels wunderbar veranschaulicht: „Le cadavre exquis boira le vin nouveau" (der kostbare Leichnam wird den neuen Wein trinken).

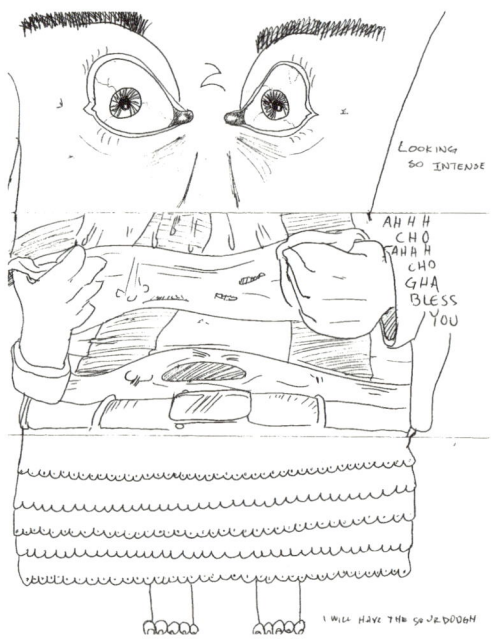

5.09 Cadavre exquis

Nun sitzen Architekten beim Entwerfen eines Hauses ja nicht wie Spieler um einen Tisch und nehmen das Projekt mit Papierfaltungen in Angriff, angelehnt an die wohlbekannte anthropomorphe Dreigliederung des Hauses Sockel / Mittelteil / Dach. Begreift man jedoch die Autor-

* Geringfügig veränderte Fassung des Beitrags „Wie nach einer Spielanleitung" erschienen in: dgj. Drexler Guinand Jauslin Architekten, Zürich 2005 /1 Dass in den meisten Spielanweisungen von fünf Personen die Rede ist, hat damit zu tun, dass die Surrealisten dieses Spiel hauptsächlich mit Sätzen und nicht mit Körpern gespielt haben: Substantiv, Adjektiv, Verb, Objekt, nähere Bestimmung des Objekts.

schaft an einem Entwurf nicht allzu eng und erweitert sie um weitere Mitspieler, wie beispielsweise den Ort, das Baugesetz, die Ideen und architektonische Themen, dann wird schnell einsichtig, dass sich in gebauten architektonischen Objekten fast immer Überreste, Merkmale, Details ‚surrealistischer' Prozesse und Praktiken finden.

Im Haus in Pigniu ist es – wie beim aufgefalteten Blatt – zu höchst überraschenden Verbindungen und Übergängen gekommen. Gut lesbar die zwei Faltungen: Beton / Lärche / Blech. Vom Sockel zum Mittelteil sind die Anschlussstellen auffällig verrutscht, der Kopf – das Dach – im oberen Drittel sitzt fremd auf den gerundeten Ecken darunter. Die Architekten dgj (Hans Drexler, Marc Guinand, Daniel Jauslin) sagen, dass viele Themen herauszulesen seien: traditionelle Bauform und neue Wohnform, regionales Handwerk. Das gewachsene Dorf hat mitgesprochen. Und natürlich die architektonische Bildung: Das Haus soll ein Haus unserer Zeit sein, sich aber ins Dorfbild einpassen. Ein Solitär soll es sein, aber kein herausragender. Bescheidenheit und selbstbewusstes Auftreten sei sein Auftrag. Wer – über die Lust an der Konstruktion von Unvereinbarkeiten hinaus – rationalere Erklärungen hören will: Selbstverständlich haben die verrutschten Anschlussstellen auch andere Gründe. Brennbare Fassaden brauchen einen grösseren Grenzabstand, Wegrechtzugeständnisse justieren den Sockel. Einschränkungen als Ideengeneratoren.

Die Formensprache, sagen die Architekten, verbinde traditionelle und moderne Elemente. Manche ihrer Themen haben jedoch ihren eigenen Imperativ. So schreit die spiralige Bewegung von unten nach oben nach freier Entfaltung bis zum Anschluss des Hauses an den Himmel – so wie Luigi Snozzi es für das andere Ende eines Hauses gesagt hat: „Ein Haus ist ein Haus bis zum Erdmittelpunkt". Und genau so ist ein Haus ein Haus bis zur Stratosphäre. Das dörfliche Dreiecksdach ist unvereinbar mit dem Bild der promenade architecturale, die als Aufwärtsspirale angelegt ist. Es zwingt ihr unvermittelt eine rigide metallene Kappe auf, bricht sie. Die stehenden Fenster und das grosse Dreicksglas zeigen eine gewisse Verachtung für ihren Verlauf.

Vielerlei ist im und am Haus in Pigniu am Werk: die Materialien des Ortes, die Ordnung der Fenster und Türen, die Erinnerung an Corbus berühmte Bewegungsformen, die Verfahren des Collagierens. Cut & Paste, ein Gerangel von Interessen, Rücksichten und Absichten: die Entfaltung einer produktiven Kombinatorik, Anspielungen und ihre Unterbrechung, Bild-Konstellationen heterogenster Teile – eine Vielzahl von Stimmen. Vielleicht liegt die mentale Anstekkung nicht nur im kommunizierenden Unbewussten von Menschen, die an einem Tisch sitzen und gemeinsam experimentieren. Wahrscheinlich funktioniert sie auch zwischen Materialien und Menschen, zwischen Ideen und Ideen, zwischen Orten, Ideen und Entwerfern. Und so empfehle ich, sich einem Satz von Marcel Proust anzuschliessen, den auch die Architekten zitieren: „Probiert, ob sie [die Brille = das Haus] euch passt; ob ihr mit ihr etwas sehen könnt, was euch sonst entgangen wäre."

LE MONUMENT VIVANT DE BIRON

Können Sie sich vorstellen, dass Kriegsdenkmäler zur Nachbearbeitung freigegeben werden? Zum Beispiel eines, das die toten Soldaten der beiden Weltkriege ehrt? Ein Tabubruch. Und dennoch hat es so etwas gegeben. Mit Konsequenzen für die Wahrnehmung, für das Denken und Sprechen im öffentlichen Raum, wenigstens für die Einwohner der Gemeinde Biron in der Dordogne. Vorgesehen war nur eine Renovierung, herausgekommen ist ein Umbau. Doch werfen wir zunächst einen Blick auf die Chronologie der Ereignisse:

5.10 Jochen Gerz, Monument vivant de Biron (1)

Im Jahre 1989 bittet der Bürgermeister von Biron, Marc Mattéra, den Beauftragten des französischen Kultusministeriums in Bordeaux um dessen Unterstützung bei der Renovierung des baufälligen Monuments. 1993 beauftragt das Kultusministerium den deutschen Künstler Jochen Gerz, ein Konzept für die Ersetzung des Monuments zu entwickeln. Gerz erarbeitet seine Idee des *Monument vivant*, des lebenden Denkmals von Biron. Er erhält den staatlichen Auftrag. 1995 wird Gerz Lehrbeauftragter an der Kunsthochschule in Bordeaux und bereitet mit einer Gruppe von Studierenden eine Befragung aller volljährigen Einwohner von Biron vor. 1996 beginnt er mit ihnen das Projekt zu realisieren. 134 Einwohnern stellt er eine einzige Frage, eine Frage, die allerdings geheim bleibt. Sie thematisiert den Wert des heutigen Lebens, Ideale wie Freiheit, Liebe zum eigenen Land und zu Europa, auch die Erinnerung an die beiden Weltkriege. Die Antworten werden auf 134 Emailtafeln gedruckt und im Mai auf dem zwischenzeitlich renovierten Denkmal angebracht, auf seiner Oberfläche, seinem Sockel und sogar auf dem umliegenden Boden. Am 14. Juli, dem französischen Nationalfeiertag, wird das *Lebende Monument von Biron* im Beisein des französischen Kulturministers Philippe Douste-Blazy der Öffentlichkeit übergeben./1

Für den Krieg sterben? Ich sehe nicht, welchen Zweck das haben soll. Wir vollbringen nichts Großes auf der Erde. Diese materiellen Dinge sind zum Verzweifeln. Für ein Kind, für das eigene Kind ja. Ein Kind soll in jedem Fall länger leben als ich. Ich lebe in der Erinnerung. [...]
http://www.farm.de/gerz/gerzDE/Biron.html Antwort [001]

Das ursprüngliche Denkmal heroisiert die Position der offiziellen Politik, die offizielle Interpretation des Krieges. Das von Gerz veränderte Denkmal dagegen verleiht jenen Bewohnern Birons eine Stimme, die in der Regel nicht gehört werden. Mit den hinzugekommenen Emailtafeln sprechen die Nachkommen der Toten, ihre Kinder und Kindeskinder, die ganz anderes zum Krieg zu sagen haben. „Die Herausforderung ist es", schreibt Gerz, „mit jedem einzelnen zu tun zu haben."/2 Das statuarische

---

/1 Die Darstellung der Ereignisse folgt der Chronologie in: http://www.farm.de/gerz/gerzDE/Biron.html /2 Ebda.

Gewicht des Diskurses der Mächtigen wird aufgebrochen, eine Vervielfältigung der Stimmen, Einsichten und Gewichtungen vorgenommen.

Die den Befragten zugesagte Anonymität ermöglichte Aufrichtigkeit. Für Gerz ist es wichtig, dass „jede Antwort eine kleine Welt für sich ist" /3. Für ihn zählt nicht die Skulptur als Objekt. Von Anfang an war klar, dass die Emailtafeln auch in den umliegenden Platz *squatten* dürfen, sollte die Oberfläche der Skulptur nicht alle 134 Antworten aufnehmen können.

Das Leben macht Sinn. Töten oder sein Leben wegzugeben ist dasselbe, es ist unsinnig, heute wie gestern. Das Leben ist alles: die Freude, das Glück, die Pflicht. Man darf es nicht in Gefahr bringen. Ich verstehe aber, daß die Leute, die den Krieg erlebt haben, das mit anderen Augen sehen. Trotzdem glaube ich nicht, daß ich meine Meinung ändern werde. Es stört mich überhaupt nicht zu wissen, daß andere hier wissen, was ich denke.
http://www.farm.de/gerz/gerzDE/Biron.html Antwort [009]

Auch Denkmäler können Geschichte vernichten, indem sie das historische Gedächtnis wachzuhalten vorgeben, in Wirklichkeit jedoch nur die Lesarten ihrer politischen Bauherren reproduzieren. Wen die jeweilige Geschichtsschreibung privilegiert und wen sie ausschliesst, anders gefragt, auf welche Perspektive hin sie angelegt ist, was die verwendeten Begriffe ungesagt lassen, diese Fragen werden nicht gestellt. Es geht um die Störung genau dieser Tradition, sagt Gerz, um einen zweiten Blick. In einem Bild von René Magritte findet sich der auch von Gerz zitierte Satz *Ceci n'est pas une pipe* unter einer Pfeife. Bei Gerz sind es die 134 Emailtafeln, die die tradierte Aussage des Denkmals verneinen. Um die Differenz zwischen den Lesarten des Denkmals in aller Schärfe herauszustellen, ist es nur folgerichtig, dass Gerz das ursprüngliche Denkmal in seiner Gestalt belässt. Nur so bleibt sichtbar, wie geschichtliche Ereignisse unter eine bestimmte Perspektive gezwungen werden. „Das vorhandene Objekt wird in einen aktuellen Kontext gestellt, um ihm einen anderen Sinn zu geben" /4, kommentiert Gerz. Beides sei wichtig. „In jeder Epoche muss versucht werden", schreibt Walter Benjamin in seinen Thesen *Über den Begriff der Geschichte*, „die Überlieferung von neuem dem Konformismus abzugewinnen, der im Begriff steht, sie zu überwältigen." /5 Was der staatliche Denkmalskult in seinen Kriegsdenkmälern zum Verschwinden bringt, bringen Gerz' Befragungen verspätet wieder zum Vorschein. Geschichte wird hier nicht länger vernichtet, ganz im Gegenteil, sie wird in Geschichten vervielfältigt und so in anderer Weise zum Sprechen gebracht.

5.11 Jochen Gerz, Monument vivant de Biron (2)

/3 Ebda. /4 Ebda. /5 Walter Benjamin, Über den Begriff der Geschichte, in: Gesammelte Schriften I, 2 Frankfurt a.M. (Suhrkamp) 1974, S. 695

TRAUMA / VOID

„Ich plane nicht nur im Raum des Sichtbaren, sondern überlege mir, wie mit dem Unsichtbaren umzugehen ist." Daniel Libeskind

Oranienburg liegt im Norden von Berlin. An diesem Ort befanden sich die 1938 eingerichtete Hauptverwaltung aller deutschen Konzentrationslager und das Lager Sachsenhausen. 1993 wurde ein städtebaulicher Wettbewerb ausgeschrieben. Gesucht waren Vorschläge für die Urbanisierung des kontaminierten Geländes. *Wo Lager war, soll Stadt werden,* lautete die Devise des Gutachterverfahrens. In Abwandlung der Freudschen Formel *Wo Es war, soll Ich werden* setzten die Initiatoren des Wettbewerbs, schreibt Birgit Erdle, die „Täter-Geschichte" dem „unbewußten Triebgeschehen" gleich und die „Überbauung zur Stadt der Etablierung einer Instanz der Vernunft, welche die Leidenschaften unter Kontrolle hält" /1. Das Gutachterverfahren bezeichnete es als „Grundsatzentscheid, dafür den historischen Zusammenhang des Geländes aufzuheben" /2. Aufzuheben in wessen Interesse? Der Ort der Lagerinsassen sollte sichtbar bleiben als Gedenkstätte, der Ort der Täter aber unsichtbar werden: „Wenn hier normal gelebt werden soll – was denn so, in Steinwurfentfernung vom Lagerdreieck, Normalität heißen soll –, dann muß der SS-Charakter mit allen Mitteln zertrümmert werden. Dies allerdings unter einer entscheidenden Bedingung", hiess es im Ausschreibungstext: „daß der zentrale Lagerbereich dabei endlich sichtbar wird" /3. Welche Sichtbarkeit? Welche Normalität? Und Normalität für wen? Ist Oranienburg nicht einer der Orte, an dem Normalität herzustellen eine Form von Geschichtsvernichtung gewesen wäre? Der Einzug von ‚Normalität' sollte durch den städtebaulichen Eingriff geleistet werden, wobei das Projekt einen doppelten Umbau des Ortes bewerkstelligen sollte: Durch Tilgung der materiellen Spuren sollte Platz geschaffen werden für die Entstigmatisierung und damit für den mentalen Umbau des Ortes.

Mit einer Ausnahme folgten alle Wettbewerbsteilnehmer diesem Programm. Nur Daniel Libeskind hatte sich der Aufgabenstellung verweigert und „ganz entschieden jede Vorstellung" zurückgewiesen, „dieses Gebiet in irgendeiner Weise mit Wohnungsbau oder einer anderen Form der Domestizierung zu trivialisieren" /4. Man müsse denen, die von ausserhalb hierher kämen, die Vergangenheit und die Zukunft dieses Geländes zeigen, statt die Geschichte einfach zuzupflastern. Libeskinds Beitrag macht die Trennung zwischen Lager und Kasernengelände rückgängig. Er verbindet die zwei Teile des Geländes, nennt die Naht ‚connection-line', beides zusammen die ‚ideale Stadt des Todes'. Er schlägt vor, Gebäude und Teile des Territoriums abzutragen, so dass „die Fundamente und Verbindungen der Maschinerie und deren Brutalität zutage treten" /5. Die Jury, die Libeskinds Projekt einen Sonderrang zuerkannte, aber eben keinen Preis, begründete ihre Entscheidung damit, dass der Beitrag dieses Architekten „eine Dimension an Größe und Intensität" besitze, „welche die Stadt Oranienburg, das Land Brandenburg, wahrscheinlich die Bundesrepublik überfordern" würde. Die Realisierung des Entwurfs würde „eine erneute Traumatisierung der Stadt Oranienburg bedeuten" /6.

/1 Birgit Erdle, Die Verführung der Parallelen. Zu Übertragungsverhältnissen zwischen Ereignis, Ort und Zitat, in: Elisabeth Bronfen und Birgit R. Erdle (Hg.), Trauma. Zwischen Psychoanalyse und kulturellem Deutungsmuster, Köln (Böhlau) 1999, S. 36 /2 Zitiert nach: P. N., „Wie es sich denn auf den Flächen des Verbrechens lebe", in: Peter Neitzke, Carl Steckeweh (Hg.), Centrum. Jahrbuch Architektur und Stadt 1993, Braunschweig / Wiesbaden (Vieweg) 1993, S. 82 /3 Ebda. /4 Ebda.

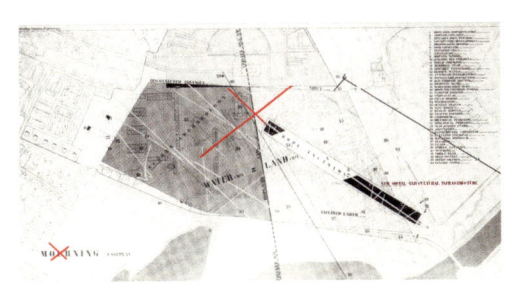

5.12 Daniel Libeskind, Lageplan

Was ist ein Trauma? Der Begriff kommt vom griechischen Wort für Wunde, Verletzung des Körpers. Die Psychoanalyse hat den Ausdruck auf die psychische Realität übertragen: heftiger Schock, Einbruch, ein plötzlicher oder fortwährender Reizzuwachs, eine Überflutung in der Weise, dass eine normale Verarbeitung missglückt und Störungen eintreten. Freud nennt „Erregungen von außen, die stark genug sind, den Reizschutz zu durchbrechen", traumatisch./7 Ein Trauma zu verdrängen heisst, eine Kompromisslösung aufrechtzuerhalten: das Symptom.

Nicht nur Körper und Psyche können durch schwerwiegende Ereignisse und Wirklichkeitseinbrüche traumatisiert werden, auch der Körper der Stadt kann schwere Erschütterungen erfahren. Am Beispiel Oranienburg zeigt sich, dass die Verarbeitung eines Traumas sehr unterschiedlich ausfallen kann. In jedem einzelnen Fall stellt sich nämlich die Frage, für wen eine jeweils vorgeschlagene Lösung eine Linderung beziehungsweise eine „Re-Traumatisierung" der Situation bedeutet. Der Oranienburger Wettbewerb zeigt, wie entscheidend Projekte sein können: nicht nur für die räumliche Situation eines Ortes, sondern vor allem für die mit einem Ort verbundenen dramatischen Erinnerungen und für die Auseinandersetzung darüber, wer die Deutungshoheit über einen Ort beansprucht und durchsetzen kann.

In seinem Aufsatz „trauma/void" schreibt Daniel Libeskind: „Über Trauma denke ich nicht nur als Architekt nach, sondern auch als Jude und als jemand, der nach dem Holocaust geboren wurde, als Kind von Überlebenden [...]. Es ist kaum möglich, ‚Trauma' und ‚Leere' (Void = Leerraum) begrifflich zu fassen [...]. Die Wirklichkeit der Welt nach 1945 wird sehr wesentlich durch die Vernichtung von Menschen geprägt, die sich ansonsten in ein Kontinuum der europäischen und der Weltkultur gereiht hätten."/8 Libeskind nennt die Abwesenheit als Resultat dessen, was geschehen ist, *strukturelles Trauma*. Dieses Trauma wirke strukturierend auf ganze Städte, auf die Topographie von Ländern, auf die Topographie Europas und die der ganzen Welt.

„Welche Form hat Abwesenheit? Wie sieht sie aus? Wie begegnet man dieser Leere? Oder wie begegnet man ihr nicht?" fragt Libeskind. „Die Notwendigkeit, mit Architektur eine Antwort auf die Frage der Leere (void) zu geben", liege nahe, da in der Architektur auch ein Leerraum ein Raum sei. Seine Projekte beschäftigten sich nicht explizit mit Trauma, seien jedoch von diesem (seinem) Trauma strukturiert, vielleicht nicht, wie er überlegt, in einem psychoanalytischen, wohl aber in einem ganz materiellen Sinn. Statt Vergessen, Distanzierung oder Verleugnung hinterlassener Leere zu unterstützen, frage er nach der Politik der Erinnerung bei der Wiederherstellung von Orten, Plätzen, Lücken. Libeskind vertritt die Auffassung, dass im Gegensatz zur Auseinandersetzung mit dem Trauma-

/5 Daniel Libeskind, trauma/void, in: Elisabeth Bronfen und Birgit R. Erdle (Hg.), Trauma. Zwischen Psychoanalyse und kulturellem Deutungsmuster, Köln (Böhlau) 1999 /6 Vgl. Anm. 2, S. 83 /7 Sigmund Freud, Jenseits des Lustprinzips (1920), in: Studienausgabe, Bd. III, Frankfurt a.M. (Fischer) 1982, S. 239 /8 Daniel Libeskind, ebda.

5.13 Daniel Libeskind, Modell

tischen im Feld des Sprachlichen diese Auseinandersetzung im real Gebauten – also im Architektonischen und Städtebaulichen – viel aufdringlicher zutage trete: „Betritt man jedoch tatsächlich den Raum der Stadt, den Raum des Geschehens, dann kann dieses Trauma nicht einfach weginterpretiert werden. Und ich denke auch, daß es ein Unterschied ist, ob man darüber spricht oder ob man tatsächlich dort ist. In literarischen Begriffen kann man Trauma interpretieren; man kann es drehen und wenden, um dann auf einer anderen linguistischen Ebene damit zurechtzukommen. Doch wenn man geht, wenn man schaut, wenn man berührt und fühlt, wo man ist, werden diese Interpretationen unbrauchbar. Es gibt keine Interpretation dafür." Denn die Leere habe auch eine „historische Entwicklungslinie, eine Flugbahn des Unglücks innerhalb der westlichen Kultur", aber irgendetwas an ihr decke sich „erstaunlicherweise nicht mit der Theorie des Fortschritts"/[9]. Denn meist seien alle für Wiederaufbau. Weiterleben bedeute vorwärtsgehen, Lücken füllen, vergessen, was gewesen ist usw. Und er fragt: Ist dieses Vorwärts immer vorwärts?

Postscriptum Sieben Jahre nach dem Wettbewerb wurde ein Bebauungsplanverfahren eingeleitet, das seither ruht, wie die zuständige Behörde in Oranienburg mitteilt. Und so sei – nicht zuletzt angesichts der kritischen Entwicklung des Wohnungsmarktes auf dem Gebiet der ehemaligen DDR – von dem seinerzeit „umstrittenen" gewesenen Projekt nicht mehr die Rede.

/9 Ebda.

Welche Form hat Abwesenheit?
Wie sieht sie aus?
Wie begegnet man dieser Leere?
Wie begegnet man ihr nicht?
Daniel Libeskind

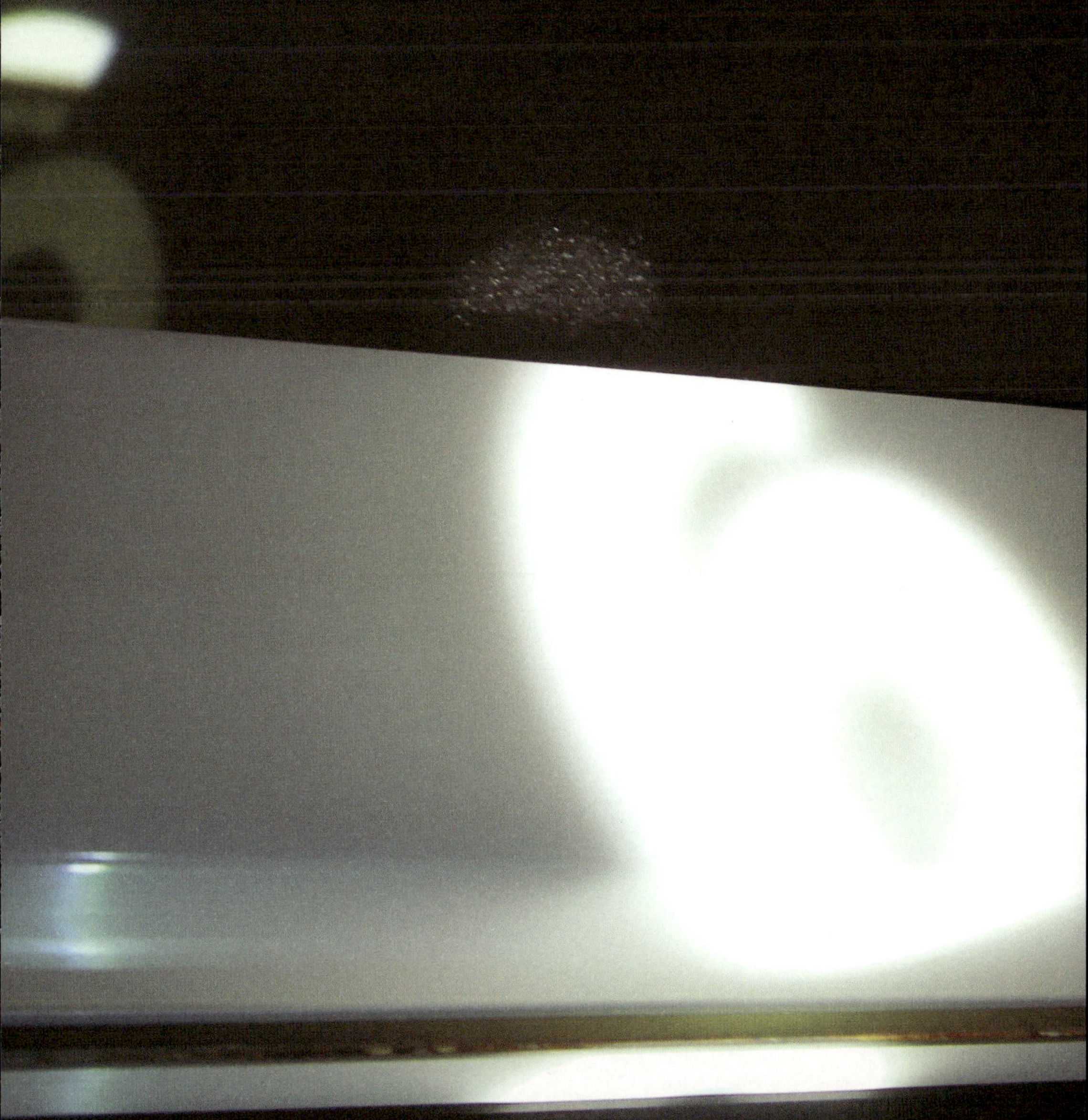

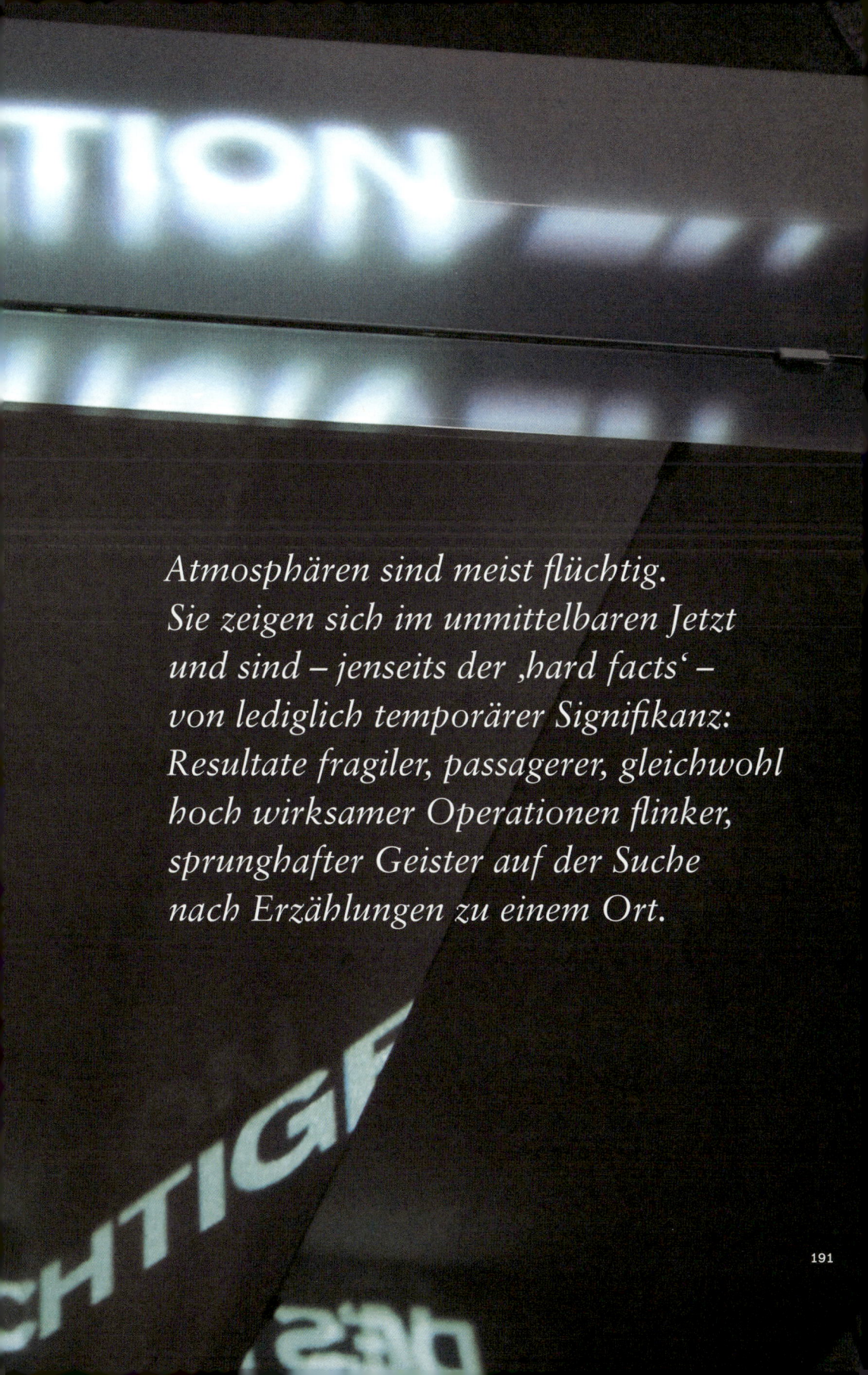

*Atmosphären sind meist flüchtig.
Sie zeigen sich im unmittelbaren Jetzt
und sind – jenseits der ‚hard facts' –
von lediglich temporärer Signifikanz:
Resultate fragiler, passagerer, gleichwohl
hoch wirksamer Operationen flinker,
sprunghafter Geister auf der Suche
nach Erzählungen zu einem Ort.*

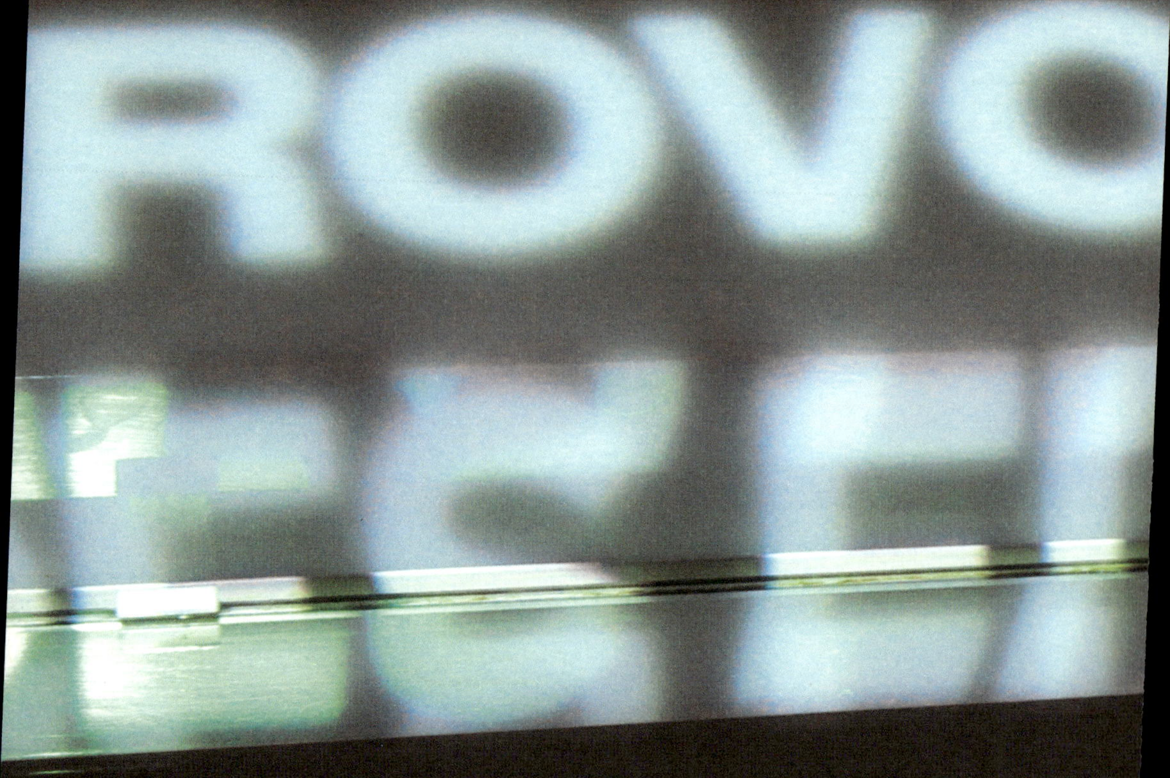
ROVO

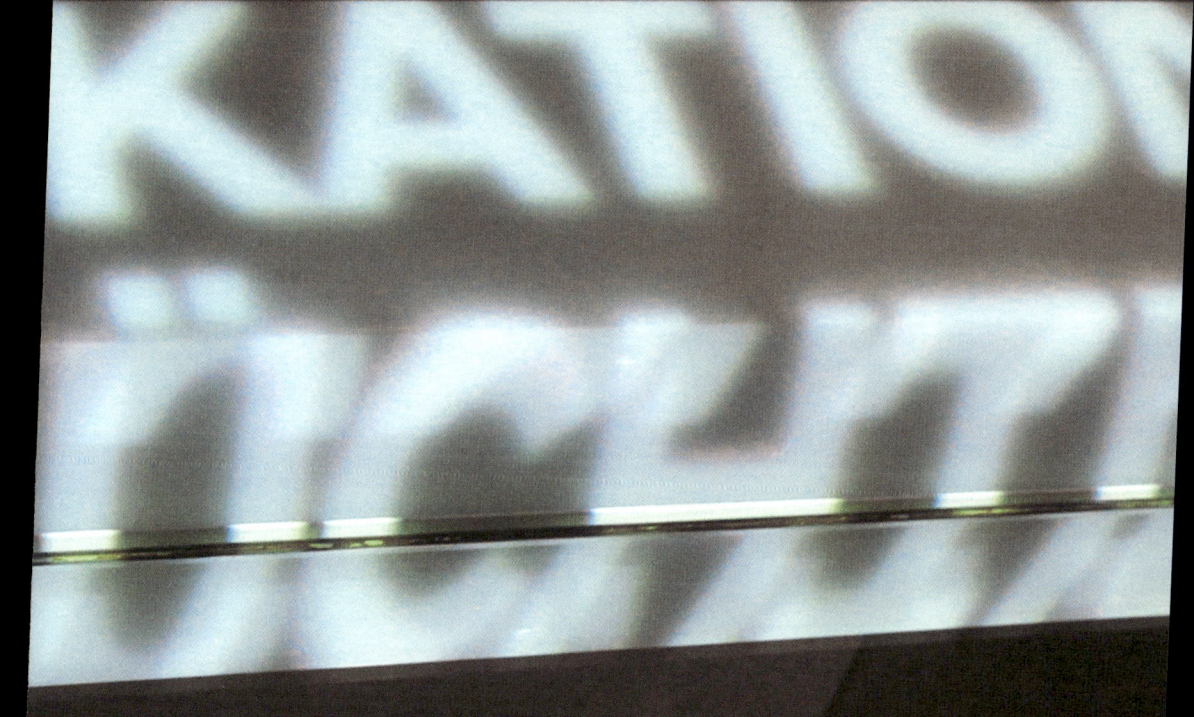

Zur Flüchtigkeit atmosphärischer Erfahrungen gehört deren Unwiederholbarkeit. Dass jede Wahrnehmung, jede Reflexion des Atmosphärischen auch das Mass der eigenen Aufmerksamkeit, die individuelle Gestimmtheit gegenüber einer gegebenen Situation spiegelt, macht sie so auffällig wie unterscheidbar. Atmosphärische Wirkungen verflüchtigen sich oft so schnell, wie ein Gedanke verschwindet, eine Assoziation sich auflöst. Wie die „allmähliche Verfertigung der Gedanken beim Reden" (Heinrich von Kleist), so verändert sich die Verfertigung einer atmosphärischen Erfahrung in Räumen mit jedem assoziativen Brückenschlag. Uns interessiert, wie sich das Flüchtige in dialogischen Wahrnehmungsprozessen zeigt.

PROVOKATION DES FLÜCHTIGEN

Wie der Kleistsche Gedanke sich weiterentwickelt, präzisiert und verändert, so verändern sich auch räumliche atmosphärische Erfahrungen. Buchstäblich wie beim Wetter: Blitz und Donner, aufreissender oder sich verdunkelnder Himmel, ein plötzlicher Regenguss, ein kontinuierlich sich änderndes Wolkenbild. Das könnte der Grund dafür sein, dass es zu einer Entlehnung des griechischen Wortes *Atmosphäre* aus dem metereologischen Bedeutungszusammenhang kommt. Atmosphärische Erscheinungen seien aus zwei Gründen seit jeher einprägsame Stimmungsauslöser, schreibt Timo Bautz. „Zunächst sehen dieselben Orte und Landschaften bei unterschiedlichen Licht- und Wetterlagen anders aus, so dass die Aufmerksamkeit für diese Änderungen empfindlich wird. Das besondere Tempo dieser Änderungen erlaubt es, sie in den Übergangsphasen gut zu beobachten. […] Ein weiterer Übertragungshintergrund könnten die Emotionen selbst sein. Sie stehen in einer merkwürdigen Entsprechung zu meteorologischen Erscheinungen. Wie diese werden sie ebenfalls als Änderungen in einem konstanten Bezugsrahmen in gewissen Abständen und über gewisse Zeiträume erlebt." /1 Dass hier zwei grundlegende Lebenserfahrungen der Aussen- und Innenwelt korrespondieren, die fallweise auch noch kausal verbunden seien, sei womöglich ein Grund für die Übertragung dieses Begriffs aus dem naturwissenschaftlichen Kontext auf ein Phänomen der Grenzauflösung zwischen wahrnehmendem Subjekt und seinem Kontext. /2

MACHINE A EMOUVOIR Wenn Le Corbusier den Rang von Licht und Schatten, Sonneneinfall und Sonnenverlauf und deren Zusammenspiel mit architektonischen und landschaftlichen Elementen beschwört, dann spricht er genau von diesen sich verändernden

/1 Timo Bautz, Stimmig/unstimmig. Was unterscheidet Atmosphären?, in: Rainer Goetz und Stefan Graupner (Hg.), Atmosphäre(n), München (kopaed verlagsgmbh) o. J., S. 113f /2 Ebda., S. 144

6.01 Elisabeth Blum,
  Le Corbusiers Wege

Beziehungen zwischen konstantem Bezugsrahmen (Architektur) und flüchtigen Einwirkungen (Bewegung). Mit der *promenade architecturale* findet oder besser entdeckt er jenes Instrument, das den Aspekt des Veränderlichen äusserer Erscheinungsformen – Licht und Schatten, Fenster, Türen, Treppen usw. – in das sich bewegende Subjekt verlegt: „[...] weil die verschiedenen Wirkungen des Bauwerks – die Sinfonie, die erklingt – nur in dem Maße greifbar werden, wie uns unsere Schritte hindurchtragen, wie sie uns hinstellen, uns weiterführen und unsern Blicken die Weite der Mauern und Perspektiven darbieten, das Erwartete oder das Unerwartete hinter den Türen, die das Geheimnis neuer Räume preisgeben, das Spiel der Schatten, der Halbschatten oder des Lichts, das die Sonne durch Fenster und Türen wirft." /3 Die Schritte der Menschen tun etwas den Bewegungen der Wolken Verwandtes: Jeder Schritt biete dem Auge ein neues Klangelement der architektonischen Komposition. Le Corbusier geht so weit, die Unterscheidung von guter und schlechter Architektur davon abhängig zu machen, ob in ihr das Gesetz des Durchwanderns beachtet wurde, innen wie aussen, oder ob sie im Gegenteil um einen ‚festgesetzten Punkt' organisiert sei. Gute Architektur sei lebendig, schlechte erstarrt. /4 Der Erfinder der berüchtigten Wohnmaschine erinnert beharrlich an die von seinen Feinden vernachlässigte zweite Hälfte seiner Aussage: dass Architektur, die sich darauf beschränke, *machine à habiter* zu sein, also lediglich zu funktionieren, tote Architektur sei. Sie zähle nicht. Architektur beginne jenseits der Wohnmaschine. Sie beginne erst zu wirken, wenn sie auch eine *machine à émouvoir* sei. Erst dann sei sie fähig, Menschen zu erregen, ja zu erschüttern. /5

/3 Le Corbusier, An die Studenten, zitiert in: Elisabeth Blum, Le Corbusiers Wege. Wie das Zauberwerk in Gang gesetzt wird. Basel/Boston/Berlin (Birkhäuser) unveränderter Nachdruck 2001 der dritten Auflage 1995, S. 31 /4 Ebda. /5 Le Corbusier, Pierre Jeanneret, Extraits de l'Architecture vivante [...], 1ère Série, S. 11, zitiert in: ebda., S. 25 f

6.02 Stop Wall St. From bankrupting our Future, New York, 2008

AUFSTÄNDE, DEMONSTRATIONEN, PROZESSIONEN Viele aufregende, im Grenzfall existentiell bedrohliche Formen des Flüchtigen in der Welt des Urbanen besitzen eine gesellschaftspolitische Dimension. Anders jedoch als alltägliche Konstellationen, in die Individuen geraten, die sich in Räumen bewegen, verbindet sich die Geschichte der Aufstände und Demonstrationen vorrangig mit politischen Forderungen, aber auch mit Forderungen, die unmittelbar den städtischen Raum selbst betreffen. Kämpfe sind ein flüchtiges Element im Stadtbild, flüchtig wie die Losungen, die für wenige Stunden von den Fassaden widerhallen und den Stadtraum besetzen. Aktuellste Beispiele finden wir in der Folge der weltweiten Finanzkrise, etwa die New Yorker Demonstration vom Oktober 2008 gegen die Abzockerei der Bankmanager, bei der die Bewegung *The Right to the City*[/6] gegen den Kapitalismus und insbesondere gegen die Bloombergsche Stadtpolitik protestierte. Statt der strukturellen Umverteilung gesellschaftlicher Güter zugunsten der Vermögenden fordert die Bewegung das Recht auf die Stadt für alle diejenigen, die sich die Stadt infolge der herrschenden Stadtpolitik nicht mehr leisten können.

> *This City of New York was been transformed under the Bloomberg Administration into Developpers' Paradise. [...] Manhattan has been turned into one of the most affluent gated communities in the world, not by putting gates around it but by simply raising the rents of the property prices to the point where it seems very very hard for ordinary people to live in.* David Harvey

Oder 1968. Ein Datum, das wir weltweit mit Bildern innerstädtischer Strassen in Verbindung bringen. Kommunikation und Kampf sind in den städtischen Raum ausgelagert: Die in Universitätsseminaren und Vorlesungen – bis dahin in der Klausur praktizierte –

[/6] Vgl. http://www.righttothecity.org/ Der Name der Bewegung „The Right to the City" geht auf das 1968 von dem französischen Soziologen und Philosophen Henri Lefebvre veröffentlichte Buch *Le droit à la ville* zurück. Vgl. David Harveys Essay „The Right to the City" in: New Left Review, Vol. 53/2008 http://www.newleftreview.org/?view=2740

6.03 Demonstration Paris, 1968

6.04 Krysztof Wodiczko, *Alien Staff*

Kritik sucht sich in den Strassen der Stadtzentren den öffentlichen Raum, der ihre universitären und politischen Forderungen weithin lesbar und hörbar macht und das Gedächtnis früherer Kämpfe wachruft.

ALIEN STAFF: A STORYTELLING EQUIPEMENT Krzysztof Wodiczkos *The Alien Staff* (1992/1993) ist eine politisch engagierte künstlerische Form der Besetzung des öffentlichen Raumes. Wie sein erstes Prothesen-Projekt, das *Homeless Vehicle* (vgl. S.98), das auf eine effiziente Form des kulturellen Widerstands gegen die Ignoranz gegenüber der Obdachlosigkeit setzte, operiert auch *Alien Staff* mit einem auffälligen visuellen Auftritt: eine minimale mobile Ausrüstung im Stadtgewühl, ausgestattet mit öffentlichen Adressen und einem Anschluss an ein kulturelles Netzwerk für Immigranten. Ein Instrument, das Fremden, denen der Zugang zu den Medien verwehrt bleibt, direkt mit anderen in Kontakt zu treten erlaubt. Ausgerüstet mit einem Videoplayer in Form eines Schultersacks, einem kleinen Lautsprecher und einem Mini-Monitor auf Augenhöhe, der die Vorübergehenden verführt näherzukommen, baut es zugleich Distanz ab – jene Dimension der Wirklichkeit, denen Immigranten in der Regel ausgesetzt sind. Eine flüchtige Besetzung des öffentlichen Raumes mit dem Ziel konstanter Veränderungen.

Zu den flüchtigen Besetzungen öffentlicher Räume gehören nicht nur Kämpfe um Rechte für Unterprivilegierte, nicht nur Proteste gegen die von katastrophischen Ereignissen – Hochwasser, Erdbeben – angerichteten Verwüstungen. Dazu gehören auch ritualisierte Begehungen wie Prozessionen und Wallfahrten, deren Tradition bis zu den städtischen Kulturen des Zweistromlandes zurückreicht. [7]

---

[7] Jan Pieper, Das Labyrinthische. Über die Idee des Verborgenen, Rätselhaften, Schwierigen in der Geschichte der Architektur, Braunschweig/Wiesbaden (Vieweg) 1987, S. 256 Neuausgabe Basel/Boston/Berlin (Birkhäuser) 2009, S. 306

6.05 Gunter Demnig, *Stolperstein*   6.06 Jakobswege

WIEDERGEHOLTE SPUREN Spuren von Angriffen auf die herrschende Ordnung zu beseitigen, liegt im Lebensinteresse eben dieser herrschenden Ordnung. Flüchtigkeit eines Ereignisses herzustellen, Spuren zu entfernen oder einfach darauf zu hoffen, dass sie sich in den Wirren sich überschlagender Ereignisse schnell wieder verlieren, gehört zum politischen Geschäft. Umgekehrt ist die *Kritik* der herrschenden Ordnung daran interessiert, der Flüchtigkeit des Gedächtnisses entgegenzutreten, auch durch unübersehbare Zeichen im Stadtraum, wie dies der Kölner Künstler Gunter Demnig mit seinem europaweit wirksamen Projekt *Stolpersteine*[8] macht, das die Erinnerung an die Verfolgung von Juden, Zigeunern, Kommunisten, Homosexuellen und Zeugen Jehovas im Nationalsozialismus aufrechterhalten will. Dafür versetzt er eigenhändig pflastersteingrosse Messingblöcke auf den Trottoirs vor ihren letzten Wohnorten. Inzwischen gibt es Stolpersteine in über 500 Orten Deutschlands und in mehreren Ländern Europas.

WEEKEND Eine andere Art der Ritualisierung und temporären Besetzung des Raumes zeigt uns Jean-Luc Godard mit seinem Film *Weekend* (1967): den wiederkehrenden Wahnsinn der Wochenenden im Stau, wo Schlägereien, Spiele, Unfälle, brennende und explodierende Autos mit vielen Toten zum Normalfall werden. Auf einer fast zehnminütigen Kamerafahrt entlang einer Autokolonne auf idyllischer Landstrasse symbolisieren die Autos unterschiedliche Weltkonzepte, die stecken geblieben sind. Eine Systemkritik durch Godard, „die verdeutlicht, dass die kommerzielle Gesellschaft Kunst und Weltbilder am Fließband produziert und unfähig dazu ist, sich zu Ausnahmefällen und Zerstörung zu verhalten"[9].

[8] Vgl. http://www.stolpersteine.com/ [9] Zitiert nach: Seite 360. Blog für Kultur. Klassiker des selbstreflexiven Kinos – Klappe die Vierte: Jean-Luc Godards „Week End" (1967) http://seite360.wordpress.com/2010/03/23/klassiker-des-selbstreflexiven-kinos-%E2%80%93-klappe-die-vierte-jean-luc-godards-%E2%80%9Eweekend-1967/

6.07 Jean-Luc Godard, *Weekend* (1)   6.08 Jean-Luc Godard, *Weekend* (2)

IN SEKUNDEN EINE WELT ERÖFFNEN Atmosphäre im Film bedeute, sagt Jonas Raeber, in Sekunden eine Welt zu eröffnen. Dem Publikum eines Kurzfilms innerhalb weniger Minuten eine Geschichte zu erzählen heisse, Einstiegs- und Anknüpfungsmöglichkeiten zu schaffen. Deswegen sei im Film das Vorher und Nachher der Bilder wichtig. „Wenn ich zwischen den Zuschauern und der Figur auf der Leinwand eine Spannung aufbaue, dann ist das eine direkte Linie. Die erweitert sich um eine weitere Achse, wenn eine nächste Person ins Spiel kommt oder rausgeht. Was ist ausserhalb? Was ist links und rechts vom Bild? Was war vorher? Was ist nachher? Das erzeugt Spannung im Film. Da merkt man, dass man nicht alleine ist." /10

Ohne jedes Davor und Danach kommt eine Szene in Godards Film *Pierrot le fou* (1965) aus: Pierrot (Jean-Paul Belmondo) wird auf der Terrasse eines Cafés von einem Mann angesprochen, der ihn fragt, ob er es sei, der vor Jahren mit seiner Frau geschlafen habe. Pierrot bejaht. Mehr zu erfahren scheint der Mann nicht interessiert zu sein, er verabschiedet sich und geht. Wer erwartet hatte, dass der Mann Pierrot mit einem Faustschlag niederstreckt, sitzt im falschen Film; Godard ist an einer dramatischen Wendung dieser flüchtigen Begegnung nicht interessiert. Die Szene negiert jede erzählerische Konvention, sie ist für die im Film erzählte Geschichte ohne Belang. In diesem Sinne ist sie flüchtig – und doch eine der Szenen, die man wegen der bewussten Ausserkraftsetzung angeblich logischer Schlüsse im eigenen Bildarchiv speichert. Ähnlich einer diesbezüglich vergleichbaren Szene in Godards *Une femme est une femme* (1961): Belmondo wird vor einem Café von einem ihm Unbekannten daran erinnert, dass er ihm Geld schulde. Belmondo prüft dies in seinem

/10 Jonas Raeber im Interview http://blog.zhdk.ch/stadtlaborluzern/

6.09 Jean-Luc Godard, *Pierrot le fou*

Notizbuch, sagt dem Mann, er habe recht, steckt das Notizbuch ein und geht. Er wird von dem Mann beschimpft und schleudert diesem seinerseits Schimpfworte entgegen („Faschist"), die mit dem Vorhalt nichts zu tun haben. Auch dies eine flüchtige – folgenlose – Begegnung.

Geschehnisse in Räumen sind fast ausnahmslos flüchtig. Flüchtiges begegnet uns, wenn unser Erinnerungskarussell in Bewegung kommt. Wenn Licht und Schatten unseren Weg durch die Hitze der sommerlichen Stadt dirigieren. Wenn ein Sarg in ein Grab gelassen wird. Wenn Hotelangestellte einen Körperabdruck auf dem Bett beseitigen ... Dass dem Flüchtigen ein geheimer Schrecken innewohnt, liegt an seiner Unberechenbarkeit. Diese kann sich dramatisch gegen einen selbst wenden: Berührungen mit Formen des Transitorischen können einem die Trägheit des eigenen Körpers oder Geistes bewusst machen. Wenn in einem bestimmten Moment eine angemessene Bewegung oder entschiedenes Handeln gefragt ist, kann das Nicht-Gelingen einen Sturz, ein Sich-Verlaufen oder einen unwiederbringlichen Verlust bewirken. Oft wird das Flüchtige dem Räumlichen erst gar nicht zugerechnet. Und so ist Flüchtigkeit ein Aspekt, mit dem sich Architekten vorrangig nicht beschäftigen. In ein Bild gehen und für einen Moment etwas bewirken, ist Sache der Performance-Kunst.

ZWISCHEN DEN DINGEN Mir war ein Buch von Elie Faure [...] in die Hände gefallen, wo es um Velazquez ging, und gleich am Anfang hieß es da, daß er am Ende seiner Karriere – bei mir war es am Anfang, aber das war mir nicht klar – [...] die Dinge zwischen den Dingen gemalt hätte. Und mir wurde klar, so nach und nach, daß das Kino das ist, was zwischen den Dingen ist, und nicht die Dinge selbst, was zwischen einem selbst und einem anderen ist, zwischen dir und mir, und auf der Leinwand ist es dann zwischen den Dingen.

Jean-Luc Godard, Einführung in eine wahre Geschichte des Kinos, München (Hanser) 1981, S. 145

WÄNDE AUS RAUCH „Mein Haus", sagt Georges Spyridaki, „ist durchscheinend, aber nicht aus Glas. Eher wäre es aus einer Art Rauch. Seine Wände verdichten und verdünnen sich nach meinem Wunsch. Manchmal ziehe ich sie eng um mich zusammen wie einen Isolierungspanzer... Aber manchmal lasse ich die Wände meines Hauses sich entfalten in ihrem eigenen Raum, welcher die unendliche Ausdehnbarkeit ist." Das Haus Spyridakis atmet. [...]. Wir leben darin abwechselnd in der Sicherheit und im Abenteuer.

CCII
Gaston Bachelard, Poetik des Raumes, Frankfurt a.M./Berlin/Wien (Ullstein) 1975, S. 82

CCIII

CCIV

SICH IN EIN BILD SETZEN Weiss der Tourist, in welches Bild er sich setzt? Welche Erinnerung will er mitnehmen?

CCV
Huth & Frey im Videointerview http://blog.zhdk.ch/stadtlaborluzern/

DIE EMOTIONALE TEMPERATUR DES RAUMES Wenn wir von einer Temperaturänderung im Raum sprechen, und ich meine nicht die Celsius-Temperaturänderung, sondern eine emotionale oder eine dramatische, theatrale Temperatur, dann würde man als Regisseur immer probieren, diese Temperatur so hoch wie möglich zu halten. Und zugleich so niedrig wie nötig, das heisst, dass man den kalten oder kühlen Blick auf das, was man erzeugt oder kocht, wenn wir beim Bild der Temperatur bleiben wollen, nie verliert. Das ist auch eine psychologische Atmosphäre, die zu erzeugen sehr wichtig ist, eine Atmosphäre, in der man auch Grenzüberschreitungen vornehmen kann, die man sich sonst nicht zutrauen würde.

CCVI
Thea Brejzek im Videointerview http://blog.zhdk.ch/stadtlaborluzern/

LETRICIS
NCANAD
ORRACHA

:3088-979

CCVIII

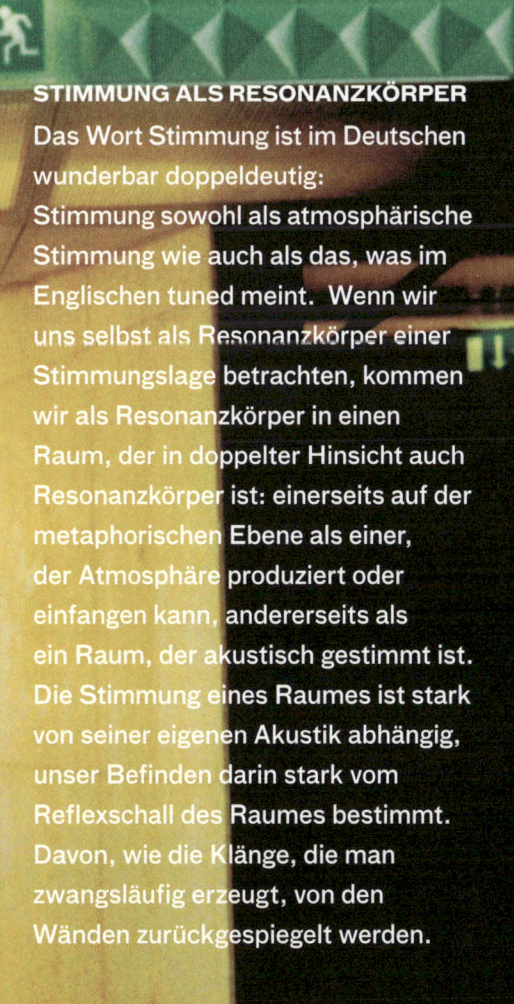

STIMMUNG ALS RESONANZKÖRPER
Das Wort Stimmung ist im Deutschen wunderbar doppeldeutig: Stimmung sowohl als atmosphärische Stimmung wie auch als das, was im Englischen tuned meint. Wenn wir uns selbst als Resonanzkörper einer Stimmungslage betrachten, kommen wir als Resonanzkörper in einen Raum, der in doppelter Hinsicht auch Resonanzkörper ist: einerseits auf der metaphorischen Ebene als einer, der Atmosphäre produziert oder einfangen kann, andererseits als ein Raum, der akustisch gestimmt ist. Die Stimmung eines Raumes ist stark von seiner eigenen Akustik abhängig, unser Befinden darin stark vom Reflexschall des Raumes bestimmt. Davon, wie die Klänge, die man zwangsläufig erzeugt, von den Wänden zurückgespiegelt werden.

Fred van der Kooij im Videointerview http://blog.zhdk.ch/stadtlaborluzern/

BLASENRÄUME Die ambulanten Verkäufer schaffen auf den Straßen den Raum eines offenen Marktes [...] einen Blasenraum [...], der sich anläßlich eines besonderen Ereignisses oder aufgrund einer bestimmten urbanen Konstellation bildet. Dies kann das Umfeld eines Fußballstadions am Tag des Zusammentreffens zwischen zwei Halbzeiten sein, der Raum um Krankenhäuser, Friedhöfe, Schulen, Universitäten, Fabriken, Straßenbahn- und Bushaltestellen, Kirchen, Zoo u.a. [...]. Der Ausdruck Blase übersetzt sehr gut die Art des Verkaufsraums, der sich immer wieder neu bildet. Selbst auf stark befahrenen mehrspurigen Straßen, von denen bekannt ist, daß es dort regelmäßig zu Verkehrsstaus kommt, entsteht innerhalb kürzester Zeit ein neuer Verkaufsraum für die ambulanten Verkäufer.

FLIEGENDER HANDEL Die ambulanten Verkäufer haben eine grosse Kenntnis vom Handel. Neben der Auswahl des Ortes für ihre Verkäufe beziehen sie die Festtage, Klimaveränderungen und Modeaspekte in ihre Strategien ein [...]. Wenn es z.B. regnet, gibt es sofort mehrere Verkäufer, die an jeder Ecke im Stadtzentrum Regenschirme anbieten, bei Sonnenschein verkaufen sie verschiedene Arten von Hüten und Sonnenbrillen, man verkauft tragbare Ventilatoren [...] oder Hängematten und andere Textilien [...].

CCXI
Anna Lúcia Florisbela dos Santos, Der Städtische Informelle Sektor in Brasilien.
Das Fallbeispiel Rio de Janeiro, Bibliotheks- und Informationssystem der Universität Oldenburg,
Oldenburg 2001, S. 136f und 139f

CCXII

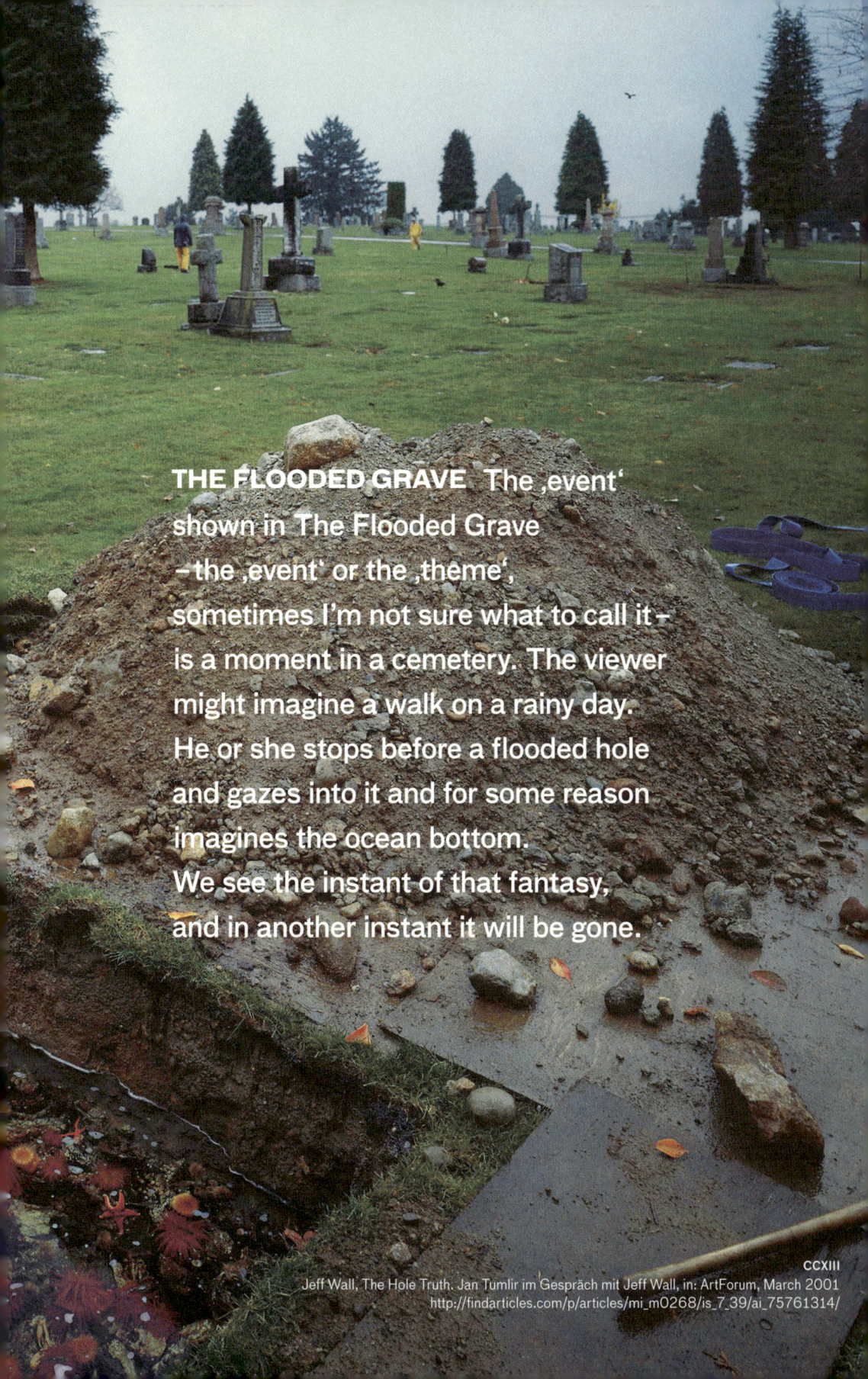

THE FLOODED GRAVE The ‚event'
shown in The Flooded Grave
—the ‚event' or the ‚theme',
sometimes I'm not sure what to call it —
is a moment in a cemetery. The viewer
might imagine a walk on a rainy day.
He or she stops before a flooded hole
and gazes into it and for some reason
imagines the ocean bottom.
We see the instant of that fantasy,
and in another instant it will be gone.

Jeff Wall, The Hole Truth. Jan Tumlir im Gespräch mit Jeff Wall, in: ArtForum, March 2001
http://findarticles.com/p/articles/mi_m0268/is_7_39/ai_75761314/

MEHR WIRKLICHKEIT!
IN DEN FALTEN DER ALLTÄGLICHEN
GESCHWINDIGKEIT VERSCHWUNDEN

„This touching point between people became the real focal point of that magic moment which all painting suggests but can never actually reproduce because they can't create time. They can't embody time." Bill Viola

6.10 Pontormo, *Heimsuchung*, Bill Viola, *The Greeting*

In Dimensionen des Verlusts gesprochen, sind es nicht nur Bilder, die den magischen Moment in einer Begegnung nicht zu entfalten vermögen, weil sie, wie Bill Viola sagt, keine Zeit kreieren können. Selbst die uns in alltäglichen Verrichtungen vertraute Geschwindigkeit verschluckt dramatische Wirkungen. Wirkungen, die, wie Bill Violas *The Greeting* demonstriert, nur in der Verlangsamung sichtbar werden.

The Greeting (1995) ist eine mit einer High-Speed-Videokamera gefilmte Sequenz, in der fünfundvierzig Sekunden einer Handlung gedehnt auf zehn Minuten Länge zu sehen sind. Die Szene: Die wiederholte Begegnung zweier Frauen auf einem Trottoir. Eine dritte Person rückt eher in den Hintergrund. Die Anregung für diese Inszenierung kommt von einer anderen Begegnung. Viola hat sie einem Bild des italienischen Maler Jacopo Carrucci, genannt Pontormo (1494–1557) entlehnt. Pontormos *Heimsuchung*, so der deutsche Titel des Gemäldes von 1528/1529, zeigt die Begegnung Marias mit ihrer schwangeren Schwester Elisabeth. Eine Begegnung und eine Enthüllung. Der Moment, in dem Maria ihr Geheimnis preisgibt. In seiner Videoarbeit verschiebt sich Violas Interesse auf den ästhetisch-psychologischen Aspekt einer alltäglichen Begegnung. Viola betrachtet das Gemälde wie das Standbild eines Films, das er zum Laufen bringen möchte. Ein Anreiz, die eingefrorene Begegnung in ihrer zeitlichen Entfaltung zu erkunden. Denn es ist der Wegfall der Zeitlichkeit, der dem Bild seine dramatische Wirkung raubt.

The Greeting ist so etwas wie eine Antwort auf Pontormos *Heimsuchung*. Fünfundvierzig Sekunden einer Begebenheit gedehnt auf zehn Minuten zu sehen heisst, eine *andere* Begebenheit zu sehen. Was die *Körper in Verlangsamung* gestisch zum Vorschein bringen, könnte uns erschauern lassen. Im Raum zwischen den Körpern tritt bisher Ungesehenes zutage. Das Repertoire an Gesten, Angst- und Abwehrreaktionen sprengt die vertrauten Deutungsmuster menschlichen Verhaltens. Was wir im Alltag eventuell zu verstecken suchen, erscheint hier in voller Grösse: ein Sammelsurium an Ausdrucksgestalten, die das Befremdliche, das Peinliche und Ängstliche zeigen, Zögern, Aggression, Horror. Worum genau es sich bei diesen sichtbar gewordenen Stoffen handelt, können wir nicht beantworten, weil uns die Beziehungen zwischen dem Sichtbaren und dem Unsichtbaren nicht so vertraut sind.

In *The Greeting* geht es um die Ambivalenz von An- und Abwesenheit. Darum, wieviel von einer alltäglichen Handlung sichtbar wird oder verborgen bleibt. Es gibt ein Aufeinanderzugehen, eine Umarmung zur Begrüssung. Stoffe flattern. Zwei Körper in Bewegung. Eine in der Realzeit unscheinbare Begebenheit, kurz und unauffällig. Marie Luise Syring spricht von einem *visionären Dokumentarstil*.[1] *Unseen Images*,[2] ungesehene Bilder, überschwemmen die Situation. Innen- und Aussenwelt vermischen sich. Eine unbekannte Vagheit breitet sich aus, Flüchtigkeit und Genauigkeit zugleich. Das in der Geschwindigkeit Verschwundene ist immer wieder schauderhaft. Zuweilen gleicht es einem Wiedererkennen, einem halbfertigen Wissen, das man nicht in Form von Wörtern und Sätzen kennt. Die Verlangsamung ändert die Art und Weise unseres Sehens, das, was sich zwischen Menschen im Zwischenraum einer Begegnung ereignet. Die Verlangsamung verführt zu einem anderen Hinschauen: an den Rändern des Geschehens. Aufmerksam konzentriert sich der Blick auf das, was einem in der Regel entgeht. Wir können jetzt wissen, dass etwas mehr zu sehen ist. Mitten im Gelächter hat jemand Angst. Mitten in der Begegnung durchzuckt ein Schrecken den Körper. Ein angedeutetes Zurückweichen wird bemerkbar. Durch die Wiederholung der immer gleichen Videosequenz gewinnen die Beobachtungen zudem an Genauigkeit. Jedesmal ist mehr und anderes zu sehen. Es entwickelt sich eine Ambivalenz zwischen Sich-Auskennen und Nicht-Sich-Auskennen. Was normalerweise sichtbar ist, entpuppt sich als reduziertes Zerrbild dessen, das eigentlich anwesend ist. Was nun von Bedeutung ist, war in der alltäglichen Geschwindigkeit ohne Belang. Namenlose Gesten, für die das Vokabular fehlt.

Worüber es jetzt Gewissheit gibt? Dass die ganz normale Geschwindigkeit alltäglicher Handlungen Nuancen ausblendet, dass sie uns als reduzierte Figuren aus einem komplexeren Geschehen herausmodelliert und damit betrügt. Als Bedingung unserer Alltagserfahrung ermöglicht sie uns, die – wenn auch gefährdete – erwünschte Grenze zwischen Sichtbarem und Unsichtbarem aufrechtzuerhalten. Wie ein in die Zeit eingebauter Schutzmechanismus oder eine Intimitätsschranke erzeugt sie fortwährend jene bekannten Gesten und Blicke, die den Raum für das Sichtbare auffüllen und so den fremden Blick auf das verstellen, was unsichtbar bleiben soll: Vergrösserungen dessen, was nicht in den Falten der Alltagsgeschwindigkeit verschwunden ist. Man könnte auch sagen, dass das, was sich zeigt, sich als Geschehen in abstrahierter Form präsentiert. Anders formuliert: Die alltägliche Geschwindigkeit raubt den Gesten ihre Ausführlichkeit, als ob sie ein heimliches Komplott mit gesellschaftlich vereinbarten Vorstellungen dar-über eingegangen wäre, was von der Produktion körperlichen Ausdrucks in die Sichtbarkeit gehört und was besser im Unsichtbaren bleibt. Oder sollen wir umgekehrt vermuten, dass Vorstellungen darüber, was an menschlichen Entäusserungen öfentlich zumutbar ist, sich erst aufgrund der alltäglichen Geschwindigkeit unserer Gesten herausgebildet haben? Dass Massstäbe für die

/1 Marie-Louise Syring, zitiert in Friedemann Malsch, Globale Allegorien. Der Prozeß symbolischer Codierung in den Videobändern Bill Violas, in: Bill Viola, Ausstellungskatalog, hg. von Alexander Pühringer, Klagenfurt (Ritter), 1994, S. 190 /2 Ebda.

gesellschaftliche Toleranz in bezug auf die Zumutbarkeit gestischer Enthüllungen im Umgang zwischen Menschen dieser existentiellen Gegebenheit korrelieren?

Die kontinuierliche Vernichtung von Wirklichkeitsfragmenten fragmentiert diese Wirklichkeit in einer unsichtbaren Weise und lässt sie als jene normale Kontinuität erscheinen, die wir als Kontinuität zu sehen gelernt haben. Wird diese Geschwindigkeit durch verlangsamtes Abspielen verändert, so wirkt dies, als ob der Montagepunkt[3] unserer Wirklichkeit sich verschieben und an deren Stelle eine (leicht) veränderte Wirklichkeit zusammensetzen würde.

Bill Violas Obsession, diese Grenzen zu erkunden, zeigt uns Räume, in denen nicht nur die Grenzen zwischen Sichtbarem und Unsichtbarem in Bewegung geraten, in denen das Reich des Unsichtbaren sichtlich Sekunde um Sekunde an Terrain gewinnt, sondern Räume, in denen sich eine überwältigende Landschaft unbekannter Skizzen körperlicher Äußerungen eröffnet. Denn ein Geschehen wie eine Begegnung strapaziert unsere Körper, was sich im Vergestikulieren, im Fehlhandeln kundtut. Eine „Demütigung der Begierden"[4], sagt Bill Viola. Er zeigt uns den Körper als faszinierende Produktionsstätte von Formen des Schreckens, der Lust. Er macht den Körper in Aktion zu einem Laboratorium, in dem sich das Nichts zwischen zwei Momenten einer Bewegung als Raum verschwundener Stoffe in überraschenden Szenen entfaltet. Die Verlangsamung ist wie ein Mikroskop. Was unter ihm sichtbar wird, ist eine terra incognita. Wie aus einem dekomprimierten Speicher zaubert sie ein Spektrum von unerwarteten Gesten der Freude, der Hilflosigkeit, der Anstrengung, des Kampfes und des Zögerns. Ganz so, als ob eine alltägliche Begegnung zweier Menschen einem existentiell bedrohlichen Kampf ähnelte und nur durch Überwindung heftigster Widerstände über die Bühne ginge. Aber vielleicht schimmern ja durch die Nervosität, die Begegnungen manchmal anhaftet, Bruchteile solcher Erfahrungen.

Über den Umweg der Verlangsamung lässt sich Gewissheit darüber erreichen, dass es mehr an Wirklichkeiten oder Wahrheiten gibt als das, was unser Auge zu sehen vermag. Denn was man sehen kann in der Verlangsamung des Bildes, und sei es noch so befremdend, ist wirklich wahr und wirklich geschehen. Jean-Luc Godards Satz *Photographie, das ist die Wahrheit. Und der Film ist die Wahrheit 24 mal in der Sekunde!*[5] liesse sich um den Satz ergänzen, dass die 13,333-fache Verlangsamung die Wahrheit 320 mal in der Sekunde ist.

Douglas Gordons Videoinstallation 24 Hour Psycho *dehnt Alfred Hitchcocks Film* Psycho, *im Original 109 Minuten lang, auf ganze 24 Stunden. In seinem Roman* Omega Point *(2010) bezieht sich der amerikanische Schriftsteller Don DeLillo auf das im Sommer 2006 im Museum of Modern Art in New York präsentierte, erstmals 1993 in Glasgow und Berlin gezeigte Werk. Ein unbekannt bleibender Besucher nimmt jede durch die extreme Verlangsamung deutlicher werdende Bewegung der Schauspieler wahr.*

[3] Vgl. Carlos Castañeda, u.a. Die Kunst des Träumens, (S. Fischer) 1993, passim [4] Bill Viola, Ausstellungkatalog, S. 117
[5] Aus Jean-Luc Godards Film *Le petit soldat* (1960)

KNIRSCHENDER UNTERGRUND

Das Stadtbuch ist der Name eines Projekts. Als Antwort auf die einer Gruppe von Studierenden gestellte Frage, welche Institutionen in unseren Städten fehlen, entwarf einer von ihnen ein linsenförmiges Gebäude, das er inmitten eines Industriegleisareals in der Nähe eines Transitbahnhofs situierte. Das Aussergewöhnliche an dem Projekt war der überdimensionierte Sockel. Der im Schnitt zweigeteilte Körper bestand in seiner unteren Hälfte aus einem Archiv mit einer Vielzahl aufgerollter Leinwände. Bevor diese – in 150.000 Rollen verpackt, dicht gedrängt und mit Deckeln verschlossen – im Sockel archiviert werden sollten, bildeten sie im zeitlichen Nacheinander als Seiten eines Stadtbuches die von Stütze zu Stütze gespannten Stoffwände des darüber befindlichen Raumes. „Wenn es um die Geschichten und Ereignisse geht, um die Gedanken der einzelnen, unbekannten Bewohner einer Stadt", kommentierte der Entwurfsverfasser seinen Vorschlag, dann sei die Stadt sehr vergesslich. Sie brauche darum eine Institution nach Art eines öffentlichen Buches als Gedächtnisstütze, in welchem die Stadtbewohner festhalten könnten, was ihnen wichtig erscheint, und nachlesen, was ihre Vorfahren umgetrieben hat. Das einst auf gespannten Leinwänden Sichtbare sollte, getränkt mit Erinnerungsmaterial, eingerollt werden und danach im weithin sichtbar bleibenden Unterbau verschwinden.

Der Sockel des Projekts ist, um mit Roland Barthes zu sprechen, ein knirschender Untergrund: ein tickendes Gedächtnis und zugleich der Motor dieses Gedächtnisses, ein Raum der versammelten Affekte, der Lagerung heftigen Materials, der verdichteten Spuren von Ereignissen, die nirgends sonst je verzeichnet worden wären. Eine Anhäufung von Begehren, ein Sammelbecken vieler kleiner Anfänge, Fragmente, Sedimente. Ein Raum der permanenten Aufdringlichkeit, wie ein Schiff im Gleismeer der Stadt, das sich ständig selber umbaut. Würde man die Leinwandmeter addieren, ergäben sich 375.000 Laufmeter oder 675.000 Quadratmeter Gedächtnisstoff – potentielle Reden einer Stadt, die sonst keine sichtbare Form angenommen und sich in Luft aufgelöst hätten. Gebaut wäre das Stadtbuch-Projekt eine ganz spezifische Einrichtung: ein Ort der kollektiven Erinnerung, der fortgesetzten Produktion, der ununterbrochenen Lektüre. Ein analoges Bild der Stadt. Einer Stadt, die wir so nicht kennen.

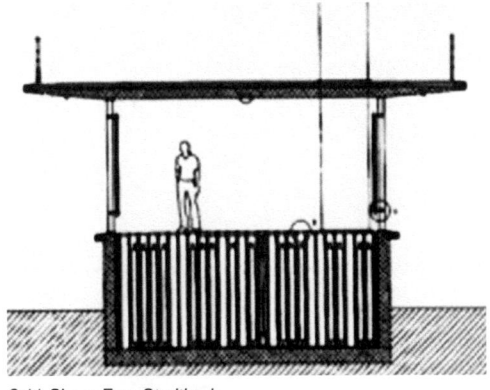

6.11 Simon Epp, *Stadtbuch*

219

7 PREKÄRE ERFAHRUNGEN

Wo das Risiko einer räumlichen Täuschung, eines Eingeschlossenseins oder Ausgeschlossenseins besteht, wo wir uns unberechtigt in Räume vorwagen oder eine plötzliche Begegnung mit dem Unerwarteten oder Bedrohlichen eintritt, werden räumliche Erfahrungen für uns prekär.

7 PREKÄRE ERFAHRUNGEN

Prekäre Erfahrungen machen wir, wenn etwas zum Vorschein kommt, das eigentlich im Verborgenen bleiben soll. Damit einher geht eine – oft nur minimale – Verschiebung von Schwellen: vom Unsichtbaren zum Sichtbaren, vom Unhörbaren zum Hörbaren. Physische Grenzen und Grenzen der Wahrnehmung verwischen sich, werden unsicher, unzuverlässig, ja riskant. Wir drohen die Kontrolle zu verlieren. Wir bemerken, dass wir eine räumliche Wirklichkeit unterschätzt haben. Erst wenn wir uns in einer unausweichlichen Situation befinden, stellen wir fest, dass wir mit der jeder räumlichen Wirklichkeit innewohnenden Dimension des Prekären nicht gerechnet haben. Schrecken stellt sich ein. Wir verlieren den Boden unter den Füssen. Uns interessiert, wie sich das Prekäre in räumlichen Situationen zeigt.

7.01 Jeff Wall, *Mimic*

PREKÄRE ERFAHRUNGEN

Jeff Walls *Mimic* steht paradigmatisch für eine typisch prekäre Erfahrung in einer amerikanischen oder kanadischen Vorstadtsituation. Eine Konstellation des Vorübergehens. Ein weisses Paar überholt einen asiatisch aussehenden Mann. Mit minimalen, scharf herausgestrichenen Gesten enthüllt der Künstler, was der erste schnelle Blick nicht preisgibt: dass beide Männer daran interessiert sind zu verbergen, dass und wie sie den anderen mit lauerndem Interesse einzuschätzen versuchen – ohne direkten Blick, ohne den Kopf wirklich zu wenden. Die rechte, den Kopf deutlicher wendende männliche Figur legt den Mittelfinger zur Tarnung ihres Blicks an die Schläfe. Die Frau scheint gar – mit demonstrativer und zugleich die Richtung ihres Begleiters kompensierender Wegbewegung ihres Oberkörpers – an etwas ganz anderem, weiter entfernten interessiert. Die Szene zeigt nicht nur eine jedem vertraute angstbesetzte alltägliche Situation. Sie spiegelt den aktuellen Sicherheitsdiskurs – die Vorstadt ist gefährlich, Ausländern sei zu misstrauen. In *Passerby,* in der Konstellation des Vorbeigehens *Mimic* verwandt, jedoch dramatisch zugespitzt in einer von unwirklich anmutenden Lichtquellen beherrschten Nachtsituation, scheinen Misstrauen und Angst auch nach einiger Entfernung weiterzubestehen. Der aufgeladene Raum wird gedehnt.

Es war Charles Baudelaire, der von den Künstlern seiner Zeit forderte, „Maler des modernen Lebens" zu sein, Fabriken, Stadtlandschaften, arme und reiche Menschen zu zeigen.[1] Jeff Wall, der sich in der Tradition dieses Aufrufs sieht, zeigt in seinen minutiös inszenierten Fotografien exemplarische Ausschnitte des heutigen modernen Lebens: urbane Konfliktsituationen, soziale Ausgrenzung,

---

[1] Charles Baudelaire, „Der Maler des modernen Lebens" (1863), Essay über den Künstler Constantin Guys, in: Sämtliche Werke/Briefe, München (Carl Hanser Verlag) 1989

7.02 Jeff Wall, *Passerby*

Entfremdung, Einsamkeit. Auf den ersten Blick oft unspektakulär, enthüllen seine Bilder bei näherer Untersuchung brisante gesellschaftliche Situationen. Die grossen Formate seiner Fotografien lassen die Betrachter beinahe Teil der Szene werden. Unsere Aufmerksamkeit beginnt im Bild herumzuwandern, findet Indizien für wahrscheinliche, zuweilen wieder abbrechende Erzählungen. Walls dramatische, explosive Inszenierungen zeigen so verdichtete Momentaufnahmen, dass sie uns geradezu verführen, Strategien möglicher Erzählungen zu entziffern. Was sich in Jeff Walls Bildern zeigt, ist nicht nur ein untrüglicher Blick für Gesten, die von prekären verdrängten urbanen Realitäten sprechen, sondern auch ein Sensorium für die Phänomenologie der zugehörigen Orte.

PREKÄR Auch wenn wir nur den in jedem beliebigen Lexikon genannten einfachsten Bedeutungen folgen – französisch *précaire*, widerruflich, unsicher, unbeständig, heikel, schwierig, problematisch –, lässt sich unschwer erahnen, dass sich uns hier ein unendliches Untersuchungsfeld eröffnet. John Deweys bereits zitierter Satz, der den Begriff *Unruhe* für jenen Ort setzt, „an dem der innere Antrieb und der Kontakt mit der Umwelt zusammentreffen und eine Gärung in Gang setzen", ist eine Art Definition des Prekären. Zu Recht spricht Dewey von diesem Ort im Singular, denn seine Beschreibung trifft potentiell auf alle Erfahrungen mit räumlichen Situationen zu. Von mikroräumlichen Szenarien wie oft bei Inszenierungen Cindy Shermans oder in Bill Violas *The Greeting* (vgl. S. 214 ff) bis zu nicht mehr vorstellbaren Räumen der behaupteten Urknalltheorie, die endlos sein sollen oder jenen Paralleluniversen, die wir womöglich in vielfältiger Weise kreuzen, ohne es zu bemerken.

7.03 Cindy Sherman, *Untitled* (1985)

7.04 Bill Viola, *The Greeting*

Wir bewegen uns im Terrain unvollständiger Wahrnehmungen, der Erfindung, des Nicht-Wissens, des Risikos (Baudrillard). Es fängt bei einfachen Dingen an: stockfinstere Nacht, eine Begegnung auf der Strasse, bei der jemand die Augen abwendet, ein Déjà vu, ein Abhang ohne Geländer, ein Entscheid zwischen zwei Türen, ein auffällig weicher Boden, ein unsicherer Übergang, eingezwängt in einer Massenveranstaltung, eine Adresse für gewisse Fälle, ein kleines, ungewöhnlich schweres Paket im Briefkasten, bedrohliche Ruhe, gefangen zwischen zwei Schranken, die ungewollte Überschreitung einer räumlichen Schwelle, einen Blick in die falsche Richtung riskieren, eine Unsicherheit im Boden, unerwartet plötzlich allein sein, eine räumliche Situation, die durch einen Einsturz entstanden ist, Orientierungsverlust, ein verwüsteter Raum, etwas nach sehr langer Zeit unverändert wiederfinden.

BLOW UP Wer sich an seine Kindheit erinnert, weiss, dass Tapetenmuster sich zu bedrohlichen Bildern fügen, dass über den Nachthimmel jagende Wolken Phantastisches und zugleich Flüchtiges hervorbringen. Das kann einem auch mit Fotografien passieren: Plötzlich wird man eines Augenpaars in der Falte eines Vorhangs gewahr. In seinem Film *Blow up* (1966) spielt Michelangelo Antonioni mit solchen überraschenden, zuweilen beängstigenden Entdeckungen: Der Fotograf Thomas (David Hemmings) beobachtet ein Liebespaar in einem Park. Die Frau (Jane, dargestellt von Vanessa Redgrave) verlangt die Herausgabe des Films. Anderntags gibt ihr der Fotograf einen Film, allerdings nicht den begehrten. Beim Vergrössern des Originals entdeckt er im Gebüsch des Parks die Umrisse einer Person, die eine Pistole in der Hand hält, und die Leiche eines Mannes. Nachts geht er in den Park zurück und findet den

7.05 Michelangelo Antonioni, *Blow up*

Toten. Währenddessen ist bei ihm eingebrochen worden, Film und Abzüge sind weg. Eine einzige Vergrösserung, die Diebe haben sie übersehen, zeigt die Leiche – allerdings so unscharf, dass das Bild als Beweisstück nicht zu gebrauchen wäre. Antonioni deckt den Fall nicht auf. Eine Geschichte, zu welcher die Beweisstücke fehlen, hat es nicht gegeben. Das Prekäre ist hier prophetischer Natur: die Vernichtung von Dokumenten mit der Absicht, Verbrechen zu blossen Erfindungen zu machen.

Der englische Philosoph Edmund Burke hat für den Umschlag ins Prekäre die Unterscheidung zwischen dem *Schönen* und dem *Erhabenen* eingeführt. Das Erhabene, das er in *Philosophische Untersuchungen über den Ursprung unserer Ideen vom Erhabenen und Schönen*[2] ausführlich in bezug auf seine Unterschiede zum ‚lediglich' Schönen diskutiert, erzeugt unterschiedliche Grade von *delightful horror,* von Schrecken oder Schmerz. Dieser Umschlagpunkt ist nicht vorhersehbar, nicht exakt bestimmbar. Er hat Jahresformen, Tagesformen, Sekundenformen.

Immer jedoch spielt, zusammen mit den real gegebenen Umständen, der Augenblick der Einbildung, wie Jeff Wall sagt, eine bedeutende Rolle. Die assoziativen Linien und Verknüpfungen mit dem jeweiligen Geschehen, die Erweiterung oder Engführung einer Szene durch die Imagination gehören zu den konstruktiven Kräften, die am Werk sind und die Realität je neu oder verändert zusammensetzen. Die Grube auf einem Friedhof in Jeff Walls *The Flooded Grave* (1998–2000), in der schwimmende Blüten (in Wirklichkeit Meeresflora und -fauna) zu sehen sind, nicht aber der Grund des Bodens, bewirkt ein anderes Spiel der Einbildungskraft beziehungsweise

/2 Edmund Burke, Philosophische Untersuchungen über den Ursprung unserer Ideen vom Erhabenen und Schönen, hg. von Werner Strube, Philosophische Bibliothek, Band 324, Hamburg (Felix Meiner) 1989

7.06 Jeff Wall, *The Flooded Grave*

7.07 Heterotopos: Gefängnis Kilmainham Goal, Dublin

einen anderen *delightful horror* als andere Löcher, die zum Beispiel den Blick durch eine Mauer in einen geschlossenen Innenraum freigeben: in eine Gefängniszelle oder in eine Abschiebungszelle. Jedesmal eröffnet sich eine ungewohnte Beziehung zu einem unvertrauten Raum, zu den Geschehnissen oder Menschen darin.

HETEROTOPIEN Orte, die ausserhalb der jeweiligen Norm nach eigenen Regeln funktionieren, nennt Michel Foucault „wirkliche Orte, wirksame Orte, die in die Einrichtung der Gesellschaft hineingezeichnet sind, sozusagen Gegenplazierungen oder Widerlager"[3]. Foucault nennt sie auch Krisen- oder Abweichungsheterotopien, die die Gesellschaft insofern strukturieren, als sie Abweichendes oder vermeintlich zu Schützendes isolieren, absondern, beschützen/bestrafen, kontrollieren und somit das Funktionieren der Gesellschaft aufrechterhalten. Psychiatrische Anstalten, Gefängnisse, Friedhöfe sind dafür Beispiele. Die gegenwärtigen Ausgrenzungspolitiken haben neue Formen geschaffen: Flüchtlingsboote, die von afrikanischen Küsten nach Spanien oder Italien überzusetzen versuchen und die dazwischenliegenden Mittelmeerabschnitte in eine neue Form von Friedhof verwandeln. Oder die inzwischen weltweit errichteten Gated Communities, heile Welten, isolierte befestigte Wohninseln gegen das angeblich gefährliche Draussen. Kontrollierte Binnenwelten, die über autoritäre Verordnungen herstellen, was im Stadtalltag nicht zu haben ist: Ordnung und Sicherheit. Spiegelbildlich dazu die Gegenplazierungen der Exklusion: Flüchtlingsunterkünfte.

[3] Michel Foucault, Andere Räume (1967), in: Karlheinz Barck (Hg.), Aisthesis: Wahrnehmung heute oder Perspektiven einer anderen Ästhetik, Essais, 5., durchges. Aufl. Leipzig (Reclam) 1993, S. 39

7.08 Flüchtlingsboot

7.09 Cindy Sherman, *Untitled* (1984)

BILDER, DIE SICH MIT REALITÄTEN VERMISCHEN Wenn durch eine Entstellung in einer von Cindy Shermans Inszenierungen unser Selbstbild ins Wanken gerät, weil eine Erinnerung in uns mit jener Entstellung zu korrespondieren beginnt, bestätigt sich ein Argument Sigmund Freuds: dass es leicht unheimlich wirkt, wenn sich die Grenze zwischen Phantasie und Wirklichkeit verwischt, wenn etwas real vor uns tritt, das wir bisher für phantastisch gehalten haben. In diesem Fall etwas, das wir für das Phantasieprodukt einer Künstlerin gehalten haben.

Denn was muss geschehen, damit jenes Schreckhafte am Längstvertrauten, wie Sigmund Freud das Unheimliche definiert, aufscheint? Freud zitiert Friedrich Schelling, der von einem grundsätzlichen Vorgang spricht, bei welchem das Heimelige/Heimische ins Unheimelige/Unheimliche umschlägt. /4 Unheimlich sei alles, das ein Geheimnis hervortreten lasse, das im Verborgenen hätte bleiben sollen. Dies gilt insbesondere für uns sehr gut vertraute mikroräumliche Verhältnisse: Eine unbeabsichtigte Regung tritt hervor und verrät – uns selbst oder anderen – mehr, als wir beabsichtigen. Die plötzliche Entstellung ist dafür ein Beispiel. Der von Freud ebenfalls zitierte und kritisierte Ernst Jentsch, Autor der Studie *Zur Psychologie des Unheimlichen* (1906), sieht im Gefühl des Unheimlichen einen „Mangel an Orientierung", ein „eigenthümliches Unsicherheitsgefühl" sowie den hohen Stellenwert einer „üppig wuchernden Phantasie".

/4 Sigmund Freud, Das Unheimliche (1919), in: Studienausgabe Bd IV, Frankfurt a.M. (S. Fischer) 1982, S. 259 ff

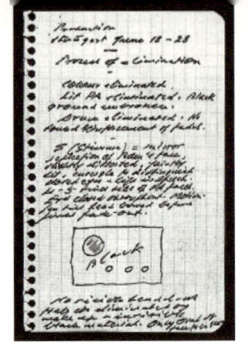

7.10 Samuel Beckett, *Was Wo?*

„WAS WO?" Samuel Becketts *Was Wo?* (1983), das letzte aus der Serie seiner experimentellen Fernsehstücke, die er in den achtziger Jahren für den Süddeutschen Rundfunk realisierte, experimentiert mit der Grenze zwischen Sichtbarem und Unsichtbarem: aufscheinende und wieder verschwindende Köpfe vor schwarzem undurchdringlichem Hintergrund. Das aus einem unscharf gehaltenen grossen Kopf, dem Erzähler und drei kleineren Köpfen montierte statische Schwarzweissbild, notiert Rudolf Frieling, variiere eine aus dem Off gesprochene Erzählstruktur „als Kreislauf" und visualisiere dies als An- und Abwesenheit von Bild, Sprecher und Ton. Die Variationen seien „als Pole von Aggregatszuständen" konzipiert: „ich mache an" und „ich mache aus" als Textbeispiel, Ein- und Ausblendung des Gesichts als visuelles Beispiel. „Eine Bewegung der Akteure Bam (,Ich'), Bom, Bim, Bem findet nur durch Öffnen und Schließen von Augen oder Mund statt."[5]

DIESSEITIGE SCHNECKENSTADT Für Architekten oder Planer rückt die Dimension des Prekären in der Regel weit in den Hintergrund. Eine Ausnahme sei jedoch genannt: die fast unbekannt gebliebenen negativen Stadtutopien der italienischen Architektengruppe Superstudio.[6] *Die diesseitige Schneckenstadt*, eine der zwölf von ihnen phantasierten Idealstädte, dreht sich als die sicherste aller Städte wie eine gewaltige Schraube von der Erdoberfläche in Richtung Erdmittelpunkt. Sichtbar ist nur die automatisierte Baustelle, die mit Hilfe des Aushubmaterials aus der Tiefe Schicht um Schicht der Spiralstadt errichtet, während diese sich mit einer Geschwindigkeit von

[5] http://www.medienkunstnetz.de/werke/was-wo/ [6] In der Architektengruppe Superstudio (1966–1978) arbeiteten Gian Piero Frassinelli, Alessandro Magris, Roberto Magris, Adolfo Natalini, Alessandro Poli und Cristiano Toraldo di Francia.

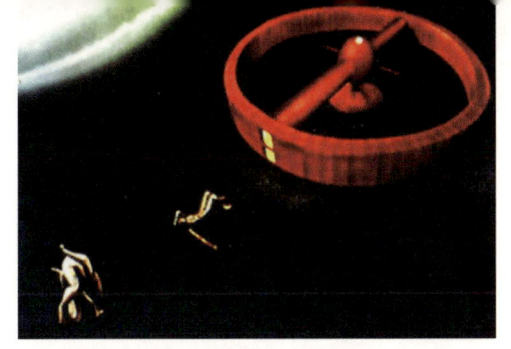

7.11 Superstudio, *Diesseitige Schneckenstadt*

3584 Millimetern pro Stunde in die Tiefe bohrt. Entlang innerer Radialstrassen reihen sich kubische Wohnzellen von 2,80m Seitenlänge, ausgerüstet mit Installationen, die sämtliche Bedürfnisse der Bewohner computergesteuert erkennen und zufriedenstellen. Selbst die Oberflächen der Wände, Böden und Decken sind so konzipiert, dass sich ihre Beschaffenheit jederzeit den automatisch registrierten Bedürfnissen der Bewohner anpasst. Konstantes Tageslicht und 60 Prozent Luftfeuchtigkeit sind garantiert. Die Abschliessbarkeit der Zellen ist nicht vorgesehen, da die Ausstattung keinen Wunsch offen lässt und es somit keinen Grund gibt, irgendetwas zu verbergen oder zu verschliessen. Befreit von Geburtsschmerzen, kommen die Menschen durch den „automatischen Gebärapparat", mit der jede Zelle ausgestattet ist, auf die Welt, werden automatisch ernährt und aufgezogen. Vier Jahre bleibt ein Kind eingeschlossen, um alle Sozialisierungsstufen zu durchlaufen. Danach frei, ihr individuelles und kollektives Leben im Umkreis ihrer Zelle zu gestalten, kennen die Bewohner der „diesseitigen Schneckenstadt" nur noch eine Einschränkung: Sie können sie niemals verlassen. Die ganze Dimension des Prekären zeigt sich in absoluter, verräumlichter Ausweglosigkeit. Der Weg nach draussen ist durch die Baustelle verschlossen, die äussere Welt bleibt Geheimnis. Für alles ist gesorgt, selbst dafür, dass die Stadt an ihrem unteren Ende einschliesslich ihrer Bewohner irgendwann zerfällt, verfault und sich allmählich auflöst. Die Beständigkeit aller Materialien ist perfekt auf diese Zeitdauer eingerichtet.

WENN DIE ATMOSPHÄRE EINES FILMISCHEN RAUMES AUF UNS ÜBERGREIFT In vielen von Wong Kar Wais späteren Filmen wie *2046* oder *In the Mood for Love* sieht man keine Fenster. Man ist in realen Räumen, in realen Situationen, man sieht das Alter der Wohnungen, man sieht ihre Verkommenheit. Da er die Kamera nie so aufstellt, dass man aus dem Fenster schauen kann, erzeugt er eine ganz seltsame Klaustrophobie, eine seltsame Labyrinthisierung, die direkt anfängt, sich im Leben der Protagonisten abzuzeichnen und sich auch auf uns überträgt, die wir in diese Räume schauen und uns in sie projizieren.

CCXXXII
Fred van der Kooij im Videointerview http://blog.zhdk.ch/stadtlaborluzern/

ng kar-wai 2046

CCXXXIII

CCXXXIV

UNENTDECKT GEBLIEBENES REFUGIUM Ich befand mich in der Fakultät, an jenem 18. September, als die Armee die Autonomie der Universität verletzte und das Universitätsgelände besetzte, um alles, was sich bewegte, zu verhaften oder zu töten. [...] Ich [...] befand mich in der Fakultät, als die Armee und die Panzergrenadiere kamen und alle Leute zusammentrieben. Unfaßbar. Ich war auf der Toilette, in einem der Stockwerke der Fakultät, dem vierten, glaube ich, aber genau weiß ich es auch nicht mehr. Ich saß auf dem Klo, mit geschürzten Rockschößen, wie es im Gedicht oder dem Lied heißt, und las in den zartfühlenden Gedichten von Pedro Garfías, der ein Jahr zuvor gestorben war, aus Trauer über Spanien und die Welt, wer hätte sich jemals vorstellen mögen, daß ich ihn auf dem Klo las, genau in dem Moment, als die unverschämten Grenadiere die Universität betraten. [...] daß die Armee die Autonomie der Universität mit Füßen trat und daß, während meine Pupillen den Zeilen des im Exil gestorbenen Spaniers folgten, die Soldaten und Grenadiere jede Menschenseele, die sie antrafen, verhafteten, vor sich herstießen.

SELBSTPORTRÄTS? Ich mache keine Selbstporträts. [...] Ich versuche immer, in den Bildern so weit wie möglich von mir selbst wegzugehen. Es könnte aber sein, dass ich mich gerade dadurch selbst porträtiere, dass ich diese ganz verrückten Sachen mit diesen Charakteren mache. [...] Kann sein, dass ich tatsächlich irgendeine verrückte Person unterhalb von mir auf diese Weise rauslasse.

Cindy Sherman, in: Elisabeth Bronfen, Das andere Selbst der Einbildungskraft: Cindy Shermans hysterische Performanz, in: Cindy Sherman. Photoarbeiten 1975–1995, Ausstellungskatalog, München (Schirmer/Mosel) 1995, S. 13, 16

CCXXXVII

HÔTEL D'ORSAY So bekamen wir für zwei Francs fünfzig pro Tag ein Zimmer mit zwei winzigen Balkons, von denen aus ich ganz Paris vom Eiffelturm bis zum Panthéon sehen konnte. Es gab weder Laken noch Decken noch Kohle, weil die Deutschen alles mitgenommen hatten, aber wir waren restlos glücklich. Drei Jahre lang haben wir dieses Zimmer geteilt. Das Hôtel d'Orsay gleicht einem riesigen Schiff, das am Seineufer gestrandet ist. Wenn ich durch seine Etagen lief, hatte ich immer das beklemmende Gefühl, mich in dem Labyrinth, das ein verrückter Architekt angelegt hatte, zu verirren. Gewaltige Empfangs- und Gesellschaftssäle gingen in kleinere über und verloren sich in einem Gewirr von Korridoren. Vergoldungen und Stuck hätten einem Fürstenhof Ehre gemacht, und die Badewannen waren groß genug, um ganze Familien darin zu ertränken. Diese Welt für sich, das verschachteltste Hotel von Europa, barg in seinen Eingeweiden noch eine unsichtbare, aber um so hörbarere Welt. Erstens ließen die Züge auf dem Bahnhof d'Orsay bei jeder Ankunft und Abfahrt die Mauern des ganzen Viertels erzittern. Zweitens, näher als die Lokomotiven, führten die Wasserleitungen ihre eigene Sprache. Wenn man sich die Zähne putzte, weckte man den Liftboy, denn der dünne Wasserstrahl, den man zum Füllen eines Glases brauchte, brachte das kilometerlange Röhrennetz zu wahren Bocksprüngen. Die Tonhöhe des Geratters wechselte musikalisch je nach Uhrzeit, Höhe der Zapfstelle und Kraftaufwand beim Hahnaufdrehen. Die Bidets schallten anders; es kam darauf an, ob man sich vor oder nach der Liebe wusch. Welcher Musikdämon mochte sich in der Kanalisation verstecken? [...] Es waren menschliche Stimmen, die aus den Hähnen kamen, unverständliche Worte zwar, aber ganz nah. [...] Wir waren so arm, daß wir nur ein einziges Mal in dem schwindelerregenden Jahrhundertwende-Prunk des Restaurants diniert haben: Ein reicher Amerikaner hatte uns dazu eingeladen. Normalerweise aßen wir heimlich im Zimmer mehr oder minder belegte Brote und etwas Obst.

CCXXXVIII
Claire Goll zum Hôtel d'Orsay, Paris, in: Lis Künzli (Hg.), Hotels. Ein literarischer Führer, Frankfurt a.M. (Eichborn) 2007, S.107ff

AKZENTUIERTER RAUM Der Raum wird im Mythos als ein akzentuierter Raum erfahren. Es gibt, der Differenzierung [...] in Bezirke des Sakralen und des Profanen entsprechend, stets Orte und Gegenden, die vor anderen ausgezeichnet sind. Der geometrische Raum dagegen ist homogen; er ist stetig, gleichförmig und unendlich.

Heinz Paetzold, Ernst Cassirer zur Einführung, Hamburg (Junius) 1993, S. 54

UNHEIMLICH sei jene Art
des Schreckhaften, welche
auf das Altbekannte, Längstvertraute
zurückgeht. [...] heimlich
ist ein Wort, das seine Bedeutung
nach einer Ambivalenz
hin entwickelt, bis es endlich
mit seinem Gegensatz unheimlich
zusammenfällt. Unheimlich ist
irgendwie eine Art von heimlich.

WIEDERHOLUNGSZWANG Als ich einst an einem heißen Sommernachmittag die mir unbekannten, menschenleeren Straßen einer italienischen Kleinstadt durchstreifte, geriet ich in eine Gegend, über deren Charakter ich nicht lange in Zweifel bleiben konnte. Es waren nur geschminkte Frauen an den Fenstern der kleinen Häuser zu sehen, und ich beeilte mich, die enge Straße durch die nächste Einbiegung zu verlassen. Aber nachdem ich eine Weile führerlos herumgewandert war, fand ich mich plötzlich in derselben Straße wieder, in der ich nun Aufsehen zu erregen begann, und meine eilige Entfernung hatte nur die Folge, daß ich auf einem neuen Umwege zum drittenmal dahingeriet. Dann aber erfaßte mich ein Gefühl, das ich nur als unheimlich bezeichnen kann, und ich war froh, als ich unter Verzicht auf weitere Entdeckungsreisen auf die kürzlich von mir verlassene Piazza zurückfand.

Sigmund Freud, Das Unheimliche, in: Studienausgabe, Bd. IV: Pschologische Schriften, Frankfurt a.M. (Fischer) 1982, S. 250 und S. 259f

2.000-TONNEN-STADT Superstudio's Twelve Ideal Cities project is a wry comment on twentieth-century modernist utopias, and it supposedly represents „the supreme achievement of twenty thousand years of civilization." In the First City, or 2.000-Ton City [...] cubic cells stacked atop one another form a continuous building that stretches across a green, undulating landscape. Each cell is equipped with technology capable of accommodating all human desires and physiological needs. In this city, humans are in a state of equality and death no longer exists, but if an inhabitant tries to rebel against this ideal state, the ceiling of his or her cell will descend with a two-thousand-ton force, obliterating the dissenter and making way for a new perfect citizen.

CCXLIII

INHOMOGENE STELLEN IM RAUM (3)

IMPRÄGNIERTE TERRITORIEN

7.12 Bethlehem, Geburtskirche

SZENE 1 Ein Silberstern im Untergrund der Geburtskirche von Bethlehem zeigt die Stelle an, wo der Überlieferung nach Jesus geboren sein soll. Ein Mann, in Tücher gehüllt, wartet geduldig, bis die Touristengruppe sich entfernt, um in aller Eile gleich drei Stellen des Bodens mit den Lippen zu berühren. Auf meine Frage, warum er drei Stellen küsse, antwortet er im Flüsterton in kaum verständlichem Englisch, dass die exakte Stelle nicht sicher sei und dass er auf jeden Fall die richtige berühren wolle. *Ein imprägnierter Ort*. Die Markierung bezeichnet die Stelle, die das zu ihm gehörende Ereignis gezeichnet hat. Macht der Materialisierung: denn ohne irgend eine Form der Zeichnung wäre der Ort für die Sichtbarkeit verloren. Hände und Lippen, die den Stern berühren, berühren durch die Zeit hindurch eine Einbruchstelle, an der die Gesetze der unbedingten Trennung zwischen physischer und metaphysischer Welt für kurze Zeit aufgehoben schienen. Eine Bruchstelle im Raum und in der Zeit.

SZENE 2 In einem Gedächtnistrainingsprogramm namens *mega memory*[1] findet sich ein Hinweis darauf, wie man sich eine Einkaufsliste merken kann: Der eigene Körper ersetzt den Einkaufszettel. Seinen Körper kann man nicht zu Hause vergessen, und Stellen auf ihm, an denen man etwas deponieren kann, gibt es genug, von den Füssen bis zum Scheitel. Der Verfeinerung der Lokalisierungen steht nichts im Wege. Hat man seinen Körper erst einmal als Spickzettel hergerichtet, dann braucht man sich an ihm nur umzuschauen, um all das problemlos wiederzufinden, was man auf ihm abgelegt hat: Eier, die man auf den Schultern balanciert, duftende Rosmarinnadeln auf den Waden, Mehlstaub an den Füssen, die man vergeblich aus dem klebrigen Honig zu ziehen versucht.

SZENE 3 Jan Fabre, ein belgischer Künstler, übersetzt in die Realität, was in der Geschichte der Gedächtniskunst nur in der Vorstellung fabriziert wird. In *Der Spiegel*[2] war zu lesen, dass der Künstler 635 Kilogramm Schinken zu Kunst verarbeitet habe: „Für eine Ausstellung, mit der die Stadt Gent [...] den 500. Geburtstag von Kaiser Karl dem V. feiert, bepflasterte der Artist die neoklassischen Säulen des Universitätsportals mit hauchdünnen Scheiben der Delikatesse. Das Ergebnis war eine Art Trompe-l'Œil, die Säulen wirkten wie aus Marmor gehauen. Kunstkenner erkannten darin eine Variante der aus dem 17. Jahrhundert bekannten Küchenstilleben. Genter Bürger sahen die Sache prosaischer. Mit Mahnwachen protestierten sie gegen das Fabre-Werk und die unmoralische Verschwendung von Lebensmitteln. Das Kunstwerk ging den Weg allen Fleisches. Es begann zu schimmeln und einen unangenehmen Gestank zu entwickeln, wie

[1] http://www.megamemory.ch [2] Notiz zu Jan Fabre, in: Der Spiegel, Heft 21 / 22. Mai 2000

die Sprecherin des Genter Museums Smak berichtete, das die Ausstellung unter dem Titel *Over the edges* organisiert hatte. [...] Sechs Wochen nach der Installation entfernte eine Spezialfirma für Industriereinigung die Schinkenschicht." Die Vorschläge aus *mega memory* und Jan Fabres Intervention sind einer Tradition entlehnt, die wenigstens bis in die griechische Antike zurückreicht. Sie könnten unmittelbar Ciceros Schrift *De oratore* entstammen, jenem Abschnitt über die Behandlung des Gedächtnisses, einem der fünf Teile seiner Rhetorik./3 Dort findet sich so etwas wie die Ursprungsszene der Rede- oder Gedächtniskunst, bei der der Dichter Simonides von Keos (556–468) eine entscheidende Rolle gespielt hat.

7.13 Castor und Pollux

SZENE 4 Das Thema: eine Katastrophe in einem von Menschen besetzten Raum. Besetzte und leere Orte im Raum. Wege und Abstände dazwischen. Die Verknüpfung der Kunst, sich zu erinnern, mit der Kunst des Redens. In *Gedächtnis und Erinnern* schreibt Frances A. Yates: „Bei einem Festmahl, das von einem thessalischen Edlen namens Skopas veranstaltet wurde, trug der Dichter Simonides von Keos zu Ehren seines Gastgebers ein lyrisches Gedicht vor, das auch einen Abschnitt zum Ruhm von Kastor und Pollux enthielt. Der sparsame Skopas teilte dem Dichter mit, er werde ihm nur die Hälfte der für das Loblied vereinbarten Summe zahlen, den Rest solle er sich von den Zwillingsgöttern geben lassen, denen er das halbe Gedicht gewidmet habe. Wenig später wurde dem Simonides die Nachricht gebracht, draussen warteten zwei junge Männer, die ihn sprechen wollten. Er verliess das Festmahl, konnte aber draussen niemanden sehen. Während seiner Abwesenheit stürzte das Dach des Festsaals ein und begrub Skopas und alle Gäste unter seinen Trümmern. Die Leichen waren so zermalmt, dass die Verwandten, die sie zur Bestattung abholen wollten, sie nicht identifizieren konnten. Da sich aber Simonides daran erinnerte, wie sie bei Tisch gesessen hatten, konnte er den Angehörigen zeigen, welches jeweils ihr Toter war. Die unsichtbaren Besucher, Kastor und Pollux, hatten für ihren Anteil am Loblied freigebig gezahlt, indem sie Simonides unmittelbar vor dem Einsturz vom Festmahl entfernt hatten. Diese Erfahrung brachte den Dichter auf die Prinzipien der Gedächtniskunst, deren Erfinder er gewesen sein soll. Auf Grund seiner Beobachtung, dass die Leichen nur deshalb von den Verwandten identifiziert werden konnten, weil er sich daran erinnerte, wo die Gäste gesessen hatten, kam er zu der Erkenntnis, dass eine planmässige Anordnung entscheidend für ein gutes Gedächtnis ist."/4

/3 Frances A. Yates, Gedächtnis und Erinnern, Mnemonik von Aristoteles bis Shakespeare, Weinheim (VCH-Verlagsgesellschaft) und Berlin (VEB Deutscher Verlag der Wissenschaften) 1990 /4 Ebda., S. 11

Ist es Zufall, dass der Ursprung der Erinnerungskunst – oder der Kunst, einen bestimmten Ort zu lesen – in einem Drama wurzelt? Schon in dieser Ursprungsgeschichte ist der Aspekt des Dramatischen mit der Ordnung des Raumes, genauer, mit dem Angriff auf die Ordnung des Raumes verknüpft. Schon hier ist die Erinnerung an die räumliche Anordung des ‚Materials' gebunden, sind das Räumliche und die es konstituierende Ordnung – auch die im übertragenen Sinne als die zum Ort gehörende Wirklichkeit mit ihren Konflikten – potentiell dramatisch besetzt. Dass der thessalische Hausherr Skopas den zum Festmahl geladenen Dichter Simonides von Keos mit der Hälfte des Honorars bestrafen will, als dieser in seinem zu Skopas' Ehren vorgetragenen Gedicht auch der Zwillingsgötter Kastor und Pollux gedenkt, führt nicht nur zur Zerstörung des Ortes und der Menschen darin, sondern zur Rettung desjenigen, der sich erinnert.

Ist es Zufall, dass der Ursprung der Gedächtniskunst und der mit ihr verbundenen Kunst des Redens seinen Ort in der Dreidimensionalität des Räumlichen hat? Dass Cicero diesen Künsten Orte, Bilder und Wege zugrunde legt, eine verräumlichte Konzeption also, die die Anordnung des jeweiligen Stoffes bewahrt? Dass Sich-Erinnern mit Sich-Bewegen einhergeht? Erinnern im Sinne von Umhergehen?

Wer die Gedächtniskunst trainieren will, wer ein grosser Redner werden möchte, wird zuallererst zu entwerfen lernen. Man wählt vorerst, folgt man Ciceros Vorschlag, ein bestehendes interessantes Gebäude (oder entwirft selber eines – auch ein Stadt- oder ein Landschaftsausschnitt taugen dazu). Und zwar so, dass die Reihenfolge der Orte innerhalb des räumlichen Ensembles eine Promenade ergibt. Dann konstruiert man von den Dingen, über die man reden will, markante Vorstellungen, geistige Bilder, die entlang der Promenade so plaziert werden, dass die Anordnung der Stoffe der Idee der Promenade folgt. Diese Bilder müssen so entworfen sein, dass sie erschrecken, verblüffen; sie müssen heiss, kalt, blutbeschmiert, komisch, einzigartig, abstossend, hässlich, überwältigend, entstellt, hinreissend sein. Ist diese Entwurfsarbeit getan, kann man sich getrost hinstellen und mit der Rede beginnen. Im Geist beginnt nun der Weg durch das Gebäude der Erinnerung, von Bild zu Bild – vielleicht mit Abstechern, auf Nebenwegen, in Sackgassen –, um den möglichst minutiös entworfenen Bildern weitere Details zu entreissen. Der Schreib- oder Redeprozess wird also verräumlicht. So gleicht das Schreiben der Rede dem Prozess des Entwerfens, das Reden einem Wiederlesen des Geschriebenen oder Abgelegten beim Gehen, beim Abschreiten der Promenade. Man liest, was man für die einzelnen Orte entworfen, geschrieben, gezeichnet, imaginiert hat. Während des Gehens wird man von den abgelegten Bildern buchstäblich angesprungen, attakiert, festgehalten. Fasziniert verliert man sich in ihnen, beschreibt sie. Die Antwort auf die seinerzeit berühmte Frage: „Wer ist jener Mensch, der langsam in dem einsamen Gebäude umhergeht und mit angespannter Miene immer wieder stehenbleibt?" heisst: „Es ist ein Rhetorikschüler, der sich einen Vorrat an Gedächnisorten aufbaut."[/5]

EINE THESE: Die antike Methode der Rhetorik kreiert *inhomogene Zonen* im Raum. Die Erfindung *mentaler Stolpersteine,* die eine

/5 Ebda., S. 16

Verlangsamung und damit Intensivierung der Wahrnehmung und Begehung von Räumen zur Folge hat, war der Wirklichkeit abgeschaut und spiegelte sie. In der Gedächtniskunst wurde entworfen, was in der Wirklichkeit zu finden war: inhomogene Stellen im Raum. In die Sichtbarkeit eingebaute unsichtbare Momente, die der Geschichte eines Ortes angehören und die Aufmerksamkeit auf sich ziehen, sie ablenken und so zu einer Dehnung der an diesen Orten verbrauchten Zeit führen (vgl. S. 82, 114ff, 182ff).

Man könnte auch von *imprägnierten Territorien* sprechen. Sie gehören zur Geschichte der Architektur und des Städtebaus. Man denke nur an die drei wichtigsten imprägnierten Orte in Jerusalem, die bis auf den heutigen Tag für religiöse und politische Konflikte stehen: die jüdische Klagemauer, der Felsendom, von dem aus Mohammed gegen den Himmel gefahren sein soll, und der christliche Stationenweg, Ort eines alljährlich ablaufenden religionstouristischen Ereignisses. Oder an den spanischen Wallfahrtsort Santo Domingo de la Calzada.

SZENE 5 *Santo Domingo de la Calzada, donde cantô la galllina despues de asada* ist ein ganz besonderer Wallfahrtsort auf dem Jakobsweg nach Santiago de Compostela. Zweierlei Eigentümlichkeiten zeichnen ihn aus. Beide verdanken sich aussergewöhnlichen, jenseits menschlicher Absichten liegenden Vorfällen. Die erste Besonderheit ist städtebaulicher Natur. Sie hat dazu geführt, dass Santo Domingo gar das „Compostela von La Rioja" genannt wird. Santo Domingo (1019–1109) selbst hat diesen Ort gegründet, den Weg nach Santiago angelegt, die Brücke über den Fluss Oja errichtet, das Gebiet besiedelt, die Kirche und das Spital, heute ein Rasthaus, erbaut. Nach seinem Tod wurde er mitten im damaligen Wegverlauf begraben. Das hatte zur Folge, dass beim Bau der Kathedrale, die seine Gebeine enthält, der ursprüngliche Weg verlegt werden musste. So kommt es, dass sich die Hauptstrasse an einer Stelle in einem auffällig abweichendem Bogen durch den Stadtgrundriss schwingt. Der Tod hat den ursprünglichen Wegverlauf unterbrochen, verschoben und ihm eine andere Richtung aufgezwungen. Ort und Weg haben ihren angestammten Platz getauscht. Der Tod hat der Stadtgestalt seinen Stempel aufgedrückt.

7.14 Santo Domingo de la Calzada

Die zweite Besonderheit des Ortes ist seine Imprägnierung durch ein Wunder. Der Eingriff höherer Gewalt, dem eine ganz gewöhnliche menschliche Geschichte zugrunde liegt, hat zu einer Stigmatisierung einmaliger Art geführt: „Im 14. Jahrhundert pilgerte ein achtzehnjähriger junger Mann mit seinen Eltern nach Compostela. Er hieß Hogonell. Aus Eifersucht klagte ihn ein Mädchen des Gasthauses des Raubes an. Er war jedoch unschuldig, aber wurde vom Gericht der Stadt verurteilt und starb am Galgen. Die Eltern hörten die Stimme ihres Sohnes, der ihnen mitteilte, daß er am Leben war, und daß er auf Fürsprache des Heiligen befreit worden war. Die Eltern eilten zum Stadtrichter und verkündeten ihm, was sie gehört hatten, jedoch dieser erwiderte, daß ihr Sohn so sehr am Leben war, wie der Hahn und das Huhn, die schon gebraten auf dem Tisch lagen und in Kürze zerlegt werden würden. Jedoch, oh Wunder! In diesem Augenblick sprangen der Hahn und das Huhn vom Teller, gingen über den Tisch des unglücklichen Richters spazieren und fingen zu gackern an. Zur Erinnerung werden in einem Käfig der Kathedrale ein lebender Hahn und ein lebendes Huhn aufbewahrt, deren Krähen und Gackern von allen Pilgern mit Freude erwartet wird." /6

Santo Domingo de la Calzada ist also gleich doppelt mit dem Tod verknüpft: zweimal wird die Schwelle zwischen Leben und Tod überschritten: einmal in der vertrauten Richtung, durch den Tod von Santo Domingo, das zweite Mal in der unmöglichen umgekehrten Richtung. Der Ursprung und Kern dieses Ortes werden so zu einer räumlichen und räumlich vermessbaren, materialisierten und identifizierbaren Verkörperung eines völlig a-räumlichen Phänomens. Ausser man setzte das Sterben mit dem räumlichen Verschwinden einer nicht-identifizierbaren Instanz gleich. Unterschiedlichste Wege kreuzen sich an diesem Ort: alltägliche, durch Berührung mit dem Tod verschobene, vom Diesseits ins Jenseits führende – und jene unmöglichen, die vom Jenseits ins Diesseits führen. Durch diese Überkreuzungen entsteht ein geschichteter Ort, der Kreuzungspunkt verschiedener Wirklichkeiten zu sein beansprucht. Ein Ort der Ko-Existenz unvereinbarer Welten, Brücke zwischen Welt und Nicht-Welt, zwischen Sichtbarem und Unsichtbarem. Wunder nennt man Ereignisse, denen das Überspringen solch einer unüberbrückbaren Kluft zugesprochen wird. Santo Domingo de la Calzada ist ein skandalöser Ort, der sich nicht damit begnügt, die ungeheuerlichen Behauptungen Gläubigen, Visionären oder Halluzinierenden zu überlassen, sondern sie im Gegenteil gleich doppelt, visuell und akustisch, durch das seit sechs Jahrhunderten andauernde Gegackere in der Kirche lauthals behauptet. Wunder heisst auch die Grenzverletzung, die konventionelle Vereinbarungen über ungeschriebene Gesetze der Wahrnehmung durcheinanderbringt und die Beziehungen zwischen Wirklichkeiten anders regelt.

Genius loci, ein aus der römischen Poesie stammender Ausdruck, ist bis heute der Name für die besonderen Qualitäten eines Ortes. Es geht um die Macht eines Ortes zu affizieren, für die ihm innewohnende Kraft also, eine Umstellung der Aufmerksamkeit zu provozieren. Die Idee des ‚Genius', ursprünglich verknüpft mit dem Charakter eines Menschen, spricht, nachdem der Begriff auf Orte und Landschaften übertragen wurde, von deren „atmosphärischen, nicht präzis zu benennenden Qualitäten" /7. Im Gegensatz zu den Penaten, den Hausgöttern der Römer, die bei einem Umzug einfach mitzogen, blieben die Laren, die Erdgeister, die Grenzgötter an den Ort gebunden. Später, vor allem im 18. Jahrhundert, kommt zum „römischen Konzept eines idealen Diskurses zwischen Architektur und Landschaft", der religiös konnotiert ist, die ästhetische Auslegung hinzu, in der die Architektur nun vermittelnd so eingreift, dass sie immanente Schönheiten der Topographie

/6 Zitat nach: Der Jakobsweg. Reiseführer für den Pilger, Leon (Everest) 1990, S. 62 /7 Kunst Forum International, Bd. 69, I/84, Febr.: Ort, Erinnerung, Architektur. Über den Genius Loci, S. 38ff

7.15 Genius loci, flankiert von Laren, Casa dei Vettii, Pompeji

freilegt.[8] Das Zusammenspiel von Landschaften und ihnen zugehörigen Ereignissen, von Orten und Architekturen begrenzt sich nicht immer auf ideale Interpretationen oder auf das Entwerfen von Projekten, die den jeweiligen Ort atmosphärisch verdichten und ihn damit erst zu dem machen, was er ist. Dieses Zusammenspiel kann auch die schrecklichen Dimensionen des Genius loci Genannten ans Licht bringen: im Baugrund Verborgenes, im Gedächtnis Unterdrücktes, in der Planungslogik Vernachlässigtes oder Geringgeschätztes, das im äussersten Fall die Realisierung architektonischer oder städtebaulicher Vorhaben verhindert.

/8 Ebda., S. 44

Die Originalität der räumlichen Wahrnehmung zeigt sich darin, dass sie uns mitten in einem höchst lebendigen räumlichen Spektakel wechselnder Einfälle, Einsichten und spontaner Veränderungen ansiedelt. Unsere Wahrnehmungen sind wie Blasen in einem Topf kochenden Wassers, sie entstehen, wir wissen nicht wann und wo und für wie lange, bewegen sich, platzen, machen anderen Platz .

BIBLIOGRAPHIE

Archplus. Zeitschrift für Architektur und Städtebau, Heft 183: *Situativer Urbanismus*, Mai 2007
Arendt, Hannah, *Elemente und Ursprünge totaler Herrschaft*, München (Piper) ⁷2000

Bachelard, Gaston, *Poetik des Raumes*, Frankfurt a.M./Berlin/Wien (Ullstein) o.J.
Bautz, Timo, „Stimmig/unstimmig. Was unterscheidet Atmosphären?", in: Rainer Goetz und Stefan Graupner (Hg.), *Atmosphäre(n)*, München (kopaed verlagsgmbh) o.J.
Benjamin, Walter, „Über den Begriff der Geschichte", in: *Gesammelte Schriften I*, 2 Frankfurt a.M. (Suhrkamp) 1974
Bergson, Henri, *Denken und schöpferisches Werden*, Frankfurt a.M. (Syndikat) 1985
Blum, Elisabeth und Peter Neitzke (Hg.) *FavelaMetropolis, Berichte und Projekte aus Rio de Janeiro und São Paulo*, Bauwelt Fundamente, Bd. 130, Basel/Boston/Berlin (Birkhäuser) 2004, http://www.birkhauser-architecture.com/#2697620
Blum, Elisabeth, *Le Corbusiers Wege. Wie das Zauberwerk in Gang gesetzt wird*, Bauwelt Fundamente Bd. 73, Braunschweig/Wiesbaden (Vieweg) 1986, Basel/Boston/Berlin (Birkhäuser) ³2001 http://birkhauser-architecture.com/#2291960
Blum, Elisabeth, *Schöne neue Stadt. Wie der Sicherheitswahn die urbane Welt diszipliniert*, Bauwelt Fundamente, Bd. 128, Basel/Boston/Berlin (Birkhäuser) 2003 http://www.birkhauser-architecture.com/#2713100
Blum, Elisabeth, „Unheimliche Wirkungen. Grenzverschiebungen zwischen Orientierung und Desorientierung. Zu Cindy Shermans Inszenierungen", in: Ruedi Baur, Clemens Bellut, Stefanie-Vera Kockot, Andrea Gleiniger (Hg.), *Orientierung/Desorientierung*, Bd. 2, Baden (Lars Müller Publishers) 2010
Blum, Elisabeth, „Wie nach einer Spielanleitung", in: *DGJ. Drexler Guinand Jauslin Architekten*, Zürich 2005
Bohm, David, *Die implizite Ordnung. Grundlagen des dynamischen Holismus*, München (Dianus-Trikont Buchverlag) 1985
Böhme, Gernot, *Atmosphäre*, Frankfurt a.M. (Suhrkamp) 1995
Böhme, Gernot, „Atmosphären wahrnehmen, Atmosphären gestalten, mit Atmosphären leben: Ein neues Konzept ästhetischer Bildung", in: Rainer Goetz und Stefan Graupner (Hg.), *Atmosphäre(n)*, München (kopaed verlagsgmbh), o.J.
Bolaño, Roberto, *Amuleto*, München (Antje Kunstmann) 2002
Borges, Jorge Luis, „Die Bibliothek von Babel", in: *Sämtliche Erzählungen*, München (Hanser) 1970
Bronfen, Elisabeth, „Das andere Selbst der Einbildungskraft: Cindy Shermans hysterische Performanz", in: *Cindy Sherman. Photoarbeiten 1975 – 1995*, Ausstellungskatalog. München (Schirmer/Mosel) 1995

Calvino, Italo, *Die unsichtbaren Städte*, München (dtv) ⁶1992
Castañeda, Carlos, *Die Kunst des Träumens*, Frankfurt a.M. (S. Fischer) 1993
Corboz, André, „Canaletto. Una Venezia immaginaria", zit. nach: Elisabeth Blum, *Le Corbusiers Wege. Wie das Zauberwerk in Gang gesetzt wird*, Braunschweig/Wiesbaden (Vieweg) ³2001

Danto, Arthur C., *Jean-Paul Sartre*, Göttingen (Steidl) ²1987
Debord, Guy, *Die Gesellschaft des Spektakels*, Berlin (Edition Tiamat) 1996
de Certeau, Michel, „Die Lektüre, eine verkannte Tätigkeit", in: *Aisthesis. Wahrnehmung heute oder Perspektiven einer anderen Ästhetik*, hg. von Karlheinz Barck, Peter Gente, Heidi Paris und Stefan Richter, Leipzig (Reclam) 1990
de Jesus, Carolina Maria, *Tagebuch der Armut. Das Leben in einer brasilianischen Favela*, Hamburg (Lamuv) 1962
Deleuze, Gilles, Felix Guattari, *Tausend Plateaus*, Berlin (Merve) 1992
Deleuze, Gilles, Interview „Zeichen und Ereignisse: Die Welt als Patchwork" (1988), in: Peter Gente, Martin Weinmann und Heidi Paris (Hg.), *Gilles Deleuze (Short Cuts, Bd. 4)*, Frankfurt a.M. (Zweitausendeins) 2001
Deleuze, Gilles, „Spinoza und wir", in: *Aisthesis. Wahrnehmung heute oder Perspektiven einer anderen Ästhetik*, Karlheinz Barck, Peter Gente, Heidi Paris und Stefan Richter (Hg.), Leipzig (Reclam) 1990
Der Jakobsweg. Reiseführer für den Pilger, Leon (Everest) 1990
Dünne, Jörg, Stephan Günzel, in Zusammenarbeit mit Hermann Doetsch und Roger Lüdeke (Hg.), *Raumtheorie. Grundlagentexte aus Philosophie und Kulturwissenschaften*, Frankfurt a.M. (Suhrkamp) 2006
Dewey, John, *Kunst als Erfahrung*, Frankfurt a.M. (Suhrkamp) 1988
Duras, Marguerite, *Hiroshima, mon amour*, Frankfurt a.M. (Suhrkamp) 1995

Erdle, Birgit, „Die Verführung der Parallelen. Zu Übertragungsverhältnissen zwischen Ereignis, Ort und Zitat", in: Elisabeth Bronfen und Birgit R. Erdle (Hg.), *Trauma. Zwischen Psychoanalyse und kulturellem Deutungsmuster*, Köln (Böhlau) 1999

Fabre, Jan, in: Der Spiegel, Heft 21/22. Mai 2000
Fellmann, Ferdinand, *Phänomenologie zur Einführung*, Hamburg (Junius) 2006
Florisbela dos Santos, Anna Lúcia, *Der Städtische Informelle Sektor in Brasilien. Das Fallbeispiel Rio de Janeiro*, Bibliotheks- und Informationssystem der Universität Oldenburg, Oldenburg 2001
Foucault, Michel, „Andere Räume" (1967), in: Karlheinz Barck (Hg.), *Aisthesis: Wahrnehmung heute oder Perspektiven einer anderen Ästhetik*, Essais, 5., durchges. Aufl. Leipzig (Reclam) 1993
Franck, Georg, *Ökonomie der Aufmerksamkeit. Ein Entwurf*, München (Hanser) 1998
Frei, Hans, Marc Böhlen, *MicroPublicPlaces*, erschienen als Nr. 6 in der Reihe Situated Technologies Pamphlets, The Architectural League NY (Hg.), New York 2010
Freud, Sigmund, „Das Unheimliche", in: *Studienausgabe, Bd. IV: Psychologische Schriften*, Frankfurt a.M. (Fischer) 1982
Freud, Sigmund, „Jenseits des Lustprinzips" (1920), in: *Studienausgabe, Bd. III*, Frankfurt a.M. (Fischer) 1982

Gerber, Erika, „Pasternaks unsystematische Kunst des Gedächtnisses", in: Anselm Haverkamp und Renate Lachmann (Hg.), *Gedächtniskunst: Raum–Bild–Schrift. Studien zur Mnemotechnik*, Frankfurt a.M. (Suhrkamp) 1991
Godard, Jean-Luc, *Einführung in eine wahre Geschichte des Kinos*, München (Hanser) 1981
Godard, Jean-Luc, *Liebe Arbeit Kino. Rette sich wer kann (Das Leben)*, Berlin (Merve) 1981
Godard, Jean-Luc, „Reden mit Unterbrechungen", in: Jean-Luc Godard, *Liebe Arbeit Kino. Rette sich wer kann (Das Leben)*, Berlin (Merve) 1981
Goetz, Rainer und Stefan Graupner (Hg.), *Atmosphäre(n)*, München (kopaed verlagsgmbh) o.J.
Greber, Erika, „Pasternaks unsystematische Kunst des Gedächtnisses", in: Anselm Haverkamp und Renate Lachmann (Hg.), *Gedächtniskunst: Raum–Bild–Schrift. Studien zur Mnemotechnik*, Frankfurt a.M. (Suhrkamp) 1991

Halbwachs, Maurice, *Das kollektive Gedächtnis*, Frankfurt a.M. (Fischer) 1985
Henckmann, Wolfhart, „Atmosphäre, Stimmung, Gefühl", in: Rainer Goetz und Stefan Graupner (Hg.), *Atmosphäre(n)*, München (kopaed verlagsgmbh) o.J.

Jordan, David, *Die Neuerschaffung von Paris. Baron Haussmann und seine Stadt*, Frankfurt a.M. (S. Fischer) 1996

Kafka, Franz, *Die Erzählungen*, Frankfurt a.M. (S. Fischer) 1961
Kunst Forum International, Bd. 69, I/84: *Ort, Erinnerung, Architektur. Über den Genius Loci*
Künzli, Lis (Hg.), *Hotels. Ein literarischer Führer*, Frankfurt a.M. (Eichborn) 2007

Le Corbusier, *1922. Ausblick auf eine Architektur*, Bauwelt Fundamente, Bd. 2, Berlin/Frankfurt a.M./Wien (Ullstein) 1963; Basel/Boston/Berlin (Birkhäuser), unveränd. Nachdr. 2001, http://birkhauser-architecture.com/#2232630
Le Corbusier, *1929. Feststellungen*, Bauwelt Fundamente, Bd. 12, Berlin/Frankfurt a.M./Wien (Ullstein) 1964; Basel/Boston/Berlin (Birkhäuser), Nachdr. 2001 der 2. Aufl. 1987, http://www.birkhauser-architecture.com/#2277850
Le Corbusier, *An die Studenten. Die ‚Charte d'Athènes'*, Reinbek bei Hamburg (Rowohlt) 1962
Le Corbusier, „Architecture d'époque machiniste", in: *Journal de Psychologie (normale et pathologique)*, XXIIIe année, Paris 1926
Le Corbusier, *Modulor 2*, Stuttgart (DVA) 1958
Le Corbusier, Pierre Jeanneret, *Extraits de l'architecture vivante, de l'encyclopédie de l'architecture et d'architecture et d'autres périodiques* 1ère Série, Paris 1927–1936
Libeskind, Daniel, „trauma/void", in: Elisabeth Bronfen und Birgit R. Erdle (Hg.), *Trauma. Zwischen Psychoanalyse und kulturellem Deutungsmuster*, Köln (Böhlau) 1999

Malsch, Friedemann, „Globale Allegorien. Der Prozeß symbolischer Codierung in den Videobändern Bill Violas", in: *Bill Viola, Ausstellungskatalog*, Alexander Pühringer (Hg.), Klagenfurt (Ritter) 1994

N[eitzke], P[eter], „Wie es sich denn auf den Flächen des Verbrechens lebe. Urbanisierung des Geländes der ehemaligen SS-Kaserne Oranienburg? Zum Gutachterverfahren 1993", in: Peter Neitzke und Carl Steckeweh (Hg.), *Centrum. Jahrbuch Architektur und Stadt 1993*, Braunschweig/Wiesbaden (Vieweg) 1993

Paetzold, Heinz, *Ernst Cassirer zur Einführung*, Hamburg (Junius) 1993
Piazza Armerina. Seine Mosaiken und Morgantina, Piazza Armerina (Italcards) o.J.
Pieper, Jan, *Das Labyrinthische. Über die Idee des Verborgenen, Rätselhaften, Schwierigen in der Geschichte der Architektur*, Braunschweig/Wiesbaden (Vieweg) 1987, S. 86ff; neu aufgelegt als Band 127 der Reihe Bauwelt Fundamente
http://www.birkhauser-architecture.com/#2858180

Rauh, Andreas, „Versuche zur aisthetischen Atmosphäre", in: Rainer Goetz und Stefan Graupner (Hg.), *Atmosphäre(n)*, München (kopaed verlagsgmbh) o.J.
Rohmer, Eric, „Film, eine Kunst der Raumorganisation" in: Jörg Dünne, Stephan Günzel in Zusammenarbeit mit Hermann Doetsch und Roger Lüdeke (Hg.), *Raumtheorie. Grundlagentexte aus Philosophie und Kulturwissenschaften*, Frankfurt a.M. (Suhrkamp) 2006
Rossi, Aldo, *Die Architektur der Stadt. Skizze zu einer grundlegenden Theorie des Urbanen*, Bauwelt Fundamente Bd. 41, Düsseldorf (Bertelsmann Fachverlag) 1973

Salber, Wilhelm, *Gestalt auf Reisen. Das System seelischer Prozesse*, Bonn (Bouvier) 1991
Schapp, Wilhelm, *In Geschichten verstrickt. Zum Sein von Mensch und Ding*, Frankfurt a.M. (Vittorio Klostermann) 1985
Sherman, Cindy, in: Elisabeth Bronfen, „Das andere Selbst der Einbildungskraft: Cindy Shermans hysterische Performanz", in: *Cindy Sherman. Photoarbeiten 1975–1995, Ausstellungskatalog*. München (Schirmer/Mosel) 1995
Simons, Oliver, *Raumgeschichten. Topographien der Moderne in Philosophie, Wissenschaft und Literatur*, München (Wilhelm Fink) 2007
Speer, Andreas, „Denk-Atmosphären. Ein Versuch über das Ästhetische", in: Rainer Goetz und Stefan Graupner (Hg.), *Atmosphäre(n)*, München (kopaed verlagsgmbh) o.J.
Spinoza, Baruch, *Die Ethik*, Stuttgart (Reclam) 1984
Starobinski, Jean, *Das Leben der Augen*, Frankfurt a.M., Berlin, Wien (Ullstein) 1984

Ungers, O.M., „Entwerfen und Denken in Vorstellungen, Metaphern und Analogien", in: O.M. Ungers, *Morphologie/City Metaphors*, Köln (Verlag der Buchhandlung Walther König) 1982
Ungers, O.M., *Was ich schon immer sagen wollte über die Stadt, wie man sich seine eigenen Häuser baut, und was andere über mich denken*, Braunschweig/Wiesbaden (Vieweg) und Ungers Archiv für Architekturwissenschaft, Köln 1999

Wittgenstein, Ludwig, *Philosophische Untersuchungen*, Frankfurt a.M. (Suhrkamp) 2001

Yates, Frances A., *Gedächtnis und Erinnern. Mnemonik von Aristoteles bis Shakespeare*, Weinheim (VCH-Verlagsgesellschaft) und Berlin (VEB Deutscher Verlag der Wissenschaften) 1990

BILDQUELLEN

Alle Fotos ohne Nachweis: © Elisabeth Blum

1.01 http://www.derwesten.de/nachrichten/wirtschaft-und-finanzen/
Entlassene-Arbeiter-drohen-mit-Fabriksprengung-id484068.html
1.02 http://img.over-blog.com/300x168/3/19/61/62/vlcsnap-92645.png
1.03 http://blog.spectrox.com/blogpix/city-sleeper.jpg
1.04 Elisabeth Blum
1.05 http://www.kulturluzern.ch/bourbaki-panorama/bild-besucher.jpg
1.06 http://evelyn.smyck.org/wp-content/uploads/2006/11/goteborg.gif
1.07 http://www.ecrans.fr/local/cache-vignettes/L450xH314/arton1873-59d15.jpg
1.08 http://www.volker-goebel.biz/GrafikenLaDefense3/036.jpg
1.09 http://lh5.ggpht.com/_jcj323TNXdE/RzGKQQI2YtI/AAAAAAAAdO/r4bBBKHJum8/DSC04292.JPG
Grundriss: Diener&Diener Architekten Basel
1.10 http://lh5.ggpht.com/_jcj323TNXdE/RzGKQQI2YtI/AAAAAAAAdO/r4bBBKHJum8/DSC04292.JPG
1.11 – 1.17 Elisabeth Blum

2.01 – 2.02 http://www.the-hotel.ch/
2.03 – 2.04 Elisabeth Blum
2.05 – 2.06 http://www.parks.it/riserva.sacro.monte.varallo/mapII.jpeg
2.07 – 2.09 Piazza Armerina, passim

3.01 – 3.02 http://i67.servimg.com/u/f67/13/57/96/10/planos10.jpg
3.03 http://i81.photobucket.com/albums/j220/artaddicted/MySpace%20Blog%20Images/Jeff%20Wall/JeffWall12.jpg
3.04 http://www.ljplus.ru/img4/j/u/justobs/Cindy-Sherman_-Untitled-_detail__-1984.jpg
3.05 http://upload.wikimedia.org/wikipedia/commons/9/9f/Fotothek_df_tg_0007973_Architektur_%5E_Sakralbau_%5E_
Kirche_%5E_Kloster_%5E_Grundriss.jpg
3.06 http://fr.academic.ru/pictures/frwiki/65/Aix_-_clo%C3%AEtre_St_Sauveur.JPG
3.07 http://upload.wikimedia.org/wikipedia/commons/9/9a/San_Juan_de_la_Pe%C3%B1a_-_Capitel03.jpg
3.08 http://upload.wikimedia.org/wikipedia/commons/e/e5/Sto_Dom_de_Sil-21.JPG
3.09 http://pedagogie.ac-toulouse.fr/col-francois-mitterrand-moissac/spip/IMG/jpg/moissac-cloitre.jpg
3.10 http://farm4.static.flickr.com/3135/2984027839_1da48875ce.jpg
3.11 Silos / http://de.academic.ru/pictures/dewiki/83/Sto_Dom_de_Sil-4.JPG

4.01 http://farm4.static.flickr.com/3639/3637194765_be24278211.jpg
4.02 http://de.academic.ru/pictures/dewiki/81/Queen_Mary_2_01_KMJ.jpg
4.03 http://farm4.static.flickr.com/3326/3237046924_e22b9e5ebf.jpg
4.04 – 4.05 http://www.designboom.com/weblog/cat/17/view/6003/designboom-book-report-the-rhetoric-of-
modernism-le-corbusier-as-a-lecturer.html
4.06 http://www.dvdtimes.co.uk/protectedimage.php?image=KevinGilvear/hiroshima3.jpg
4.07 http://archleague.org/2010/03/situated-technologies-pamphlets-6/
4.08 Elisabeth Blum
4.09 http://friendswelove.com/wp-content/uploads/2009/09/JR-5.jpg
4.10 http://teamsuperforest.org/superforest/wp-content/uploads/2009/06/jr01-500x362.jpg
4.11 http://myjuryduty.net/yahoo_site_admin/assets/images/laugh_-_spinoza.198122713.jpg
4.12 http://www.sanatlog.com/wp-content/uploads/2009/05/hiroshima-mon-amour-5.jpg
4.13 http://www.oeff.jp/Documents/jpg/HIROSHIMA_MON_AMOUR_8-2.jpg
4.14 http://www.oeff.jp/Documents/jpg/HIROSHIMA_MON_AMOUR_1-3.jpg
4.15 http://photobucket.com/images/hiroshima%20mon%20amour/$
4.16 http://farm4.static.flickr.com/3233/2357928860_6d81d74d04.jpg
4.17 http://www.asianamericanmedia.org/festival/2005/html/images/press/f/Hiroshima%20Mon%20Amour/hiroshima2.jpg
4.18 http://www.mondo-digital.com/hiroshima3.jpg

5.01 http://farm1.static.flickr.com/135/404667160_825230f81a.jpg?v=0
5.02 http://www.lequai.fr/wp-content/themes/lequai/images/blog/hirschhorn/Thomas_Hirschhorn_web.jpg
5.03 http://www.cgu.it/images3/romatutta.gif
5.04 http://www.phil.uni-passau.de/histhw/TutHiWi/geographie/geographie3-1.gif
5.05 http://www.landschaftsmuseum.de/Bilder/Ebstorf/Ebstorf-Jerusalem_Galilaea-2.jpg
5.06 http://www.justspaces.org/graphics/saje02.jpg
5.07 http://www.cebc-cendrars.ch/images/homea.jpg
5.08 DGJ Drexler Guinand Jauslin Architekten, Frankfurt Rotterdam Zürich
5.09 http://www.tby-liber.com/blogfr/wp-content/uploads/2008/12/cadexq.jpg
5.10 http://www.farm.de/gerz/gerzFR/fotoFR.html
5.11 http://www.brassensvlr.ac-creteil.fr/arts_plastiques/monuments_et_guerrel.html
5.12 – 5.13 N(eitzke) P(eter), Wie es sich denn ..., S. 82 und S. 84

6.01 http://www.birkhauser-architecture.com/#2291960
6.02 http://understory.ran.org/wordpress/wp-content/uploads/2008/10/forclosed_banner.jpg
6.03 http://graphics8.nytimes.com/images/2000/04/30/world/22973953.JPG
6.04 http://web.media.mit.edu/~jrs/krz/alienstaff2.gif
6.05 http://www.ohg-giessen.de/aktuelles/sonst/images/stolpersteine.jpg
6.06 http://www.reisemosaik.at/Spanien/images/andere/Jakobsweg.jpg
6.07 http://seite360.files.wordpress.com/2010/03/weekend.jpg
6.08 http://auteurs_production.s3.amazonaws.com/stills/13651/weekend.png
6.09 http://image.toutlecine.com/photos/p/i/e/pierrot-le-fou-1965-01-g.jpg
6.10 Elisabeth Blum
6.11 http://renaissance.mrugala.net/Pontormo%20%28par%20Fontaine%20S.%29/Pontormo%20-%20La%20Visitation.jpg
    und http://www.chrisbfulmer.com/nlcart/miscell/images-modern-ft-worth/viola-greeting.jpeg
6.12 http://www.arch.ethz.ch/jahrbuch96/prof/eb_e.html

7.01 http://www.jessicaklingelfuss.com/storage/blog/jeffwall.jpg
7.02 http://images.artnet.com/artwork_images_460_16038_jeff-wall.jpg
7.03 http://lesplaisirsetlesnuits.files.wordpress.com/2009/05/sherman_untitled_1531.jpg
7.04 http://images.telerama.fr/medias/2009/08/media_45737/art-ou-histoire-qui-croire,M25298.jpg
7.05 http://www.photoschule.com/fotografie_magazin_kalender/ausgabe_20/w_w_blow_up_presse08.jpg
7.06 http://z.about.com/d/chicago/1/0/t/B/-/-/WallFloodedGrave.jpg
7.07 http://88.198.38.89/michael/wordpress/wp-content/gallery/channelshift/panoptikum.jpg
7.08 http://intra.fdr.at/fdr/fdr07/bildmaterial/boot_meer_klein.jpg
7.09 http://bombsite.com/images/attachments/0001/1475/Sherman_01_body.jpg
7.10 http://lh3.ggpht.com/_kmVGrSP_9gU/SrHN6QtwPNI/AAAAAAAABp0/4dgJqU7qecI/What%20Where%20notes%20
    by%20Beckett_thumb%5B2%5D.jpg
7.11 http://www.riba-usa.org/events/2004/2004-01/RIBA-USA-cities.jpg
7.12 http://www.glauben-und-bekennen.de/besinnung/begriffe-b/stern-geburtskirche.jpg
7.13 http://www.utexas.edu/courses/larrymyth/images/jason/BH-Castor-and-Pollux.jpg
7.14 http://www.summagallicana.it/lessico/s/Santo%20D omingo%20Calzada%20gallo%20che%20mangia.jpg
7.15 http://ancientrome.ru/art/artwork/img.htm?id=1278

XLVIII http://understory.ran.org/2008/09/30/all-eyes-on-wall-street-reframing-the-crisis/
LXXIII (Godard, Le mépris) http://laternamagika.wordpress.com/tag/michel-piccoli/
LXXV http://jetzt.sueddeutsche.de/texte/anzeigen/365803
CXII Kantonale Denkmalpflege Luzern
CLXXVI http://www.archaeologie-online.de/magazin/nachrichten/view/kino-in-der-kupferzeit/
CCXXXII http://www.movieplayer.it/gallery/61723/wallpaper-del-film-2046/

ATMOSPHÄRE IMPRESSUM

Atmosphäre
Hypothesen zum Prozess der räumlichen Wahrnehmung

Dank
Mein herzlicher Dank gilt Imke Plinta und Katarina Lang für ihr aussergewöhnliches Engagement bei der Gestaltung dieses Buches, Peter Neitzke für seine unausgesetzte Diskussionsbereitschaft und das sorgfältige Lektorat und Ruedi Baur, der das Erscheinen dieses Buches ermöglicht hat.

Verlag: Lars Müller Publishers
Autorin: Elisabeth Blum

Gestaltung: Katarina Lang Loveridge, Imke Plinta
Fotografie Einband: Katarina Lang Loveridge, Russell Loveridge, Imke Plinta
Lektorat: Peter Neitzke
Lithografie: Fred Braune, Imke Plinta
Papier: Munken Polar
Druck und Bindung: Kösel, Altusried-Krugzell

© 2010 Institut Design2context, Lars Müller Publishers

Lars Müller Publishers, Baden, Switzerland
www.lars-muller-publishers.com

No part of this book may be used or reproduced in any matter whatsoever without any written permission except in the case of brief quotations embodied in critical articles and reviews.

ISBN 978-3-03778-235-4

Printed in Germany

9 783037 782354

Also available:
Des/Orientierung 1, Design2context, ISBN 978-3-03778-133-3, German, English, French
Des/Orientierung 2, Design2context, ISBN 978-3-03778-158-6, German, English, French
Anticipating, Questioning, Inscribing Distinguinshing, Irritating, Orienting, Translating Ruedi Baur Intégral,
ISBN 978-3-03778-134-0 English, ISBN 978-3-03778-202-6 German, ISBN 978-3-03778-203-3 French
Dynamic Identities in Cultural and Public Context, Ulrike Felsing, ISBN 978-3-03778-163-0 English,
ISBN 978-3-03778-162-3 German
The Fairest City of the World, Design2context, ISBN 978-3-03778-186-9 English, ISBN 978-3-03778-185-2 German

Design2context
Institute for Design Research
Zurich University of the Arts, ZhdK

Hafnerstr.39, P.O. Box
CH-8031 Zürich 5
T +41 43 44 66 204
F +41 43 446 45 39
www.design2context.ch
www.zhdk.ch